贫困影响评价：概念与应用

王晓毅 张浩 张倩 荀丽丽 占少华　著

中国社会科学出版社

图书在版编目(CIP)数据

贫困影响评价：概念与应用 / 王晓毅等著 . —北京：中国社会科学出版社，2020.6
ISBN 978-7-5203-6540-6

Ⅰ.①贫⋯　Ⅱ.①王⋯　Ⅲ.①贫困问题—研究—中国　Ⅳ.①F126

中国版本图书馆 CIP 数据核字（2020）第 087768 号

出 版 人	赵剑英
责任编辑	王莎莎
责任校对	张爱华
责任印制	张雪娇

出　版	中国社会科学出版社
社　址	北京鼓楼西大街甲 158 号
邮　编	100720
网　址	http://www.csspw.cn
发 行 部	010-84083685
门 市 部	010-84029450
经　销	新华书店及其他书店
印　刷	北京君升印刷有限公司
装　订	廊坊市广阳区广增装订厂
版　次	2020 年 6 月第 1 版
印　次	2020 年 6 月第 1 次印刷
开　本	710×1000　1/16
印　张	17
插　页	2
字　数	279 千字
定　价	108.00 元

凡购买中国社会科学出版社图书，如有质量问题请与本社营销中心联系调换
电话：010-84083683
版权所有　侵权必究

前　言

贫困是人类共同的敌人，消除贫困是人类的共同使命。

中国正处于脱贫攻坚的特殊阶段和关键时期。中共十八大报告提出到2020年实现全面建成小康社会宏伟目标。"小康不小康，关键看老乡"。习近平总书记强调指出，全面小康是全体中国人民的小康，不能出现有人掉队的情况；贫困人口脱贫，是全面建成小康社会的底线任务和标志性指标。在2015年减贫与发展高层论坛主旨演讲中，习近平郑重承诺：未来5年，我们将使中国现有标准下7000多万贫困人口全部脱贫。中共十九大报告再次明确：坚持精准扶贫、精准脱贫，确保到2020年我国现行标准下农村贫困人口实现脱贫，贫困县全部摘帽，解决区域性整体贫困，做到脱真贫、真脱贫。当前，脱贫攻坚战正在全国范围内打响，决心之坚、力度之大、规模之广、影响之深，前所未有。我们有理由相信，这场脱贫攻坚战役，一定能够如期全面打赢！

但是，如期全面打赢脱贫攻坚战役，并不意味着农村贫困的完全消失和脱贫工作的彻底终结。贫困和脱贫，都是相对概念。脱贫人口有可能返贫，提高贫困标准会产生新的贫困人口，而相对贫困也终究在所难免。因此，扶贫开发是一项长期的历史任务，2020年后，贫困和相对贫困仍将在一定范围内存在，脱贫工作也仍将会持续进行。为了有效防止脱贫人口返贫和持续改善相对贫困人口的生活，在一场干脆利落的胜利之后，我们仍需建立健全长效的可持续的脱贫机制。

《中国农村扶贫开发纲要（2011—2020）》指出："对扶贫工作可能产生较大影响的重大政策和项目，要进行贫困影响评价。"我们认为，对重大的规划、政策和项目进行贫困影响评价，即是这样一种可持续的长效机制。

那么，什么是贫困影响评价？为何要进行贫困影响评价？如何进行贫困影响评价？怎样运用贫困影响评价结果来完善规划、政策和项目设计？贫困影响评价是一个工具，用于评价一项规划、政策或项目对贫困的潜在或已经形成的影响，包括对贫困人群和贫困地区的影响。贫困影响评价不仅被国际援助机构广泛应用于发展中国家，而且也被许多发达国家应用于规划出台、政策制定和项目设计。从20世纪80年代开始，中国进入了大规模扶贫时期，贫困影响评价也在事实上被作为有效的工具应用于一些规划、政策和项目的出台和实施。但是对于上述一些问题的关注和研究，在国内基本上还处于空白。

自2013年开始，在乐施会的资助下，中国社会科学院社会学研究所的部分研究人员组成课题组，开启了题为"贫困影响评价指标与实施方法研究及试点"的研究项目。现在呈现于读者面前的，就是我们课题组初步探索的结果。

该项研究的顺利实施，除了课题组全体成员的共同努力，离不开诸多机构和人员的支持与帮助。乐施会廖洪涛、刘源、盛燕、洪力维等诸位为本项目的立项和推进提供了有力支撑，并对项目的因故延期给予了充分的理解和包容；项目实施得到了社科院社会学研究所领导和职能部门人员的大力支持；本书的部分章节和内容曾先后在不同期刊发表，包括《新视野》《学海》《改革内参》《中国发展观察》《文化纵横》《国家行政学院学报》《中国农业大学学报》。在此，谨对上述机构和人员表示诚挚的谢意！

目　录

导言 …………………………………………………………（1）
　第一节　重大政策和项目进行贫困影响评价（PIA）的国际经
　　　　　验和启示 ………………………………………………（1）
　第二节　发展中的贫困与贫困影响评价 …………………………（7）
　第三节　贫困影响评价与资源利用 ………………………………（19）

第一章　作为发展援助工具的贫困影响评价：主要国际机构 ……（36）
　第一节　从社会影响评价到贫困与社会影响评价 ………………（36）
　第二节　亚洲开发银行的贫困与社会影响评价 …………………（40）
　第三节　经济合作与发展组织的贫困影响评价 …………………（47）

第二章　西方国家的贫困影响评价 ………………………………（56）
　第一节　国家层面前期贫困影响评价实施的背景 ………………（56）
　第二节　全面推行前期贫困影响评价的国家 ……………………（61）
　第三节　部分推行贫困影响评价的国家 …………………………（68）
　第四节　倡议推行贫困影响评价的国家 …………………………（78）
　第五节　对中国的启示 ……………………………………………（82）

第三章　国内贫困影响评价的研究实践 …………………………（85）
　第一节　国内贫困影响评价的提出 ………………………………（85）
　第二节　国内贫困影响评价应用概况 ……………………………（92）
　第三节　国内贫困影响评价研究案例 ……………………………（99）
　第四节　简评与小结 ………………………………………………（105）

第四章　草原奖补政策的贫困影响评价——锡盟案例 …………（110）
　第一节　草原生态补助奖励机制的实施 …………………………（110）
　第二节　调研和分析方法 …………………………………………（112）

第三节　草原奖补政策的执行情况分析 ……………………（115）
　　第四节　草原奖补政策的执行结果分析 ……………………（117）
　　第五节　草原奖补政策的执行影响分析 ……………………（122）
　　第六节　草原奖补政策的贫困影响评价 ……………………（128）

第五章　草原奖补政策的贫困影响评价——呼盟案例 …………（131）
　　第一节　草原奖补政策和扶贫项目在呼伦贝尔草原的实施
　　　　　　情况 ……………………………………………………（132）
　　第二节　新巴尔虎右旗问卷调研和分析方法 ………………（142）
　　第三节　草原奖补政策的执行结果分析 ……………………（147）
　　第四节　草原奖补政策的执行影响分析 ……………………（150）

第六章　草原奖补政策的贫困影响评价——阿盟案例 …………（155）
　　第一节　问题的提出 …………………………………………（155）
　　第二节　资料来源 ……………………………………………（157）
　　第三节　政策实施情况 ………………………………………（158）
　　第四节　贫困影响评价 ………………………………………（163）
　　第五节　小结与讨论 …………………………………………（170）

第七章　农地流转政策的贫困影响评价——河南案例 …………（174）
　　第一节　导论 …………………………………………………（174）
　　第二节　既有研究述略 ………………………………………（177）
　　第三节　研究对象与方法 ……………………………………（183）
　　第四节　贫困影响 ……………………………………………（189）
　　第五节　小结 …………………………………………………（208）

第八章　农地流转政策的贫困影响评价——湖南案例 …………（214）
　　第一节　土地流转与乡村贫困问题 …………………………（214）
　　第二节　乡村社区内发的土地流转及其贫困影响评价 ……（215）
　　第三节　自上而下农业产业化中的土地流转及其贫困影响
　　　　　　评价 ……………………………………………………（217）

第九章　生态移民政策的贫困影响评价——宁夏案例 …………（225）
　　第一节　宁夏"十二五"生态移民项目背景及其贫困群体
　　　　　　瞄准 ……………………………………………………（226）
　　第二节　县内生态移民贫困影响评价 ………………………（229）

第三节　县外生态移民贫困影响评价 ………………………………（233）

附录　Development of Poverty Impact Assessment and Case Studies in China ……………………………………………（244）

导　言[①]

第一节　重大政策和项目进行贫困影响
评价(PIA)的国际经验和启示[②]

《中国农村扶贫开发纲要（2011—2020）》指出，"对扶贫工作可能产生较大影响的重大政策和项目，要进行贫困影响评价"。但是，什么是贫困影响评价？为什么要进行贫困影响评价？如何进行贫困影响评价？怎样运用评估结果来完善政策和项目设计？对这些问题的研究在我国基本上还是一个空白。而在国际上，贫困影响评价（Poverty Impact Assessment, PIA）早就被一些国际组织如世界银行、联合国、经济合作组织和很多国家所重视并纳入了政策制定和项目设计过程。本文将对贫困影响评价的国际经验进行总结并探讨这些经验对我国的启示。我们认为，政府在重大政策和项目开始实施之前进行贫困影响评价极其必要，是防患于未然、保证社会稳定、实现包容性增长、全面建成小康社会的重要措施。

贫困影响评价的一般做法是，在重大政策和项目设计阶段对可能涉及的贫困、弱势群体加以界定，并运用科学方法对政策/项目可能造成的影响进行评估，在此基础上修订并完善政策/项目，让它们更加有利于贫困群体的生计和发展。所谓重要大政策和项目，是指那些不以减贫、扶贫为直接目的，但是会对贫困地区和贫困群体产生重大影响的政策和项目，包括刺激经济增长的金融税收、就业、教育、医疗、土地、资源开发、移民，等等。我们特别强调在贫困地区实施的不以减贫为直接目的的政策和

[①] 作者：张倩，中国社会科学院社会学研究所副研究员。
[②] 作者：占少华、王晓毅。

项目应在设计阶段进行贫困影响评价，尤其在中西部贫困地区与老百姓生计密切相关的土地（包括耕地、草场、山林、水域等）整理、环境保护、资源开发、基础设施建设、住房、社会保障等方面的政策和项目。

一　贫困影响评价的国际经验

减贫在20世纪90年代开始成为经济社会发展领域的一个主流话语。1995年哥本哈根世界峰会宣言提倡将消灭贫困、让贫困人口参与到社会经济发展中作为国际社会的主要责任之一。在90年代后期，一些主要的国际组织如世界银行开始将减贫作为机构的中心任务之一。2000年，联合国通过千年发展目标，提出到2015年要将全世界极端贫困人口减少一半。贫困影响评价（Poverty Impact Assessment）作为减贫的一个重要措施就是在这个背景下产生的。

最早明确提出贫困影响评价的是亚洲开发银行（The Asian Development Bank）在1997年2月出版的《项目经济分析指南》，在该书的附录26中对该概念作了简要的介绍。在2001年7月，该机构出版单行册全面详细地介绍了贫困影响评价，并将贫困影响评价强制性地列入该机构所有项目的前期经济分析中。贫困影响评价也被世界银行采纳。在2001年制定的《贫困和社会评估用户指南》中，世界银行（The World Bank）将贫困影响评价作为指导发展中国家政策制定和变革的圭臬，并将其确定为该机构为实现世界减贫计划和联合国千年发展目标的重要措施。经济合作与发展组织（OECD）也于2007年出版了贫困影响评价指南，对评估的目标、过程和工具作了细致的介绍，并要求国际组织和成员国在制定政策或者实施项目之前进行评估，使得经济增长能够更加惠及贫困和弱势群体。另外，联合国经合组织（UNDP）、联合国粮农组织（UNFAO）、欧盟（EU）、美国国际发展机构（USAID）、英国国际发展部（DFID）、瑞典国际发展机构（SIDA）等一些大型的国际机构都要求在政策或项目实施之前进行贫困影响评价。

很多国家也出台了关于贫困影响评价的政策。例如，爱尔兰政府在2005年通过政策明确要求一些重要的政策措施在出台之前必须进行贫困影响评价，并在2008年出台细则规定必须进行贫困影响评价的政策范围。其他一些欧盟成员国在欧洲反贫困网络（Europe Anti‐Poverty Network）

的倡导下也开始关注并实施贫困影响评价。在美国,联邦政府和很多州政府要求或者建议对一些政策和项目进行贫困影响预测(Poverty Impact Projections)。在加拿大,一些政府的项目要求进行贫困影响评价。另外,贫困影响评价的政策在亚洲、非洲和拉丁美洲很多国家也开始实施,并纳入政府的整体减贫和发展规划。可以说,在政策/项目开始实施之前进行贫困影响评价正成为一个国际潮流。

(一)贫困影响评价的作用

贫困影响评价有如下几个作用:第一,更有效地消除贫困。目前,国际社会已经达成一致共识,贫困不仅仅是缺衣少食,还体现在其他多方面包括教育、医疗、权力和影响、社会地位和尊严,等等。这种多维度的贫困不仅仅与直接的扶贫政策相关,还与其他不以减贫为直接目的的政策和项目相关。基于此,一些国际组织如世界银行、联合国和经合组织等才将贫困影响评价纳入实现整体减贫目标和联合国千年发展目标的方案中。因为只有这样,才能够更有效地消除贫困。第二,使发展政策和项目更加有利于贫困和弱势群体。如果不进行贫困影响评价,一些发展政策和项目的好处可能会被更优势的群体所攫取,而贫困和弱势群体往往由于自身缺乏必要的能力或资源而不能分享到好处,甚至可能因此而落入更加贫困和弱势的境地。第三,实现包容性增长。这是实施贫困影响评价的主要目标之一。亚洲开发银行和经济合作与发展组织都强调经济增长必须给穷人及其他的弱势群体带来好处,而不是将他们排斥在外。在以往促进经济增长的政策和项目中,仅仅将经济增长的最终结果如 GDP 作为衡量标准之一,而没有分析经济增长是否给贫困群体带来好处。第四,贫困影响评价也是避免和缓解社会冲突的必要手段。以前很多国际组织如世界银行在发展中国家中实现发展项目时经常遇到本地居民反对的情况,或者在居民之间引起冲突。因为这些项目虽然在整体上有助于发展,但有可能剥夺特定群体的生计而使他们变得更为贫困,造成社会冲突。在政策和项目制定之前进行贫困影响评价能够有效地避免和缓解可能出现的社会冲突。

(二)贫困影响评价的一般过程

国际组织和一些实行贫困影响评价的国家都设计出了适合自身的评估过程,但是经过总结分析我们发现这些过程具有很高的相似性。这里以经济合作和发展组织的框架为例来介绍贫困影响评价的一般过程。

经合组织将贫困影响评价分为五个模块，也就是五个步骤：（1）评价贫困的整体状况和国家的总体的扶贫战略。这一步骤要确定被评估的政策和项目是否与国家的总体扶贫战略相一致。（2）相关利益者分析和机构分析。这个步骤首先要考察并确定谁是政策/项目实施的主要机构和利益相关者，特别是可能受到影响的贫困和弱势群体。其次，考察这些机构和利益相关者的倾向，他们是支持还是反对。最后，应该强化或弱化哪些措施使得这些机构和利益相关者发挥有利于贫困群体的影响。（3）确立影响渠道以及渠道带来的整体效果。影响渠道是指评估的政策/项目经由某种路径对贫困/弱势群体产生影响，可能的渠道包括物价、就业、税收、补贴、资源和公共服务等的使用、能力建设，等等。（4）评估相关利益者和目标群体的能力及政策/项目对其能力的影响。经合组织特别关注能力建设，认为只有提高了贫困和弱势群体的能力，才能够使得减贫可持续，才是真正的减贫。所以这一步要评估政策/项目能不能加强他们的能力，实现永久性脱贫。（5）评估政策/项目对总体减贫战略的作用，如它能不能有助于实现联合国千年发展目标，或者它会带来什么样的风险。在这个五个步骤完成之后，经合组织还建议评估者应总结出政策建议，帮助决策者进行正确决策来改善该政策/项目。

另外，一些国际组织和国家不仅仅在政策/项目实施前进行贫困影响评价，也在政策/项目实施中期进行贫困监测，在完成后再次进行贫困影响评价，特别是对一些重大的政策和项目更是如此。这样做的好处是，可以在政策/项目实施中期根据评估结果进行调整，还可以为下一步的政策制定和项目设计提供参考。

（三）贫困影响评价的具体方法

贫困影响评价按参与主体可分为专家评估法和参与式评估法。所谓专家评估法，是指聘请专家组成评估团体，利用专家的专业知识和技能进行评估。而参与式评估法是指由政策/项目的最终受益方，特别是特困和弱势群体，参与到评估过程中来，由他们来决定政策或项目是否对他们有利或者有弊。目前一般的采取的是综合这两种方法的混合式评估法，指既利用专家的专业技能也让贫困群体参与的方法。按评估资料的来源和性质可分为定量评估法和定性评估法。由于两种方法各具优缺点，所以目前通行的做法也是在评估中将这两种方法相结合。

一些国际组织开发出了很多特定的评估工具,对我国的贫困影响评价具有很强的借鉴意义。下面就介绍三种由世界银行开发的特别适合于贫困影响评价的几种工具。

利益相关人分析法:利用定性资料来分析不同群体的利益和影响力以及它们如何与将要或者正在实施的政策和项目相关。利益相关人分析法关注在政策/项目实施后这些群体将采取哪些政治或社会行动、他们拥有哪些资源、他们对政策/项目又有何看法。

参与式贫困评估法:让贫困群体直接参与讨论政策/项目以及他们所希望看到的变化,包括分析他们的政治、制度和社会环境,他们优先选择哪些政策或项目,他们对多维度贫困的理解、他们应对贫困的策略以及受到的制约。

贫困图示法:将受政策/项目影响的地区用地图的方法标出不同地区的贫困和社会不平等水平。在地图中列出的信息包括教育、健康、水资源、公共服务、农业生产等信息,从而评估政策/项目对该地区可能产生的影响。

需要指出的是,一个评估可能会用到多个工具。如何选择合适的工具要根据政策或项目的具体性质和要求而定。

二 在我国实行贫困影响评价的必要性

目前我国的绝对贫困人口数量已经不多,但是低收入人群的数量依然十分庞大。2011年将贫困线年纯收入定为2300元以后,农村贫困人口猛增到1.28亿人。可见减少贫困、实现共同富裕的任务还很艰巨。在这个大背景下,在我国进行贫困影响评价极其必要,这是因为:

首先,由于没有进行贫困影响评价,一些政策和项目加重了贫困和弱势群体的负担,使得一些原来脱贫的群体再次返贫。最明显的例子为2001年开始实施的"集中办学"政策。该政策旨为提高教育质量,将农村学校集中到乡镇或者县城,结果是农户必须要支付高昂的交通费用来供孩子上学。一些贫困户因此不得不让孩子辍学,一些家庭必须要在城镇租房子陪孩子读书,极大地加重了农户特别是低收入农户的负担。在交通不便的西部山区和贫困地区更是如此。如果在政策制定前进行贫困影响评价,也许就可以避免或者减轻这些负面后果。

其次，由于没有进行贫困影响评价，一些看似有利于民生的政策或项目得不到老百姓的认可，有的甚至适得其反，没有改善反而损害了贫困群体的利益。目前，国家在贫困地区实施的项目众多，仅2010年政府在西部地区投资就达到6000多亿元。一些项目虽然斥资甚巨，也增加了地方的GDP，但是老百姓特别是贫困群体受益很少。例如，调研发现，一些西部地区斥巨资修建了高速公路，但是由于收费和对车辆的限制，低收入群体根本无法使用。他们仍然拥挤在原来的公路上，而这些公路由于缺乏资金而每况愈下。

再次，由于没有进行贫困影响评价，一些开发项目在部分地区引起了社会冲突，恶化了干群关系，危害到社会稳定和建设和谐社会的总体目标。目前，在中西部贫困地区实施的发展项目很多涉及资源开发。这些资源如土地、草场、山林、水域、矿藏和当地老百姓的生计密切相关。一旦由于项目开发而损害了当地人口特别是贫困群体赖以生存的资源，就很容易引发社会冲突，在民族地区还会引发民族间的冲突。这样的事例在近年有快速上升的趋势。例如，我们的调研发现，内蒙古一些地区由于开矿而损害了草场、污染了水资源、破坏了基础设施，引起了社会冲突甚至是民族矛盾。

最后，贫困影响评价有极强的针对性，是实现包容性增长、全面建成小康社会的有效措施。目前，在我国实行的相关评估主要有两种：一是环境评估，二是社会评估。这两种评估都直接或间接地涉及贫困与弱势群体的问题。但是，对贫困的考虑都不是它们的核心部分。而贫困影响评价则不同，它以保护和援助贫困/弱势群体为直接目的。在进行政策或项目设计时目标明确，过程直接。只有这样，才能保证我们的经济增长能够惠及贫困群体，实现包容性增长，并最终实现全面建成小康社会的战略构想。

三 政策建议

根据贫困影响评价的国际经验以及我国的实际情况，我们提出如下政策建议。

第一，开始贫困影响评价的基础性研究。目前，贫困影响评价在我国基本上还是一片空白。虽然一些政府机构和学者意识到贫困影响评价的重要性，但是对于如何进行贫困影响评价以及评估完成以后如何改善相关的政策和项目设计，还没有清楚的认识。所以，我们建议国家组织研究团体或资助相关的基础性研究，介绍各种贫困影响评价的方法和工具，总结国际组织和其他国家在进行贫困影响评价的实践经验。

第二，建立起一套适合我国国情的贫困影响评价的指标体系。贫困影响评价的指标由于社会环境的变化而变化。虽然国际组织和其他的国家已经有了现成的指标体系，但是它们不完全适用于我国。所以我们建议应在调研和实践的基础上，广泛征求社会特别是贫困群体的意见，建立起一套适合于我国的指标体系。这个体系中的指标应该融入多维度贫困的含义，但同时也应指向明确、操作简单实用。在必要的情况下可考虑制定出针对不同地区和不同类别的政策/项目的多套指标体系。

第三，开展贫困影响评价的试点工作。在正式的政策文件出台之前，国家可以选择对一些大规模的直接有关民生的政策和项目进行贫困影响评价试点，特别是在贫困地区实施的政策和项目。对一些已经完成的政策和项目，也可以开展后期贫困影响评价，为下一个相关的政策和项目提供参考。贫困影响评价试点应有针对性，特别是要瞄准目前容易损害贫困和弱势群体生计、激发社会矛盾的政策和项目，如土地（包括耕地、草场、山林、水域等）整理、环境保护、资源开发、基础设施建设，等等。

第二节 发展中的贫困与贫困影响评价[①]

经过大规模的扶贫开发，中国农村反贫困已经进入一个新的阶段，在绝对贫困问题得到缓解的时候，相对贫困问题得到越来越多的关注；经济增长对减贫的作用在降低；特别是在经济发展过程中，一些发展政策和发展项目在推动经济发展的时候忽视了弱势群体的利益，对贫困群体产生负面影响。在这种背景下，减贫不再是单一扶贫部门和政策的任务，而是需要整个社会都关注贫困问题。《中国农村扶贫开发纲要（2011—2020）》提出"对扶贫工作可能产生较大影响的重大政策和项目，要进行贫困影响评价"，其目的就是要消除重大项目和政策对贫困的负面影响，使那些并非针对贫困人群的项目和政策也能发挥扶贫的作用。

---

① 作者：王晓毅、张浩、占少华、荀丽丽。

贫困影响评价已经是一个比较成熟的工具，被发展援助机构和一些发达国家广泛应用于政策和项目评价，在这方面，中国也积累了较多的经验，我们将在这篇文章中，阐述和分析贫困影响评价的发展过程以及其在减缓贫困中所发挥的作用，并结合我们研究，提出实施贫困影响评价的政策建议。

一　发展与贫困问题

中国农村的减贫成绩是世界公认的，按照原有的贫困标准计算，贫困人口从改革之初的 2.5 亿人减少到 2000 年底的 9422 万人，并到 2010 年年底减少到 2688 万人；农村贫困人口占农村人口的比重从 2000 年的 10.2%下降到 2010 年的 2.8%。① 2011 年采取了新的贫困标准，按照新的标准，有更多的贫困人口被包括进来。从 2010 年到 2013 年，按照新的农村贫困标准统计，农村贫困人口减少了大约 50%，到 2013 年还有 8249 万农村贫困人口。②

随着贫困人口的大幅度减少，减贫工作也进入了新的历史时期。第一，扶贫的目标不再仅仅是解决贫困人群的基本生存问题，而且也包含发展问题。2011 年以前的贫困线是按照满足最基本生存需求制定的，在大部分贫困人口的生存问题解决以后，将满足贫困人群最基本生存需求作为扶贫的目标就不够了，还需要关注贫困人口的发展需求。只有大幅度提高贫困人口的收入水平才能使他们稳定脱贫，并且能够满足他们基本生存之外的需求，如医疗和教育需求。扶贫纲要中将 2011 年到 2020 年的扶贫目标定位"两不愁三保障"就是基于这样的要求提出来的，扶贫要使贫困人口"稳定实现扶贫对象不愁吃、不愁穿，保障其义务教育、基本医疗和住房"。此后国家大幅度提高了贫困线的标准，也是考虑到贫困人口的发展需求。

第二，在中国成功地解决绝对贫困问题的同时，相对贫困的问题越来越凸现出来。相对贫困一方面表现为收入差距的扩大，贫困人口的收入增

---

① 《国务院新闻办公室中国农村扶贫开发的新进展》，中国政府网，2011 - 11 - 16。
② 《2010 年至 2012 年中国农村贫困人口减少近 6700 万》，新华网，2013 - 12 - 25。《国家统计局 2013 年国民经济和社会发展统计公报》，国家统计局网站，2014 - 02 - 24。

长水平低于农村收入增长的平均水平,与其他农村人口的收入差距在扩大;① 另一方面也表现为发展过程中出现的区域差距扩大,一些制度因素带来的社会排斥和对社会弱势群体的剥夺,以及缺少社会保障带来的贫困人口脆弱性增加。② 贫困既表现为绝对的生存困难,更表现为相对的社会差距,即贫困者在物质和社会生活条件上处于一种相对于他人的匮乏状态。发达国家往往采用相对的收入标准,比如收入中位数的 50%,作为测量相对贫困的标准。③ 随着中国经济发展,相对贫困问题会逐渐纳入扶贫工作中。

第三,在对支持贫困人口脱贫的同时还要采取措施防止脆弱人群落入贫困。脆弱性是表示人群抵御风险的能力很低,在遇到风险的时候很容易陷入贫困。随着经济发展,出现了越来越多的社会风险,比如市场的不确定性、环境恶化和不适当的政策都会使那些脆弱人群面临更大的社会风险,因此识别脆弱人群和采取有效措施降低其脆弱性对于减少贫困的发生和可持续的发展具有重要意义。传统的减贫政策是一种事后干预,也就是对已经陷入贫困的人群提供支持,而对脆弱性的干预是事前政策干预,也就是在贫困发生之前采取政策和措施。贫困的事前干预不仅能更有效定位即将陷入贫困的群体和减少贫困人口长期贫困,增强政策的有效性,也能减少减贫政策成本。④

第四,经济发展也带来了新的致贫因素。经济发展在减少贫困的同时也在产生新的贫困,有研究表明,从 1978 年开始的经济增长对缓解农村贫困起了重要的作用,但是在 2000—2010 年,经济增长对减贫的贡献减少,这个阶段的经济增长是不利贫的。⑤ 这种现象之所以产生,是因为不适当的公共政策、经济开发和生态环境变化对贫困人口产生了负面影响。一些研究表明,不适当的公共政策会加深贫困人群的贫困程度,比如农村

---

① 陈宗胜等:《中国农村贫困状况的绝对与相对变动——兼论相对贫困线的设定》,《管理世界》2013 年第 1 期。
② 李炳炎、王冲:《包容性增长:基于相对贫困视角下的探析》,《探索》2013 年第 6 期。
③ 顾昕:《贫困度量的国际探索与中国贫困线的确定》,《天津社会科学》2011 年第 1 期。
④ 黄承伟等:《贫困脆弱性:概念框架和测量方法》,《农业技术经济》2010 年第 8 期。
⑤ 王小林等:《经济增长质量——中国案例(摘要)》,《中国扶贫开发年鉴(2012)》,团结出版社 2012 年版。

教育中的"两免一补"政策有助于缓解农村贫困家庭子女上学的困难，但是这些益贫效果被集中办学所抵消了。① 同样，自然资源的开发可能会提高地区经济增长速度，但是也会导致"资源越来越少、富豪越来越多，农牧民越来越穷"的结果。② 此外，伴随经济增长而不断增加的大型工程项目所引发的非自愿移民经常是贫困发生的重要诱因。③ 气候变化和资源的不合理利用导致的环境退化增加了生态脆弱地区农牧民生计困难，使农牧民陷入贫困的可能性增加。④ 随着中国经济发展，越来越多的工程项目和公共政策在贫困地区实施，这些项目和政策在促进当地经济发展的同时对减贫发挥了重要的作用。但是也有一些项目和政策因为设计和实施的问题，没有发挥减贫的作用，甚至可能增加贫困人群的困难。要使重大的公共政策和大型工程项目发挥减贫作用，避免由此导致的新的贫困产生，被国际社会所使用的"贫困影响评价"可以作为有效的工具。贫困影响评价的目的在于通过评价，在政策和项目的设计中强调减贫的作用，通过政策和项目实施，使贫困人群受益，从而实现包容性发展。

二 千年目标与贫困影响评价

2000年联合国提出了千年目标，随后各个发展援助机构都将受援国的减贫作为援助的首要目标，为了使发展援助更有效地发挥减贫的作用，一些援助机构都开始实施贫困影响评价以了解受援国的贫困状况和原因，改善项目和政策设计，提升项目和政策的减贫效果。

作为国际最重要的援助机构，世界银行比较早地提出了贫困影响评价的概念。1999年世界银行发布了《项目的贫困影响评价手册》⑤，为发展项目的贫困影响评价提供了工具。手册指出，尽管从发展援助中可以看到世界银行的投资支持了受援国的经济增长，但是具体项目对贫困人群产生

---

① 金莲、李小军：《农村义务教育政策对农村贫困的影响评估》，《中国农村经济》2007年专刊。
② 达林太、于洪霞：《矿产资源开发利益分配研究——以内蒙古为例》，社会科学文献出版社2014年版。
③ 陈绍军、施国庆：《中国非自愿移民的贫困分析》，《甘肃社会科学》2013年第5期。
④ 王晓毅：《干旱下的牧民生计——兴安盟白音哈嘎克调查》，《华中师范大学学报》2009年第4期。
⑤ World Bank, *Evaluating the Poverty Impact of Projects: A Handbook for Practitioners*, 1999.

什么影响，并不清楚，只有通过贫困影响评价才能提供客观的、有证据支持的评价，从而可以改善决策。

在实施贫困影响评价以后，世界银行很快意识到，贫困影响评价与社会影响评价不可分割，因此提出贫困和社会影响的评价框架（PSIA），并将贫困与社会评价框架用于成员国的政策分析。[①] 2004 年，世界银行正式提出要对受援国实施贫困与社会影响评价，以发现援助贷款对减贫的影响，确认采取哪些措施以消除其负面影响和扩大正面影响。2009 年世界银行曾经组织专家对贫困与社会影响评价做出回顾，发现对于改善所在国的政策，贫困影响评价可以发挥很大作用。

几乎与世界银行同期，亚洲开发银行也引入了贫困影响分析工具。2001 年发布的《项目经济分析中的贫困影响评价手册》强调要将对贫困影响的分析纳入经济分析中。在亚行的减贫战略中，贫困不仅仅是经济层面的贫困，更是社会层面的贫困，因此贫困分析和社会分析相互结合得越来越密切。2001 年发布了《贫困与社会分析手册》；2006 年发布的《贫困手册》在指导贫困分析中，比较多地强调了社会影响评价；而在 2007 年发布的《贫困与社会分析手册》中，对贫困也寄予了高度的重视；到 2012 年，亚行修订《贫困与社会分析手册》，将贫困与社会影响结合起来，进行系统的评价。

贫困与社会影响评价得到了英国海外发展署、德国技术援助公司（GTZ）等双边援助国的积极响应。经济合作与发展组织（OECD）发展援助委员会（Development Assistance Committee，DAC）由 29 个主要援助国家组成，所提供的官方发展援助占到全球官方发展援助的 90% 以上。发展援助委员会认为要实现联合国千年目标就必须要建立援助者和发展中国家的伙伴关系，援助要针对具体国家有具体的战略，只有这样才能提高援助的效率。2003 年制定了《协调援助者实践以提供高效援助》，提供了如何针对具体国家制定援助策略的方法；2005 年更清楚地提出了贫困影响分析，并在 2006 年形成了完整的分析工具；2007 年出版了贫困影响评价的操作手册。发展援助委员会希望通过贫困影响评价，促进贫困优先的

---

① World Bank, *Poverty and Social impact Analysis of Reform: Lessons and Examples from Implementation*, 2009.

经济增长并使援助项目发挥更好的减贫作用。

各个援助机构都制定了自己的贫困影响评价框架，但是这些框架相互影响，有许多共通之处。综合这些框架，可以看到贫困影响评价的几个共同要素。

第一，在援助机构的评价框架中有社会影响评价、贫困影响评价和贫困与社会影响评价，在本质上，三种评价都是关注到贫困和社会影响，但是在方法上有所不同。

从20世纪中期西方国家开始利用社会影响评价作为工具以改善工程项目的设计和实施，希望通过社会影响评价可以发现项目对相关人群潜在的社会影响，并在项目设计和施工中采取措施以减少负面影响。社会影响评价是工程项目设计之前进行的评价，与环境影响评价一起构成工程设计和批准的先决条件。国际发展机构在发展援助中引入了社会影响评价。发展援助机构的目标是发展中国家，因此在社会影响评价中更多地关注了对弱势群体的影响，比如在亚洲开发银行的社会影响评价特别强调在工程项目的设计和施工中要对移民、妇女、少数族群等弱势群体所受到的影响进行系统评估[1]，在这个意义上说，社会影响评价已经包括了贫困影响评价。

贫困影响评价是随着援助机构强调实现联合国千年目标而逐渐发展起来的，因此贫困影响评价的目标更明确，最初的贫困影响评价多集中在对贫困群体经济影响的评价，因为增加收入被看作脱贫的最重要标志。随着贫困影响评价的实施，援助机构对贫困的理解也越来越趋于综合的多维度，贫困不仅仅是经济收入的问题，更是社会层面的问题。比如在OECD更多地受到阿玛蒂亚·森的影响，将贫困看作能力的缺乏。在发展援助委员会所采用的多维贫困的概念中就包括了5个方面能力的缺乏，即经济能力、人的能力、政治能力、社会文化能力和保护的能力。在这5个方面之外还有2个纵贯的主题，即性别和环境问题。在多维贫困的概念下，贫困影响评价包含了经济收入之外更多社会影响。

与早期的社会影响评价多集中在工程项目上不同，贫困影响评价不仅包括对工程项目的评价，也包括对发展政策的评价，特别是对国家层面政策的评价。亚洲开发银行的贫困影响评价是在两个层面上实施的，第一是

---

[1] 陈绍军等：《亚洲开发银行资助项目社会评价培训手册》，2009。

在国家伙伴战略的层面上，也就是支持受援国或受援地区进行贫困和社会影响评价，从而形成相应的减贫和包容发展的策略；第二是在项目层面上，通过贫困和社会运行的评价，使项目在设计和实施中能够更好地发挥减贫和社会发展的作用。而世界银行则对其成员国的政策改革进行了多项贫困影响评价。①

由于社会影响评价与贫困影响相互之间的关系如此密切，所以援助机构发展出了贫困与社会影响评价的框架，这是一个以减贫为目标的社会影响评价体系，这个体系逐渐代替了贫困影响评价。但是随着这个体系的逐渐完善，有些机构发现从事完整的贫困与社会影响评价是一件耗时耗力的工作，需要较多的人力资源和物力资源的投入，而且需要较长的时间，为了快速地评估贫困影响，他们又提出了一个比较简单的贫困影响评价方法。在OECD的框架中，贫困影响评价是依据现有资料对受援国和援助项目进行的评价，这一评价是在发展援助之前进行的，其目的在于给发展援助提供必要的背景资料。

第二，贫困影响评价包括了前评价、中期监测和最终评估。在世界银行的评价框架内，不同的评价服务于不同的目的。"贫困与社会影响分析包括对可能发生的影响的前评价，实施过程中的分析和改革完成以后的后评价。每一个评价都有特定的用途。贫困与社会影响前评价主要的目的在于提供有关选择和设计的信息，从而进行政策选择以达到更好的结果。在实施期间对信息和影响的监测可以对政策改革进行修正，重新思考改革中制度安排的改革速度和结果，也可以引入或强化原有的措施以减轻负面影响。最后，终期评价的目的在于评价改革完成以后所发生的实际影响，这有助于理解未来类似改革会产生什么影响。"②

由于评估目的的不同，所以三个评估的侧重点也不同，在具体实施过程中也不要求每一项政策或项目都要完成三类评价。对于工程项目和公共政策的评估，实施过程中的监测和竣工验收评估都有悠久的历史，为了项目进行顺利，都会实施中期监测，为了验证项目效果，也会要求项目结束以

---

① World Bank, *Poverty and Social Analysis of Reforms: Lessons and Examples from Implementation*, 2006.

② World Bank, *Poverty and Social impact Analysis of Reform: Lessons and Examples from Implementation*, 2003.

后，甚至在项目结束一段时间以后，对项目进行评估。在贫困与社会影响评价的框架内，前评价被特别强调，评价也更聚焦在贫困问题上。OECD出版了《促进贫困优先的增长：贫困影响前评价实用指南》。[①]

对于决策者来说，前评价具有很重要的意义，因为前评价既包括对现状的描述，也包括对未来可能产生影响的预测。客观的资料给决策者提供背景资料以了解当地的贫困状况和贫困原因，并基于此设计和修正政策；而预测则基于政策设计，对其可能产生的影响进行预测，并提供合理的建议。发展政策和发展项目的设计是否合理并符合当地的实际，高质量的贫困与社会影响前评价是一个基本的条件。

第三，各个援助机构针对具体的评价需求，分别制定了一些评价的手册并发展了一些评价工具。比如OECD将贫困影响评价分成5个模块，分别是：模块1，贫困状况及政策项目干预与国家战略规划的相关性分析；模块2，利益相关群体和制度分析；模块3，识别影响机制及其后果；模块4，评价利益相关群体和目标群体的能力；模块5，评价援助干预的产出与千年目标和其他战略目标的关系。

世界银行所提供的分析工具，包括社会政治分析工具和经济分析工具，其中社会政治分析部分包括了4种工具，即制度分析、政治经济分析、利益相关方分析和参与式贫困评价。经济分析工具包括直接影响分析、行为分析、部分平衡和总体平衡分析，以及微观—宏观模型。亚洲开发银行也提供了在政策和项目阶段的分析目标。

但是由于贫困影响分析所面对的对象是多样的，分布在不同地区，而且评价的目的也不尽相同，因此世界银行强调"贫困与社会影响分析"是一个"导向"，也就是关注贫困现状及其发生原因，并在此基础上制定正确的发展援助策略，所以并不存在一个统一的贫困影响评价方法。上述分析工具也只是为了提出作为参考。

尽管没有统一的方法可以遵循，但是基于评价的实践，援助机构还是总结了判断一个有效和高质量评价的若干准则。英国海外发展署的一篇论文中阐述了7条高质量贫困影响评价的规律：（1）在整个政策的制定和实施过程中发挥重要作用；（2）提供有关贫困的多维和多方面的解释；（3）受援

---

① OECD, *Promoting Pro-Poor Growth, Harmonising ex ante Poverty Impact Assessment*, 2006.

国主导；(4)促进更多利益相关方的参与；(5)更加透明；(6)成为国家发展过程的有机组成并支持其能力发展；(7)目的明确且可操作。(DFID)

此外，所有发展援助机构都把利益相关方分析和参与式作为必须使用的工具。贫困影响分析聚焦于贫困人群所受到的影响，但是这种影响是利益分配的具体体现，因此需要在利益相关方的分析中才能实现贫困人群所受到的影响，而且这些影响经常被外来的评价专家所忽视。

三 从发展援助到国家决策

贫困问题并非是发展中国家特有的问题，发达国家也同样存在着贫困问题，而且越来越严重。20世纪70年代末期以来，以里根和撒切尔政权为代表的欧美发达国家的政策向右转，减少政府在经济和社会事务中的角色，推行以私有化、市场化为核心的新自由主义政策。[①] 新自由主义政策的推行加剧了发达国家的社会问题，使得贫困与失业率大大增加。为了解决贫困问题，一些西方国家开始提出对其公共政策进行贫困影响评价，以期通过公共政策缓解贫困问题。

欧盟建立以后，欧洲的许多国家的贫困问题凸显出来，对贫困问题的关注和强调使得欧洲成为最早在国家层面提出和实施进行贫困影响前评价的地区。随后北美也开始提出对公共政策进行贫困影响评价。从现有的文献来看，实行或积极推行的贫困影响评价的国家大致可分为三类。

第一类是全面推行贫困影响评价的国家。这类国家数目较少，主要有爱尔兰、立陶宛和加拿大相对自治的魁北克政府。这类国家的做法是将贫困影响评价作为所有重大经济社会政策出台前的必要条件。没有通过贫困影响评价的政策应做出相应的调整。其中爱尔兰实施贫困影响评价的时间比较长，其经验被许多国家所重视。

爱尔兰在1998年试行贫困影响评价，当时称为贫困验证（poverty proofing），2005年统一改称为贫困影响评价。贫困影响评价被定义为这样一个过程："政府各部门、地方权力机构和其他国家部门对实行的政策和项目在设计、执行和回顾阶段进行评估，以确定它们对贫困和不平等的影响。目的是减少贫困。"评估的结果将直接影响到政府的财政预算和欧盟

---

① Harvey, David, *A Brief History of Neoliberalism*, Oxford: Oxford University Press, 2005.

项目的资金分配。1999年，社会、社区与家庭事务部将贫困影响评价指南发到每一个相关的政府部门。同时，政府在重要的文件中对贫困评估的重要性和必要性进行了强调。这一阶段主要是试行阶段，目的是出台更有效和可操作性的贫困影响评价。2001年，爱尔兰国家经济社会委员会（National Economic and Social Council）对贫困影响评价进行了综合性的回顾，并提出了改善意见。

2002年，根据国家经济社会委员会的建议，爱尔兰在社会、社区和家庭事务部内设立了社会融入办公室（Office for Social Inclusion）来负责贫困影响评价。为了保证其他政府部门参与贫困影响评价，社会融入办公室在重要的政府部门都设立了联系官员。而且，为了让贫困影响评价能够在地方层面执行，2003年爱尔兰在9个地区设立了社会融入单元（Social Inclusion Unit），负责贫困影响评价各个地区的执行。

到2005年，爱尔兰建立起了一套较为完整的保证贫困影响评价的组织体系。这个组织体系的最大特点是贫困评估由最高的国家机构包括总理办公室和内阁授权，从而能够组织协调相关的政府部门和地方权力机构，在全国范围内推行贫困影响评价。

第二类是部分实行贫困影响评价的国家。这类国家不要求所有的重大经济社会政策都进行贫困影响评价，而是对一些涉及特别内容的政策进行评估。这类国家在欧洲数量众多，如英国、德国、比利时、葡萄牙、西班牙、爱沙尼亚、斯洛伐克，等等。对政策内容的设定，各个国家都有所不同。如英国、爱沙尼亚等国家将减少儿童贫困作为国家的重要目标，从而对一些涉及儿童的政策如教育、家庭福利要求进行贫困影响评价。其中英国对儿童项目的贫困影响评价是进行得时间比较长且比较系统的评价。

第三类国家在政策上还没有要求实行贫困影响评价，但是对实行此类评估的必要性有充分的认识，而且已经着手开始设计进行贫困影响评价的具体步骤，这类国家具有代表性的如美国。美国的贫困影响评价主要受到两个方面的推动，第一个是立法推动，首先提议进行贫困影响评价的是加利福尼亚州的众议院代表芭芭拉·李（Barbara Lee）。2005年，她和另外15个立法议员一起提出了一系列的贫困法案，其中就包括在政策出台之前应该进行贫困影响评价。自此以后，她每年都要在众议院的立法会上提交相似的议案。2011年她的议案建议任何预算开支大于1000万美元的政策都需要进行贫困影响评价，同时评估报告应该说明预算中的多大比例将使贫困群体受益，政策会使多少人口的收入增长超过贫困线或降低到贫困线以下，以及在多大程度上它将影响低收入家庭基本公共服务的获得。从这之后，很多州都提出过相似的议案。虽然暂时没有议案通过变成法律，但是可以预见的是，贫困影响评价在不久的将来会成为一些州甚至是联邦政府的政策。第二个推动力量来自于民间。他们的做法一般是召开研讨会、发表媒体文章以及影响立法议员。美国倡导贫困影响评价最活跃的组织是总部在华盛顿特区的法律和社会政策中心（The Center for Law and Social Policy）。该组织在2007年设立了论坛形式的机构"聚焦贫困与机会：新闻、观点和行动"（Spotlight on Poverty and Opportunity: The Source for News, Ideas and Action），专门关注贫困问题，倡导减贫行动，并致力于影响减贫的政策。2011年8月，该机构出版全面介绍分析贫困影响评价的文章，并在2011年9月召开了关于贫困影响评价的全国性研讨会。在此基础上，美国出现了一些在贫困影响评价方面有比较多经验的机构，如城市研究所（The Urban Institute）。

随着西方国家贫困问题严重程度的加深和社会对包容性发展的关注，贫困影响评价会越来越成为改善公共政策的有效工具。

四 中国贫困影响评价及其作用

中国大规模减贫的成效得到国际社会的公认，贫困影响评价在减贫的实践中也发挥了重要的作用。中国的贫困影响评价主要是以两种形式发挥作用的，作为前评价，主要体现在工程项目的社会影响评价中；作为后评估，一些学者对一些重大的公共政策进行了贫困影响评价。

在联合国提出千年发展目标以后，减贫就被作为中国政府的重要目标，与此同时，国际社会对中国的减贫也进行了广泛的援助，在提供发展援助的同时也将社会影响评价引入到中国。在国际援助项目的示范下，中国的投资管理部门和行业也分别开始推动社会影响评价。2000年，亚洲开发银行资助中国社会科学院社会学研究所进行了为期两年的"社会评价能力建设"技术援助项目，该项目以发展为导向，将消除贫困、社会性别、少数民族群体和非自愿移民作为投资项目社会评价所关注的主要内容，通过大量的案例研究、培训工作和各种层次的研讨会，推动了国内投资项目社会评价工作的开展。2002年1月，原国家发展计划委员会办公厅发布由中国国际工程咨询公司组织编写的《投资项目可行性研究指南》，该指南要求在投资项目的可行性研究中要包括社会影响评价。在这前后，一些行业部门，如中国石油天然气总公司、水利部、铁道部等都提出了各自的社会影响评价办法。有部门推动的社会影响评价主要集中在对工程项目的评价上，而评价的核心是项目对弱势群体的影响，特别是移民、征地和少数民族。在社会影响评价中，广泛地采用了利益相关方分析和参与式方法，强调实地调查和倾听当地人的意见。

与此同时，中国政府停止征收农业税并大幅度增加对农村地区投入，这些政策的实施对推动农村发展起到重要作用，但是对贫困地区和贫困人群产生了哪些影响？为了回答这个问题，一些学者开始采集数据，对这些政策实施贫困影响评价，其中有代表性的包括吴国宝等人对农村基础设施投资和粮食直补政策的评价；刘璨、李怒云、支玲等人对林业重点工程的社会影响评价，以及庄天慧等人对农村教育政策的贫困影响评价。这些贫困影响评价与社会影响评价不同，他们都是对已经完成的项目进行评估，而不是前评价；另外，这些评估都以定量研究为主，发展出评价的模型。尽管这些后评估对改善政策设计发挥了重要的作用，但是评估结果也表明了，如果在这些政策的制定阶段有高质量的贫困影响评价，那么政策中的许多问题是可以避免的。

尽管贫困影响评价在中国的一些行业和投资项目中已经实施，但是现在的评价还很分散，在不同行业和不同项目中，缺少统一要求；另外，缺少组织系统来推动贫困影响评价，也缺少有资质的实施机构从事贫困影响评价；贫困影响评价的定位、方法和组织实施，都还缺少规范的要求。在中国的反贫困中，贫困影响评价还没有发挥其应有的作用。我们建议要在制度建设、人员培训、组织试点和规范评价等方面推动贫困影响评价。

第一，要使贫困影响评价主流化。到目前为止，扶贫领导部门在扶贫纲要中提出要进行贫困影响评价，部分贫困省区在省级扶贫纲要中提出要对重大政策进行贫困影响评价，如甘肃省在《甘肃省农村扶贫开发条例》中明确规定：县级以上人民政府及其部门出台重要政策、审批重大项目之前，对贫困地区发展和贫困人口生产生活可能产生重大影响的，应当组织开展贫困影响评价，确定扶贫补偿办法。但是对于贫困影响评价意义的认识还主要停留在扶贫部门，没有得到政府和社会的广泛认可，还没有纳入到重大政策的决策和重大工程项目的设计过程中。因此需要广泛的社会宣传使公众和决策者认识到贫困影响重要性，目前应在重大项目投资的管理办法和重大政策决策过程中增加贫困影响评价的内容，未来需要通过扶贫立法的形式明确贫困影响评价的地位。

第二，要在原有的社会评价和贫困影响评价的基础上积极开展贫困影响评价的试点工作。推动中央和省级的扶贫领导机构选择对扶贫有重大影响的工程项目和政策实施贫困影响评价，通过试点，完善评价的机制和方法，并在试点的基础上，总结经验，形成具有中国特色的贫困影响评价方法，同时完善贫困影响评价的制度设计。

第三，发展专业的贫困影响评价机构。目前中国进行贫困影响评价缺少专业的人才，也缺少合适的培训教材，需要在这两个方面进行能力建设。首先要支持学术机构开展贫困影响评价的研究，并在此基础上培训人才队伍。其次要支持扶贫领导部门的能力建设，通过培训、实地参与等方式，提高扶贫部门的评价能力，特别是领导能力。支持民间组织参与到贫困影响评价中，通过支持有能力的民间组织开展贫困影响评价，逐渐培养出能够承担独立评价工作的第三方的专业机构。

第三节　贫困影响评价与资源利用[①]

中国反贫困成就的取得是各项扶贫政策和扶贫项目综合发挥作用的结果，也是中国经济增长与普惠性的农村发展政策和投入的结果。比如在中国农村改革的前20年，中国农村经济增长对贫困人口的减少发挥了重要作用，有研究表明20世纪90年代中国贫困人口减少与经济增长的弹性系数为 - 0.8，即GDP每增长一个百分点，农村贫困人口可减少0.8%[②]。再比如，进入21世纪以后所实施的有利于减贫的农村政策，对于消除农村贫困问题十分重要。从2000年"国家实行统筹城乡经济社会发展的方

---

① 作者：王晓毅、张倩、荀丽丽、张浩。
② http://www.scio.gov.cn/zfbps/ndhf/2001/Document/307929/307929.htm，2001。

略和工业反哺农业、城市支持农村与'多予少取放活'的方针,全面促进农村经济社会的发展,使贫困地区和农村贫困人口普遍受益"。在这个大的政策背景下,国家在农村教育、医疗和基础设施建设的投入都发挥了减贫的作用①。

充分发挥非扶贫指向的政策和投入的扶贫作用对于实现精准扶贫以及未来长期反贫困的目标,具有不可替代的作用。不同的政策和投入在能否发挥减贫作用以及减贫作用的强弱方面是不同的,有些政策有益于贫困人口,也有政策可能会损害贫困人口的利益。认识和分析发展政策和项目在减贫中的不同作用和作用强度及其作用机制,是贫困影响评价的主要目标。

自然资源的利用方式与减贫有着密切的关系,由于贫困地区的第二、三产业发展相对滞后,农村贫困人口大部分沉淀在农业,因此其生存方式更加依赖于自然资源的利用,任何自然资源利用方式的改变都会对贫困人群产生重要的影响。本文结合草原生态补偿政策和土地流转政策的实施,分析自然资源利用方式如何作用于贫困人群。

一 贫困影响评价

从20世纪90年代开始,全球主要发展援助机构都将减贫作为主要目标,大量资源被投入减贫领域,贫困影响评价作为一个有效的工具,开始被用于评估政策和项目的减贫效果。世界银行、亚洲开发银行、OECD和UNDP等多边援助机构和DFID、GTZ等双边援助机构分别出台了自己有关贫困影响评价的政策。② 特别是世界银行、亚洲开发银行和OECD都开发了大量贫困影响评价的工具,并完成了许多相关的研究。

世界银行建立了贫困与社会影响评价的框架,这个框架主要关注国家和地区的政策改革对贫困的影响。从2010年开始,在世行集团下建立了贫困与影响评价多边信托基金(MDTF),这个基金迄今支持了85个国家的240项贫困与社会影响评价项目。从世行提供的一份2001—2012年51个贫困与社会影响评价的清单中,我们看到,这些评价广泛地涉及多种多样的

---

① http://www.scio.gov.cn/zxbd/tt/Document/1048386/1048386_1.htm, 2011。
② 王晓毅等:《发展中的贫困与贫困影响评价》,《国家行政学院学报》2015年第1期。

政策改革，包括教育、养老、水资源管理、税收、财政，等等。① 亚洲开发银行在1999年批准了减贫战略以后，将贫困分析纳入其援助项目中，通过贫困分析识别项目对贫困阶层的影响。为此，亚洲开发银行开发了一系列的分析工具并对相关项目进行评价。来自一份综述报告的数据表明，在综述所涉及的2000—2004年的项目中，有25.5%的项目进行了贫困影响分析。② 在实施援助项目的时候，亚行建立了社会影响评价框架，将其贫困分析纳入社会影响评价的框架中。亚行对大量的基础设施建设项目进行了社会影响评价，评价的主要内容是分析项目对脆弱人群如移民、少数民族和妇女等的影响。作为发达国家对外援助的主要组织，OECD关注如何实现贫困人口从经济增长中得到实际利益，实现这一目标的主要工具是贫困影响评价。OECD强调发展援助要与受援国的发展政策相结合，要了解对发展干预可能产生的影响，特别是对不同的利益相关方产生哪些影响，以及这些影响是如何产生的。OECD开发的前贫困影响评价手册（Exante Poverty Impact Assessment）集中阐述了OECD的贫困影响评价操作程序。

贫困影响评价主要关注新的政策和项目实施对不同群体的影响。按照世界银行的定义，"贫困与社会影响评价是分析政策改革对不同利益相关群体福利的不同影响，且特别关注对贫困和脆弱群体的影响。贫困与社会影响评价是一套系统的分析方法，而非零散的产品"③。而在亚洲开发银行的一份培训手册中将社会影响评价定义为"项目的社会评价侧重贫困分析、社会分析和社会风险分析三个维度。其中，贫困分析着眼于本项目对地区、群体及个人的减贫作用以及贫困群体在项目中的受益和受损；社会分析中包括利益相关者分析、社会性别分析、项目的正负面影响、协商和参与；社会风险分析包括非自愿移民、少数民族群体、其他脆弱性风险，其中其他风险中可能包括劳动力雇佣问题、支付能力问题以及大型基础设施项目的艾滋病毒/艾滋病传播风险和贩卖人口活动风险等"④。OECD贫困影响评价是建立在亚洲开发银行和世界银行的贫困分析和贫困与社会影响评价基础上的，是一个比贫困与社会

---

① 关于世界银行的贫困与社会影响评价，参见世行官方网站的PSIA专栏。
② Franklin D., De Guzman, Assessing the Use of Project Distribution and Poverty Impact Analyses at the Asian Development Bank, *Technical Note Series*, 2005 (13).
③ World Bank, *A User's Guide to Poverty and Social Impact Analysis*, 2003.
④ 陈绍军等：《亚洲开发银行资助项目社会评价培训手册》，2009。

影响评价更快捷和简单的评价，因此 OECD 认为贫困影响评价并非替代上述各种评价，而是综合了各种评价的框架，其目的在于为援助者和受援国提供一个简洁有效的工具以分析发展援助所带来的结果，这些结果可能是希望发生的，也可能是不希望发生的。①

随着许多国家和地区将减贫和包容性发展纳入本国的发展目标，贫困影响评价也被越来越多的国家和地区所采用，作为制定和改善政策的依据，一些国家甚至希望通过立法的方式，强化贫困影响评价对政策制定和实施的作用。②

中国取得了举世瞩目的减贫成绩，这一成绩既得力于专项扶贫规划的实施，也得力于益贫的经济增长和社会政策。一些研究表明，中国农村的许多重大政策和项目的实施，对减贫产生了重要的影响。比如吴国宝等人的研究表明，农村基础设施建设和种粮直补等政策对农村减贫都发挥了重要作用。③ 在农村地区实施的退耕还林和天然林保护等工程，对贫困地区和贫困户产生了复杂的影响，在增加了贫困地区农民收入的同时，又可能扩大贫困农户与其他农户之间的收入差距。④ 尽管贫困影响评价作为一种有效的工具，被用于评价政策效果，但是在目前，贫困影响评价存在着两个方面的不足。

第一，政策制定和实施之前的前评价不足。贫困影响评价包括了三种不同的评价，即前评价、中评价和终期评估。前评价是指在政策或项目实施之前，分析政策和项目对不同群体可能产生的影响，从而完善政策和项目设计，提高脆弱群体的受益面。与政策和项目实施以后的评估不同，前评价对于完善政策和项目设计具有更为重要的意义。在世界银行和亚洲开发银行等机构支持的大型基础设施项目中已经引入了贫困和社会影响评价机制，但是在国内的项目实施中尚未形成相应的机制，特别是在政策制定

---

① OECD, *Promoting Pro–Poor Growth: A Practical Guide to Exante Poverty Impact Assessment*, 2007.
② 王晓毅等：《发展中的贫困与贫困影响评价》，《国家行政学院学报》2015 年第 1 期。
③ 吴国宝：《农村公路基础设施对减缓贫困的影响研究》，载中国社会科学院农村发展研究所编《中国农村发展研究报告》，社会科学文献出版社 2006 年版。吴国宝、关冰、谭清香：《贫困地区国家粮食补贴政策实施有效性及减贫影响评价》，载国家统计局农村社会经济调查司编《中国农村贫困监测报告（2008）》，中国统计出版社 2009 年版。
④ 刘璨等：《中国退耕还林工程及其所产生的影响》，《林业经济》2009 年第 10 期；刘璨、刘浩：《林业重点工程与消除贫困问题研究进展》，《林业经济》2012 年第 1 期。

过程中，贫困影响评价机制还处于空白状态。近年来一些大型项目要进行社会稳定风险评价，尽管社会稳定的风险评估要分析不同群体的受益和损失，但是其重点在于影响社会稳定的因素，而非对贫困群体的影响。①

与终期评估不同，前评价需要接受决策者的委托才可以进行，因为没有决策者的委托，评估人员或评估机构无从了解政策和项目的制定过程，也不可能做出相关的评价。前评价不足恰恰是因为到目前为止我们没有关于开展贫困影响评价的相关政策和法律依据。因此大量关注政策和项目效果的机构或科研人员只能在政策和项目实施以后才能系统地采集数据，评价其效果。终期评估对于决策的作用往往会有滞后性，因为评估结果往往很难被用于指导本项政策的制定，更多的是对今后相关政策和项目的设计起到参考作用。

第二，中国正在实施大量的政策和项目，但是真正从事贫困影响评价的项目数量还很少，且多是作为学术研究成果，对改善决策的贡献有限。中央制定了到 2020 年消除绝对贫困的战略目标，而要实现这一目标，单单依靠专项扶贫是远远不够的，需要动员全社会的力量，特别是不同政府部门的力量，使得在贫困地区实施的政策和工程项目都要对减贫做出贡献。但是在社会上，乃至在政府部门之间，并没有达成这种共识，在许多政策和工程项目实施中，减贫并没有作为目标之一被提出来，因此决策者对贫困影响评价的需求不足，尤其是在政策和项目设计过程中，没有前评价的需求；在项目完成以后，也很少有终期的贫困影响评价。一些研究者或机构对一些政策和项目实施贫困影响评价，其结果对决策也很难产生影响。

按照《中国农村扶贫开发纲要（2011—2020）》要求，对扶贫工作可能产生较大影响的重大政策和项目进行贫困影响评价，对于提高决策者的扶贫意识、发挥各项政策和项目的扶贫作用、实现精准扶贫的目标有着重要的促进作用。

二 案例一：草原奖补政策的益贫效果

草原是中国最大的生态系统，也是经济发展相对落后的地区，全国 268

---

① 蒋俊杰：《我国重大事项社会稳定风险评估机制：现状、难点与对策》，《上海行政学院学报》2014 年第 2 期。

个牧业和半牧业县（旗），有许多是国定贫困县。比如内蒙古共有牧业、半牧业旗县53个，其中有19个贫困县，占比超过了内蒙古自治区的平均水平。开始于20世纪90年代的草原退化不仅造成了严重的环境问题，而且也影响了牧民的生计。从2000年开始，在北方草原陆续开展了京津风沙源治理和退牧还草等项目，通过减畜、禁牧和移民等措施，保护草原的生态环境。但是许多研究表明，草原生态保护项目实施在很大程度上加剧了牧民的贫困。在实施草原生态保护中，由于生态补偿标准较低、生产投资增加和缺少相应的职业技能，牧民很难实现劳动力转移，在实施生态保护以后他们的收入下降。[①]

从2011年开始，中央政府开始扩大草原奖补的面积和力度，草原奖补政策覆盖了8个省区，补贴的资金额度分别为禁牧补贴每亩6元和草畜平衡奖励每亩1.5元。"十三五"期间，政策覆盖的范围进一步扩大到13个省区，并且补偿标准也相应提高。在草原奖补政策实施过程中，各地采取了不同的方式来发放奖补资金。在补贴、减畜、生态恢复的三维指标中，这项政策对贫困户产生了什么影响？

与以往的贫困影响评价不同，我们的研究采取了典型调查的方法，在内蒙古的东中西部选取了三个不同牧业旗进行典型调查。之所以采取典型调查的方法，是因为草原奖补政策在各地的实施方案不同；我们的研究不仅希望清楚地分析政策实施对贫困群体的影响，更希望分析政策是通过怎样的机制对贫困人群产生影响。草原保护是一个长期的过程，贫困影响评价不仅关注目前的影响，而且也关注可能产生的长期影响。

表0-1　　　　　　　奖补政策的贫困影响及机制

调研地点	草原类型	奖补方式	奖补标准		贫困影响	
			禁牧	草畜平衡	短期效果	长期效果
阿拉善左旗	荒漠草原	主要以人为单位发放奖补	13000元/人	4000元/人	增加了贫困收入	政策预期不确定

[①] 陈洁、罗丹：《内蒙古苏尼特右旗草原生态治理与牧区反贫困调查报告》，《北方经济》2007年第11期；陈洁：《青海省三江源退牧还草和生态移民考察——基于玛多县的调查分析》，《青海民族研究》2008年第1期。

续表

调研地点	草原类型	奖补方式	奖补标准		贫困影响	
			禁牧	草畜平衡	短期效果	长期效果
太仆寺旗	典型草原	主要以人为单位发放奖补	3000元/人	1.71元/亩	贫困户收入增加，但是就业机会减少	草原恢复不利
新巴尔虎右旗	草甸草原	主要以草原面积为单位发放奖补	9.54元/亩	2.38元/亩	贫困户收入增加，就业无法安置	草原恢复不利

（一）奖补方式和政策实施

中央政府对地方按照各省实施禁牧和草畜平衡的草原面积确定奖补资金的数量，但是在实践中发现，按照草原面积发放补贴造成地区与地区之间、户与户之间的极大不平衡。不同地区的户均草原面积相差很多，比如，首先在荒漠草原的阿拉善地区，荒漠草原面积很大，一些牧户的面积可能在数万亩；而在太仆寺旗，草原面积很小，一些牧民的草原面积只有数百亩。另外，草原面积与草原承载能力区别很大。尽管对于载畜量的计算有许多争论，但是总的来说，内蒙古东部草甸草原的承载力要高于西部荒漠草原。

为了缓解草原面积的巨大差异导致的资金分配差别过大的问题，内蒙古提出标准亩的概念，即按照草原承载能力核算出标准亩，并按照标准亩发放资金。按照标准亩发放奖补资金可以一定程度上解决草原承载能力不同导致的奖补资金发放差距过大的问题，比如阿拉善盟的荒漠草原大约要2亩才能折算为1标准亩。但是这个政策并没有解决因为草原面积相差悬殊所带来的矛盾，因为在实施草原标准亩以后，拥有10万亩以上草原的牧户和仅有数百亩草原的牧户，并不能通过系数折算平衡收入。为了解决极端的不平衡，在实施草原奖补政策的时候，内蒙古实施上封顶和下保底的政策，奖补资金的底线是人均3000元，封顶线是上年人均收入的两倍。

在自治区政策的基础上，各盟市相应出台了具体的执行规定。其中阿拉善盟在奖补资金发放中基本上不再考虑各户的草原面积，而是按照人口数量进行分配。在实施禁牧的区域，按照每个成年人每年13000元（2013年标准）的标准发放禁牧补贴，未成年人的补贴标准低于成年牧民。老年人则按照每年900元的标准领取养老金；而在草畜平衡区域，按照每人4000元的标准发放补贴。事实上牧区完全禁牧政策很难实施，因此在制定政策之初就允许禁牧区域每个牧户可以放牧自食羊30只，在2013年进一步允许禁牧区的牧民自己选择是完全禁牧并领取每人13000元的补贴，或者按照每只羊120亩草原的比例放牧牲畜并领取10000元的禁牧补贴。在太仆寺旗，将人和草原面积结合在一起，在禁牧区域，按照每人3000元的补贴标准发放生态补偿，而在草畜平衡区域，按照每亩1.71元的标准发放生态补偿；在新巴尔虎右旗，则完全按照牧户拥有的草原面积发放生态补偿，由于草甸草原的载畜量高于标准亩，所以这里禁牧补偿是9.54元/亩，草畜平衡补偿是2.38元/亩。

在实施草原奖补政策过程中，地方决策者获得了较大的政策调整权力，因此在实施政策中可以根据当地的实际情况，对政策进行适当的调整，总体来说，这些政策调整避免了政策执行过程中的"一刀切"，使政策更适合当地的实际情况。比如阿拉善盟对禁牧区提供两种不同的政策选择就是基于对禁牧结果的认识而采取的政策变通。一方面，严格的禁牧政策很难真正落实，牧民违规的现象经常发生；另一方面，长时间的严格禁牧也不利于草原的恢复和保护，所以当地决策者采取了变通的方式，使政策更容易被落实。

在调查中发现，生态补偿资金已经发放到牧户，但是禁牧和草畜平衡的政策并没有被严格执行。违规放牧的现象普遍存在，在实施草原奖补政策以后，一些调查点的牲畜数量不降反增。在新巴尔虎右旗调查的三个嘎查（村）中，有两个嘎查（村）的牲畜数量从2010年以后出现明显的上升，只有一个嘎查（村）的牲畜数量是在减少。从调查的64户情况来看，其中超过50%的牧户的牲畜在2016年达到历史最高值。来自太仆寺旗的调查也得出类似的结论，所调查的苏木在实施草原奖补政策以后，牲畜数量从2010年的69402个羊单位增加到72215个羊单位。在2015年的调查中，实施草畜平衡的21个牧户中，有10户人家的牲畜数量在2015年达到历史最高，40个实施禁牧政策的牧户，有17户在2015年达到牲畜数量高峰。

由于奖补资金的发放并不意味着禁牧和草畜平衡政策的落实,因此在评价贫困影响的时候,我们就需要关注奖补政策及其影响之间的作用机制。

(二)作用机制及贫困影响

草原奖补政策的设计是通过发放奖补资金,弥补牧民因减畜而带来的经济损失,但是由于奖补与减畜之间在实践中并不存在对应关系,因此草原奖补政策实际通过三个机制发挥作用。

第一,对减畜进行直接补偿。在调查中发现,部分牧民按照禁牧和草畜平衡的指标进行了减畜,在太仆寺旗,这样牧户大约占牧户总数的20%。由于补偿远远不能弥补减畜带来的损失,如果严格按照禁牧和草畜平衡减畜,大多数牧民在执行这项政策时都会减少收入。从草原面积比较小的太仆寺旗的典型调查来看,在禁牧区,现有的补偿仅为潜在损失的20%;而在草畜平衡区,补偿仅为潜在损失的2.5%。而在草原面积比较大的阿拉善,据当地有经验人的估算,禁牧减畜使得大多数嘎查牧民收入减少,原来年收入20万元以上的减少七八万元,年收入10万元以上的减少四五万元,年收入四五万元的减少一两万元。东部的新巴尔虎右旗,禁牧区现有的补偿可以弥补35%的潜在损失,草畜平衡区现有的补偿可以弥补18%的潜在损失。

在牧区,贫困牧民多是少畜户或无畜户,他们减畜的压力较小,一些贫困户甚至无畜可减,实施禁牧和草畜平衡对他们的经济损失较小。在实施草原奖补政策中,大部分奖补是按照人头补贴的,所以无畜户和少畜户获得收益相对较高。事实上,草原奖补已经成为一个稳定的收入,对于那些缺少其他收入来源的牧民,草原奖补政策使他们维持了最基本的生存条件。在阿拉善盟,草原奖补的标准远远高于当地的低保标准,所以来自阿拉善盟奖补综合办公室的官员肯定地认为,草原奖补政策减少了牧区的贫困户和低保户。部分无畜户和少畜户利用禁牧和草畜平衡政策执行不严的机会,将禁牧的草场出租,增加收入。太仆寺旗的牧民抱怨无畜户将草场出租给非牧民经营畜牧业,加剧了嘎查内草场资源的紧张,且认为在得到草原奖补政策的同时还可以得到草场收入是不公平的。

从直接补贴的效果来看,草原奖补政策实施对贫困牧民提供了直接和稳定的资金支持,但是由于资金额度有限,贫困户只是维持了较低的生活水平。无论是阿拉善的 13000 元还是太仆寺旗的 3000 元，对于牧区的生活来说，如果没有其他补充收入，仍然是较低的收入水平。

第二，通过资金支持促进草原畜牧业发展。奖补资金进入牧民的账户以后，不仅可以被用于补偿实施草原保护所带来的经济损失，也可以被用于扩大资金流，支持草原畜牧业发展。新巴尔虎右旗在 2009 年遭遇了严重雪灾，牲畜大量死亡，如果没有外来力的帮助，畜牧业恢复至少需要五年时间，但是在草原奖补政策实施以后，畜牧业恢复明显加快。比如达赉嘎查的牧民银龙认为，每年 11.5 万元的禁牧补贴使他能够购买充足的草料，到 2016 年，已经从 2008 年的不到百只羊发展到 200 只大羊、300 只小羊、9 头牛和 2 匹马。来自太仆寺旗的 G 嘎查调查也表明，在实施草原奖补政策的 2010—2015 年，是牲畜数量增加较快的时间，这与草原奖补政策所提供的资金被用于租赁草场、购买牲畜和准备饲草料有关系。

事实上，由于违反禁牧和草畜平衡政策的成本很低，多数牧民的牲畜数量都高于禁牧和草畜平衡的指标，在阿拉善左旗，甚至因为部分牧民在拿到禁牧补偿以后仍然大量放牧牲畜而引起其他牧民的上访。在这种情况下，草原生态补偿的作用不是对减畜损失的补偿，而是增加了牧民可利用的资金，从而帮助牧民抵抗灾害和发展草原畜牧业，从畜牧业发展的角度看，奖补资金则在一定程度上强化了牧区的贫富分化程度。贫困牧民因为拥有牲畜数量较少，故从中受益也相对较少，而较富裕的牧民则受益较多，特别是草原面积较大和牲畜数量较多，且按照草原面积发放补偿比重较大的牧区。

来自阿拉善的调查表明，禁牧区的无畜户和少畜户在得到生态补偿以后，往往会选择放弃草原畜牧业转而进入城市，但是这些户进入城镇以后，由于缺少基本的资产和技能，没有稳定的就业机会。有些人会往返于牧区和城镇，有些则在城镇租住在简陋的房舍中，依靠出售奇石等临时性工作弥补生活中资金的不足。

总的来说，在实施奖补政策以后，相对较富裕的牧民获得了资金支持，发展了草原畜牧业。资金支持牧民购买饲草料，度过了灾荒，并为今后生产发展奠定了基础，但是贫困牧民在得到草原奖补政策以后，尽管生活可以维持，但是他们的就业和其他收入机会并没有因此而增加。

第三，牧民的可持续生计在于具有良好生态环境的草原，而草原奖补政策的设计就在于通过草原奖补政策鼓励牧民保持合理的载畜量，从而促使草原得以恢复。草原奖补在三个层面提供了草原保护的可能，首先，提供了保护的话语，由于国家提供了补偿，所以国家有权力干预牧民的放牧行为；其次，草原奖补政策与相应的管理措施捆绑在一起，共同发挥作用；最后，通过补偿减少牧民的损失，从而使各项管理措施更容易被牧民接受。但是来自三个调查点的资料表明，草原禁牧和草畜平衡政策的实施并没有减少草地的牲畜承载量，在生态补偿资金的支持下，部分较富裕牧民增加了牲畜，而无畜户或少畜户倾向于将草原出租，这些都可能会加剧草原的压力。

三　案例二：土地流转的贫困影响

土地是农民最基本的生产资料，在土地承包到户以后就已经开始土地在农户之间的流转。2013 年中央一号文件进一步提出要引导农村土地承包经营权有序流转，鼓励和支持承包土地向专业大户、家庭农场、农民合作社流转，发展多种形式的适度规模经营。土地流转被看作是解决农业用地破碎化，提高农业产出的必要条件。据农业部的数据，截至 2014 年年底，全国家庭承包耕地流转面积达到 4.03 亿亩，占家庭承包经营耕地面积的 30.4%，流转出承包耕地的农户达 5833 万户，占家庭承包农户数的 25.3%，一些典型调查表明，土地流转扩大了土地经营规模、提高了土地利用效率，增加了农民收入。① 那些将土地转出的农民，务工收入增加。② 但是从总体上来说，农民的土地流转意愿不强，③ 在贫困地区，由于土地破碎，很难进行规模经营，因而土地流转价格较低，因此土地流转更加困难。④

不同地区的经济结构不同，对土地的依赖程度不同，以及土地流转方

---

① 黄延信等：《农村土地流转状况调查与思考》，《农业经济问题》2011 年第 5 期。
② 薛凤蕊等：《土地流转对农民收益的效果评价——基于 DID 模型分析》，《中国农村观察》2011 年第 2 期。
③ 乐章：《农民土地流转意愿及解释——基于十省份千户农民调查数据的实证分析》，《农业经济问题》2010 年第 2 期。
④ 易青等：《贫困地区农户土地流转决策影响因素分析——基于 5 省 11 个县的农户调研数据》，《西南师范大学学报》2014 年第 10 期。

式不同，土地流转的影响也不尽相同。为了考察土地流转对贫困阶层的影响，我们选择了湖南、河南和河北的三个地区，调查土地流转对低收入农户的影响。在调查点存在三种土地流转方式，即自发的土地流转、土地向种粮大户集中和土地向公司集中。

表0-2　　　　　　　　　　不同地区土地流转情况

调查地点	地区条件	主要流转形式	转出土地用途	影响
湖南花垣	丘陵山地	向种植大户和公司集中	种粮、经济作物和观光农业	种粮对缓解贫困作用有限
河南襄城	黄淮平原	自发流转与向种粮大户集中	粮食种植	高成本导致经营失败
河北遵化	山区	自发流转与向公司集中	经济作物种植	农户种植面积减少和支付风险

（一）土地流转现状

自发的土地流转是指村民之间相互的土地流转，这些流转往往没有正式合同，流转期也比较灵活。[①] 土地的自发流转在三个调查点普遍存在，河北省遵化市的调查点是一个典型山区村，土地高度分散，粮食产量很低。从20世纪90年代开始，农户之间通过自发的调整土地，将分散的土地适当集中，从而降低劳动强度。随着农民外出务工，一些农民将土地流转给亲戚和邻居。进入21世纪以来，全村大部分耕地种植了果树和葡萄，那些没有外出务工的农民家庭开始通过邻里和亲戚转让，扩大了种植面积，从而发展了一些中小种植户。在河南襄城县的调查点，据对其中一个村庄的逐户统计，大约30%的土地被农民自发流转。自发的土地流转往往收取较少的土地租金，因为转出土地的农户往往已经不依赖土地维持生存，而转入土地的农户收入也有限。在河北遵化的调查点，即使是流转土地种植葡萄，也基本上不收取土地租金，在襄城县的调查点，自发流转的

[①] 中央农办副主任韩俊在2013年1月5日首届清华三农论坛上透露，2012年清华农村研究院对全国205个村、5165个农户进行的"百村千户"问卷调查表明，土地流转以农户间自发流转为主，55.5%的农户自发进行土地流转，流转的主要原因是外出打工和因之引起的家庭劳动力匮乏。

土地租金已经达到500元以上，但是仍然低于土地向种植大户和农业公司集中的土地租金。在自发的土地流转中，转入土地的农户往往经营规模也比较小，即使在襄城县这样黄淮平原，经营规模也只有70—80亩，远远低于种粮大户。

土地向种粮大户集中，从而发挥农业的规模效益，是推动土地流转的重要目标，各地也出台一些相应的政策。比如襄城县对租期五年以上、规模在200亩和10000亩以上的大户，分别给予每亩100元和150元的补助。在政府政策鼓励下，出现了一些种植大户，在襄城县经工商注册的家庭农场有89家，面积超3.2万亩，平均每个家庭农场的规模超过350亩。在花垣县也调查了一个种植面积在200亩以上的种粮大户。种植大户在转入土地的时候要连成片，那么如何处理连片土地中那些不愿转出土地的农户就成为一个大问题。现在普遍的做法是提高租金，政府出面或者如花垣县的种植大户所采取的方法，在其他地方租入一块类似土地与这些农户对换。尽管连片可以减少生产的成本，但是在土地流转过程中的交易成本会增加。

作为资本下乡的公司在流转土地以后往往不再从事粮食种植，转而从事高效益的经济作物种植或观光农业。据农业部经营司的调查，全国40%以上的流转土地不从事粮食生产。在河北遵化的调查点，全村有500亩土地被流转给某公司种植葡萄；湖南花垣县的玫瑰科技发展公司流转6个村庄的土地2000亩从事玫瑰的种植以及后期加工，并与旅游观光相结合，出现了村庄整体产业化的趋势。从事经济作物种植和加工往往可以带来较高的经济收入预期，因此可以支付较高的土地租金，在河北遵化的调查点，土地流转的租金为每年每亩500元，且每五年上浮10%；除了土地租金之外，在土地整理中还要对农民土地上的果树和农作物进行赔偿。花垣县玫瑰种植公司的土地流转是每亩每年300斤稻谷，企业承诺农户最低每亩320元的保护价，在粮食价格上涨时随之上涨。这些租金往往高于当地自发土地流转的租金。

（二）不同流转方式的影响

自发的土地流转为村庄的低收入农户维持生存提供了保障。以低租金或无租金将土地转出的农户多是因为外出务工，家庭缺少农业劳动力。土地收益在其收入中所占份额很小的农民，如果没有人耕种，他们更多地会选择土地抛荒。而在村庄中仍然从事小规模农业的家庭多是村庄中收入较低的农户，他们缺少非农业收入机会而不得不在农村继续从事农业，在河北省遵化市的调查发现，从事农业生产的大多是50岁以上的农民，他们已经过了在外打工的年龄，因此选择回村从事农业。低租金的土地转让使他们扩大了生产规模，从而增加了其农业收入，维持其生计。但是自发的土地流转正在受到两个方面的挤压，第一，由于规模化的土地流转提升了土地租金价格，原来无租金或低租金的自发土地流转也不得不支付越来越高的租金，河南襄城县的土地租金达到500元以上，与大规模土地流转的租金价格提升有关。第二，由于自发土地流转得到的政策支持较为有限，特别是在非粮食主产区更是如此。农田水利基础设施的落后是自发土地流转户提高土地收益的主要制约因素。特别是土地分散的丘陵地区，机耕道不足，水利设施失修，无法通过机械化降低成本。在高度依赖人工投入的情况下，生产成本依然很高，影响了其生产积极性。

　　规模化的农业生产大幅度增加了农业生产成本。首先，土地流转成本增加，规模化农业生产为了实现连片土地流转不得不支付较高的流转成本。在河南，集中土地流转的租金要比自发的土地流转每亩高出300元。其次，与中小规模农业主要依靠家庭劳动力不同，规模农业主要依靠雇工经营，而雇工经营增加了农业生产和监督的成本。在湖南和河南两地的调查都表明，规模经营并不能有效提高粮食产量，而因为成本的上升，收入呈明显下降趋势。按照湖南花垣县种粮大户的计算，稻谷种植基本上没有收入。在丘陵地区，每亩稻谷收入在1300—1500元，而种子、化肥支出近700元，劳动力投入近300元，土地租金300元，如果没有政府补贴，那么基本上没有盈余。河南调查点的情况更严重，因为土地租金价格较高，而近两年遭遇罕见大旱以及粮价下跌，被调查的种田大户基本上是亏损的，甚至有两户因为贷款扩大土地经营面积，在发生亏损以后，四处躲债，陷入破产。尽管在土地向种粮大户集中之初，因为土地租金较高且种植大户雇用部分当地农民参与农业生产，部分农户从中受益，但是随着经营失败，不仅使经营者陷入困境，而且由于无法及时支付租金，也使得土地转出的农民利益受损。

　　流转土地从事高附加值的经济作物种植或观光农业可以彻底改变农业生产方式，使农民和公司共同受益。从河北遵化和湖南花垣县两个调查点的情况看，土地流转使农民获得了较传统粮食种植更高的收益。农民的收入主要来自于土地的租金和务工收入。在花垣县，土地租金每年有约300元收入，而且玫瑰种植是劳动力密集型产业，企业雇用当地劳动力540多人，多是留守乡村的中老年妇女，每人每天的务工工资为60元，每年有八个月的务工期。遵化调查点的葡萄种植在挖秧、灌溉、除虫、采摘和埋秧的时候都会需要大量劳动力。在本村就业较好地解决了低收入农户在农村增加收入的问题。但是大规模的土地流转也存在两个风险。第一，企业经营不善带来的风险转嫁。河北的调查点显示，由于企业没有按照原计划在村庄投资建立葡萄加工企业，因此种植的葡萄后期管理不善，到第六年开始出现支付租金的困难。我们调查的时候当地相关各方正在协商解决这个问题。一旦企业经营不善，会给农民带来两个方面的问题，一个是土地租金不能按时支付；另一个是土地经过改造，难以恢复粮食生产。在河北的调查点，为了适合葡萄种植，原有的果树都被砍伐，农田已经无法恢复原有耕作。第二，土地流转以后，农民失去参与经济作物种植的机会。在连片土地流转中，一些农户尽管不希望流转，但是由于周边环境改变也不得不将土地一同流转，因此土地是否流转以及流转多少往往并不是农民自己所能决定的，而取决于这户农民有多少土地在产业规划区。当农户的所有土地被流转以后，他们只能被动地选择放弃农业。在河北的调查点就存在这种情况，近年来村庄的葡萄产业发展很快，自己种植葡萄的收益比土地流转高，但是由于大部分土地都被纳入公司规划的普通种植区，农户在土地流转以后就失去了种植葡萄的机会。

综上所述，继续维持粮食种植的土地流转和土地集中尽管可以扩大农业生产的规模效益，但是无法增加土地的单位面积产出，且土地经营规模不能盲目扩大。在河南平原地区，一个家庭可以种植70—80亩耕地，规模过大就会导致收入下降。由于农业生产的比较效益低，因此不能支付较高的地租，亲戚、邻里关系的支撑减少了土地流转成本，支持了中小粮食生产者。在粮食种植领域，自发的土地流转比政府推动的规模土地流转更有益于中小粮食生产者。从事经济作物种植和加工，以及开发观光农业需要较大的投资，政府推动的土地流转给资本下乡提供了便利。成功的资本下乡提高了土地的产出，增加了农民的就业机会，对增加中低收入阶层的收入发挥了有效的作用。但是农业投资失败的现象较多，到目前为止还缺乏投资失败的风险不被转嫁到流转土地的农民身上的制度保障。

四 简单的结论

实现益贫和包容性的发展，贫困影响评价是有效的工具之一，在我国特别需要在决策过程中引入贫困影响评价。在决策之前进行贫困影响评价有助于在决策阶段考虑到贫困阶层的需求，在终期进行贫困影响评价则有利于深入理解政策的影响，特别是政策产生影响机制，从而不断完善政策和项目设计。

在贫困影响评价中，我们要特别关注在不同实施机制下所产生的贫困影响的不同。同样的政策，由于实施的方式不同，对贫困阶层的影响也就不同，为了认识贫困影响的复杂性，需要综合使用定量和定性的研究方法，从而可以深入认识政策产生影响的不同机制。作为社会影响评价的一部分，贫困影响评价并不仅仅关注贫困阶层的收入指标，更要关注对贫困阶层所产生的复杂的社会影响，特别是对贫困阶层能力的影响。同时，贫困影响评价既需要关注政策的直接影响，也需要关注其间接影响。由于贫困影响是复杂的，所以在实施贫困影响评价的时候并不存在统一的方法，而是要根据具体的评估对象，有针对性地采用评估方法。

从我们对草原奖补政策和土地流转政策的考察来看，一项政策的贫困影响需要放到具体的社会背景下去观察。比如从草原生态补偿来看，相对于机会损失来说，贫困牧民收益较多，通过补偿，使被补偿牧民的收入超过了贫困线。但是从长期的发展机会来说，富裕的牧民受益更多，且在未来的发展中获得了更好的基础。同样，不同的土地流转方式其影响也是不同，土地向从事经济作物种植和观光农业的公司集中不仅给转出土地的农民提供了较高的土地租金，而且提供了较多的就业机会，但是由于缺少有效的制度防止投资失败的风险向转出土地的农民转嫁，因此增加了转出土地农民的风险。而自发的土地流转尽管缺少正式的合同，且土地租金较低甚至没有，但是低租金和亲戚邻里关系却支持了中小种粮户依靠粮食种植维持其生活。

从这里可以看出，一个综合的贫困影响评价不仅有助于完善被评价的政策，而且有助于理解政策实施的外部环境。

经过大规模的扶贫开发，中国农村的贫困问题正处于一个转折期，中国农村的反贫困已经进入一个新的阶段。第一，扶贫的目标不再仅仅是解决贫困人群的基本生存问题，也要关注贫困人口的发展需求，如医疗和教育。其次，在绝对贫困问题得到缓解的时候，相对贫困问题越来越凸显，即贫困者在物质和社会生活条件上处于一种相对于他人的匮乏状态。相对贫困不仅表现为收入差距的扩大，也表现为区域差距的扩大。第二，在支持贫困人口脱贫的同时，还要采取措施防止脆弱人群陷入贫困。在各种风险包括气候风险、社会和经济风险加剧的现实条件下，如何识别脆弱人群和采取有效措施降低其脆弱性对于减少贫困的发生和可持续发展都具有重要意义。也就是说，在贫困发生之前就能采取有效政策和措施，已经变得愈发重要。第三，经济增长对于减贫的作用减少，同时由于不适当的公共政策、经济开发、资源利用和生态环境变化产生了新的贫困。

随着中国经济发展，越来越多的工程项目和公共政策在贫困地区实施，这些项目和政策在促进当地经济发展的同时对减贫发挥了重要的作用。但是也有一些项目和政策因为设计和实施的问题，没有发挥减贫的作用，甚至可能增加贫困人群的困难。要使重大的公共政策和大型工程项目发挥减贫作用，避免由此导致的新的贫困产生，被国际社会使用的"贫困影响评价"可以作为有效的工具。贫困影响评价的目的在于通过评价，在政策和项目的设计中强调减贫的作用，通过政策和项目实施，使贫困人群受益，从而实现包容性发展。

第一章 作为发展援助工具的贫困影响评价:主要国际机构[①]

社会影响评价在西方国家已经有半个世纪的发展,后被国际援助机构广泛借鉴,并因为服务于减贫的目标,从而发展成为贫困与社会影响评价。从20世纪中期西方国家开始利用社会影响评价以改善工程项目的设计和实施到国际援助机构将贫困与社会影响主流化,贫困与社会影响的概念、方法、范围和所发挥的影响都发生了很大变化。最初社会影响评价主要对工程项目的社会影响进行评价,但是随着社会影响评价的发展,社会影响评价逐渐从单纯的项目影响评价发展成为可以涵盖工程项目和政策的评价工具;贫困与社会影响评价也逐渐与监测评估相结合,贯穿项目和政策设计、实施的全部过程;在这个过程中,社会影响评价也从单一的评价工具变成项目和政策的管理工具,评价和反馈成为管理的一部分;在社会影响评价中不仅仅关注如何取得预期的社会影响,而且关注非预期的结果,也就是对社会风险的关注。

我们在这一章中将介绍国际援助机构是如何开展贫困与社会影响评价的,并介绍两个典型援助机构的贫困与社会影响评价政策,这两个机构一个是多边的援助机构——亚洲开发银行,一个是代表双边援助的经济合作与发展组织(OECD)。

第一节 从社会影响评价到贫困与社会影响评价

现在被普遍接受的是认为社会影响评价产生于美国,并率先在西方发

[①] 作者:王晓毅,中国社会科学院社会学研究所研究员、农村环境与社会研究中心主任。

达国家推广。当大型援助机构将这一工具引入发展领域以后，社会影响评价就越来越独立于经济和环境影响评价，而对贫困和弱势群体给予了更多的关注。

一 工程项目的社会影响评价

一个工程的建设会在多个层面产生影响，但是对哪些层面的影响进行评价却反映了人们关注点的不同。对一个工程项目的评价往往包含了财务评价、经济评价、环境评价和社会评价。财务评价还主要关注项目本身，评价一个工程项目是否有经济收益；而经济评价、环境评价和社会评价则更多地关注项目的外部影响。比如经济评价是针对项目对国民经济的影响而做的评价，而环境评价则关注项目对环境是否产生负面的影响。社会影响则关注项目对人的影响，特别是对不同群体的人所产生的不同影响。

社会影响评价被看作是"一套对影响预先做出评估的知识系统，对因拟建项目或政策改变造成的环境变化，进而导致的对社区和个人日常生活品质的影响进行评价。社会影响指的是因预计行动而产生的变化，包括个人或社区日常的生活、工作、娱乐，与他人互动的方式、满足需求的方式，以及通常作为社会适应方式的变化"①。社会影响评价的目的就在于对这种变化作出预先的评价，从而帮助决策者采取措施避免或将不利因素减至最小。对于无法避免的负面影响，要作出减缓或补偿措施。

社会影响评价是以人为中心的，关注不同的人会受到什么影响。所以Vanclay在讨论什么是社会影响的时候指出，"从事社会影响评价的人都认为，那些对人产生影响的问题都是社会影响评价所应关注的"②。

在20世纪50年代以前，各国还很少有对项目的外部影响做出评价的，一般工程项目的评价多停留在内部的财务评价，到了50年代以后才开始陆续有关于国民经济和环境的评价，而社会评价产生得更晚一些，一般认为1969年美国国会通过《国家环境政策法案》标志了该法案规定美国联邦政府投资或实施的所有项目和规划必须事先经过环境影响评价，提

---

① [美]拉贝尔·J. 伯基：《社会影响评价的概念、过程和方法》，中国环境科学出版社2011年版。

② Frank, Vanclay, 2003, "International Principles For Social Impact Assessment", Impact Assessment and Project Appraisal, Volume 21, Number 1,

供环境影响报告书，包括自然环境和人文社会环境。在美国的项目评价中，社会评价被包括在环境评价当中。首先，环境影响评价必然涉及社会影响，项目对环境的影响归根结底还是对人群的影响；其次，当环境的概念被放大，社会文化也就构成了环境的一个有机组成部分。

然而，社会影响与自然环境之间有着本质的不同，第一，因为社会影响主要的作用对象是人，特别是当地人。识别出项目或规划的利益相关者，并考察项目或规划对其的影响，需要不同于环境影响评价的工具；第二，与自然环境不同，人是可以采取主动行动的，他们可以采取主动的行动表达自己的意愿或诉求；第三，社会是复杂的，由于一个项目所带来的变化往往并非直接的，而是通过制度、社区、组织和文化而产生复杂的影响，这就需要社会有更深入的理解和认识。

社会评价要回答的：（1）实施一个预计的行动将会发生什么，为什么，何时何地发生？（2）谁将会受到影响？（3）谁受损和谁受益？（4）不同的备选方案将会有何变化？（5）如何避免或减缓不利影响，增强效益？[①]

上述问题尽管看起来简单，但是要回答这些问题需要大量翔实的经验和资料。

第一，不同地区具有不同的社会经济文化背景，因而可能面临着不同的问题。因此，社会经济文化的调查就成为社会影响评价的基础，特别是在文化构成上不同的地区，缺少翔实的社会经济文化调查就不能完成社会影响评价。

第二，社会影响评价是预测性的评价，也就是说在一个工程或规划还没有启动的时候，对其可能的影响进行预测，并提出相应的改进措施以减轻负面影响，增强积极影响。由于是预测性的评价，已有的相似工程项目和规划可以作为重要的参考。

第三，社会影响是要贯穿工程项目的全部过程。这有两重意思，一是在工程项目的不同阶段会有不同的影响，比如一个水利设施建设，早在项目的规划阶段就已经开始产生社会影响，不同的人群对未来这个水利设施会有不同的预期；建设过程中所产生的影响会更大，会涉及人口

---

① ［美］拉贝尔·J. 伯基：《社会影响评价的概念、过程和方法》，中国环境科学出版社2011年版。

搬迁、土地占用等；而在建成以后，在使用和维护的过程中，以及未来设施的损毁或停止使用，都会产生不同的影响。二是要对这些影响做出预测，并相应地提出建议，需要丰富的经验。在项目的不同阶段，都要有相应的评价过程。在许多项目中，社会影响评价不仅仅停留在工程项目初期的预测上，还要进行相应的中期和终期的评估，从而观察和验证项目所产生的影响。

第四，不同于环境和经济影响评价，社会影响评价主要关注对人的影响，而人是可以进行自我表达的，因此在社会影响评价中，公众参与具有特别重要的意义。（1）参与意味着当地居民要有足够的信息了解工程项目和工程项目所带来的潜在影响；（2）当地居民要能够参与决策，表达自己的意见，并通过协商，形成了各方所能接受的决定。受到项目影响的人群之所以要参与协商和决策，一是因为他们有自己的利益诉求，二是因为评估者相信，当地人会更了解当地的实际情况，因此在规划和实施中需要反映当地人的意见。

由美国开始的社会影响评价在工程项目中得到越来越多的重视，一方面评价的理论和工具日渐完善，在一些大学专门开设了社会影响评价的课程；另一方面有越来越多的政府部门开始制定相关的社会影响评价政策。1994 年美国制定了跨部门的社会评价原则和指南，以指导联邦政府各部门实施的社会影响评价。社会影响评价在许多国家和行业中开始被接受，比如在西方一些国家，社会影响评价以不同的形式被普遍接受。即使在德国这样比较强调工程技术的国家，社会影响评价也通过公众参与的方式，在工程设计中发挥越来越重要的作用。而在水库、铁路、采矿等社会影响比较大的行业，都制定了相应的社会影响评价标准，比如在世界大坝委员会（WCO）项目决策考虑次序为：社会评价、生态环境评价、经济与财务评价、管理评价、技术评价。社会影响评价成为最重要的评价。1980 年成立的国际影响评价协会（International Association for Impact Assessment, IAIA）也积极推动了社会影响评价的国际化。

二 援助机构的社会影响评价

社会影响评价不仅在西方国家推广，而且被许多国际援助机构在提供援助时所采用。比如在 20 世纪 80 年代和 90 年代初，加勒比海发展银行

（CDB）、泛美开发银行（IDB）、亚洲发展银行（ADB）等在自组织建立了社会发展部门。世界银行于 1997 年成立社会发展部门，于 2002 年 8 月拥有了社会分析范例手册，强化了项目社会评价的作用。

三 贫困预设会影响评价

贫困影响评价可以被看作是社会影响评价的一种特殊形式，高质量的贫困与社会影响评价的十大要素如下[①]。

1）设置适当的问题。
2）确定利益相关群体。
3）寻找适当的影响渠道。这些渠道包括就业、价格、公共物品与服务、资产、转移和税收。
4）制度评价，也就是评价利益相关群体相互影响的机制。
5）数据和信息采集。
6）影响分析。
7）采取措施以克服或补偿负面的影响。
8）风险评估。
9）影响的监测评估。
10）关注不同的意见及政策反馈。

第二节 亚洲开发银行的贫困与社会影响评价

支持亚太地区的减贫和包容性发展是亚洲开发银行的重要目标。1999 年亚行批准了 *Fighting Poverty in Asia and the Pacific：The Poverty Reduction Strategy*，2004 年进行了修订，在这个战略中，减贫和包容发展成为亚行项目支持的主要目标。那么亚行的支持如何达到目标，以及在减贫和包容发展方面的效果如何，就需要通过评估来实现。为此，亚行发布了一些贫困和社会影响评估的指南。这些指南发挥了两个作用，第一，在项目设计和实施中，要充分考虑项目对减贫和包容发展所产生的影响。第二，提供

---

① WB，2007，*Political，and Social Analysis of Policy Reform A Sourcebook for Development Practitioners*.

了具体的手段以实施评价。

亚行的贫困与社会影响评价是在两个层面上实施的,第一是在国家伙伴战略的层面上,也就是支持受援国或受援地区进行贫困和社会影响评价,从而形成相应的减贫和包容发展的策略;第二是在项目层面上,通过贫困和社会运行的评价,使项目在设计和实施中能够更好地发挥减贫和社会发展的作用。

在亚行的操作框架中,贫困和社会影响贯穿项目始终,在设计、实施和完成阶段,都有相应的评价和评估机制,以发现问题,改进项目。

在进行贫困影响评价中,亚行是从两个方面进行的,首先是在经济层面,将贫困影响分析纳入经济分析中。其次是与社会分析相结合,形成贫困和社会影响评价。

一 亚太地区的贫困

贫困被看作是缺少人类所必需的物资、服务、财产和机会(ADB,2004)。亚太地区曾经是全球贫困比较严重的地区,由于亚太地区的经济增长大大缓解了这一地区的贫困状况。但是在亚太地区,经济发展是不平衡的,一些地区的贫困问题仍然严重存在。同时,尽管随着经济发展,用收入作为衡量标准贫困缓解得很快,但是用非收入标准衡量贫困的减缓速度却比较慢。

减贫是一个综合的过程。亚行特别强调减贫的三个核心支柱,即促进贫困优先的增长、包容的社会发展和善治。可持续的经济增长对于减贫具有重要的作用,同时减贫也有助于经济的持续增长。但是仅仅经济增长是不够的,需要配合以包容的社会发展,包括对人力资本和社会资本、性别发展和社会保障的关注。实现社会发展需要良好的治理结构,包括公共部门的改革和与NGO的合作。只有这三者的共同作用,才能实现有效的减贫。

亚行强调国别指向的减贫计划和亚行与成员国在减贫方面的伙伴关系。为了实现减贫的目标,亚行加强对不同国别贫困的分析,促进国别减贫战略的形成,并将亚行的战略与各国的减贫战略相结合,强调以效果为导向的项目设计和项目实施。

作为减贫三个核心支柱的补充,在亚行的减贫战略中特别强调五个主题,即性别平等、环境可持续、私营部门发展、区域合作和能力建设。

为了更好地实施上述战略，取得更好的效果，亚行加强了监测评估机制，监测评估不仅仅在项目阶段，而且在部门、国别和机构等层面，都要实施监测评估。亚行同时强调在其项目实施过程中要不断学习，发展更有效的减贫工具，并在这个过程中加强能力建设。

二 贫困的经济分析

在亚行的项目设计和监测评估中，经济分析是最重要的部分。1997年亚行发布了《项目经济分析指南》指导对项目的成本收益和财务状况进行分析评估。这个指南中的附件25和附件26分别是受益分布分析和贫困分析，目的在于指导对项目的成本收益在不同人群中的分布和贫困影响进行分析。分布分析实际上是对不同人群从项目中受益的分析，在不同的项目中，群体的划分有不同的标准，如供给者、消费者、所有者，也可以分成国内和国外的不同参与者。这类似于利益相关群体分析，分析目的在于识别项目是否使预期的受益群体受益。而贫困影响分析可以被看作分布分析的一个特殊类型，主要目的是分析贫困群体是否从中受益和如何受益。

在上述文件中，贫困分析还仅仅是经济分析手册中的附件，为了强调贫困分析的重要性和完善贫困分析的方法，上述的两个附录文件在2006年被扩充成为《贫困手册》。这个手册对经济分析中如何加入贫困分析做了详细的说明。在这个手册中，贫困分析包括了两种分析，即贫困的背景分析和贫困影响分析。通过贫困分析，亚行希望达到两个目的：第一，在国家的层面上，通过贫困分析，了解成员国所面对的减贫任务，从而决定在贫困和非贫困项目中的投入比例。在亚行的框架中，一部分项目的主要目标就是减贫，这被看作是贫困项目，除此之外的项目都被看作非贫困项目。针对不同国家的具体情况，项目投入的比例是不同的。当然，非贫困项目并不意味着不能发挥减贫的作用；第二，在项目层次上，贫困影响分析可以帮助完善项目设计和监测项目的效果，特别是贫困项目对减贫的作用。

指向贫困的项目首要的目的在于减贫，因此贫困影响评价被特别强调。贫困影响分析只是作为经济分析的一部分，因此有关贫困影响分析就是利用经济学的支出和受益的分析方法，分析贫困阶层在项目中受益的多少。所谓受益多少包含了两个意思：第一是受益的人数，第二是总体受益中，贫困所占的比例。这种分析不仅保障使更多贫困人口受益，而且可以使贫困人口受益更多。按照亚行的方法，先对经济的投入产出在不同人群的分配进行估算，比如生产者从中受益多少、消费者从中受益多少，然后计算贫困的生产者和贫困的消费者各自受益是多少，将不同贫困者受益的总量相加在一起，就得出对贫困的影响，贫困人群受益的总量占总受益的比例被称为贫困影响率（poverty impact ratio），这是计算贫困影响最重要的一个指标。这种分析方法比简单地计算项目所覆盖的贫困人口数量要更有意义。

在项目的不同阶段，贫困影响分析具有不同的要求，《贫困手册》重点介绍的是在项目准备阶段如何进行贫困影响分析。在亚行的程序中，项目准备可以分成两个阶段，即项目前准备期和项目准备期。

前准备期是要形成项目的概念框架，确定项目的方向，在这个阶段的贫困影响分析要有助于理解贫困的现状和减贫的机制，从而使项目的设计能够反映减贫的需求。贫困影响分析要能够回答下面的一些问题。

首先，要预想到减贫的效果，因此要描述贫困的现状，确认项目所影响的贫困人群；分析项目区域的贫困原因；分析项目通过什么机制对贫困产生影响。

其次，解释项目取得预期贫困影响的假设，如目标瞄准机制、贫困人口付费的意愿、财务可持续性等。

最后，还要分析项目风险，包括项目失败对贫困人群产生的负面作用、受益向非贫困人群的渗漏程度，以及减少风险可能采取的措施。

总体来说，在项目前准备时期，贫困影响分析还是比较简单，主要是使项目设计能够考虑到减贫的因素。

项目准备阶段需要更详细的贫困影响分析，包括有详细的数据说明有多少贫困人群从项目中受益，以及他们可以有多大的经济收益。对于贫困人群受益的机制和避免受益流失到非贫困人群，都要做出详细的说明。

在项目设计阶段还有一项重要的工作就是比较不同的项目方案对贫困产生的不同影响，从而筛选出最有利于产生减贫作用的项目。对不同方案的比较选择也是阐述项目理由的过程，在项目设计中往往会有不同的项目和活动的选择，进行这种比较会有利于筛选最佳的项目干预方式。

在非贫困项目中，减贫并非主要的目标，其主要目标往往是促进经济增长，但是亚行强调包容性经济增长，这使得促进经济增长的项目也可以同时发挥减贫的作用。因此尽管不要求在非贫困项目准备阶段提供详细的贫困影响评价，尽管亚行也鼓励项目做出贫困运行的评价，但是亚行要求对项目区域的贫困现状、减贫政策，以及其他相关项目的情况进行系统分析，从而分析现有的项目设计是否适合当地情况，发挥减贫的作用。

我们看到，2001年的手册中所强调的贫困影响分析具有以下几个特点。

1. 主要是项目设计阶段的贫困影响分析，分析的数据多利用原有的数据，对项目可能产生的影响，及不同的项目选择进行分析，目的在于改善项目设计。

2. 关注经济指标，关注贫困人群的受益，这就使亚行的项目可以发挥减贫的作用，不管是以减贫为直接目标的项目或者不是以减贫为直接目标的项目。

3. 注重贫困的背景和国家战略的分析，从而在项目中形成有效的减贫机制。

三　贫困与社会分析

在亚行的框架中，贫困影响与社会影响是紧密结合的，在大多数情况下，贫困影响被包括在社会影响评价之内，统称为贫困与社会影响评价。导致贫困的因素是多方面的，包括政治、制度、社会等，这些因素相互影响，贫困与社会影响评价的目的就在于理解这种复杂的关系，提前了解可能的影响，从而改善项目设计。在亚行的贫困与社会分析中，特别关注下面的5个方面：1）贫困、不平等与排斥；2）性别；3）利益相关方与参与；4）社会风险与脆弱；5）制度与能力。

在贫困、不平等和排斥的分析中，要关注各种层面的贫困和不平等，如收入和非收入方面，地区之间，以及社会和政治的不平等，等等。贫困和不平等的分析构成了社会影响评价的核心内容。

性别不平等与性别发展是社会评价中所特别关注的。因为不论是经济的，或是社会和政治的性别不平等都是经常出现的，而且贫困、民族和残疾等还会加剧性别不平等。因此，减少性别不平等和促进女性全面地参与社会、经济和政治生活对于减贫具有重要意义。

促进广泛的社会参与是实现减贫的重要手段。利益相关方分析和参与既是贫困和社会影响评价的内容，也是评价的方法。亚行特别强调参与和利益相关方的分析在贫困和社会影响评价中的作用。

社会风险分析的目的在于最大程度减少社会风险对受益群体的影响，如恶劣的劳动条件、与基本服务相关的风险、艾滋病传播、自然灾害及特定人群和阶层的风险。

脆弱性分析则关注劳动条件、艾滋病以及灾害所导致的脆弱等。同时在社会分析中还要关注社会保障制度和各种正式、非正式的制度，如法律、规章等。[①]

亚行的贫困与社会影响评价有两类，第一类是服务于国家的伙伴策略和区域合作。通过对国家和区域的贫困与社会影响分析，发现当地的贫困形成机制，并制定国家伙伴战略，通过有效的监测评估考察策略实施过程中的贫困与社会影响。

第二类贫困与社会影响评价是和项目相关的，包括项目准备阶段和项目实施阶段。在项目准备阶段，贫困与社会影响评价要分析当地的贫困现状，对项目的贫困和社会影响做出预测，并对项目的设计提出建议。而在项目实施过程中就要依据项目的监测评估系统，对项目的贫困和社会影响做出监测和评估。表1-2反映出在项目不同阶段贫困与社会影响评价的产出和目的。

表1-1　　　　　　　贫困与社会影响评价（国家和区域）

实施阶段	贫困与社会分析产出	贫困与社会分析目的
国家伙伴策略和国家实施计划	国家的贫困与社会评估及其摘要；国家性别评估及其摘要；部门评估及其摘要（包括社会分析、目标瞄准/指标）。	• 分析贫困和不平等（包括性别不平等）、社会排斥、失权、不安全和其他制约包容性增长和发展障碍存在的结构原因 • 分析现存的法律、制度机制在实现包容性增长和发展中的有效性，推动利益相关方参与 • 分析成员国的发展目标及亚行优先支持的领域，分析包容性发展的成果 • 建立适当的目标和指标以监测亚行援助有效性 • 保障援助能够支持成员国的包容性发展，在减贫、性别等领域都有适当的投入

---

① ADB, *Handbook on Poverty and Social Analysis*, 2012.

表 1-2　　　　　　　　　贫困与社会影响评价（项目）

实施阶段	贫困与社会分析产出	贫困与社会分析目的
项目概念	初始的贫困与社会分析	• 确认目标不同的目标瞄准（直接或间接的贫困影响） • 发现特殊的贫困和社会因素，以及实现包容发展的机会 • 分析与项目相关的社会风险 • 指出在项目设阶段要详细分析的贫困和社会问题，以及需要的方法和资源 • 分析利益相关群体，并形成参与方案，以及扩大当地人拥有权
项目设计和批准	需要更详细的贫困与社会分析； 性别、社会行动和社会减缓方案； 概括贫困和社会策略； 形成项目设计和监测框架； 制定项目管理手册。	• 收集项目设计所需要的贫困和社会信息 • 确定包容发展的目标、产出和指标 • 计算成本，以及设计包容发展的措施 • 准备性别、社会行动或减缓行动的措施及其时间表和成本 • 制定参与方案，推动地方参与 • 制定社会和制度安排 • 制定对包容发展和社会影响的检测评估机制 • 对移民、劳动力和少数民族等问题，采取措施或制定社会行动方案，制定项目的目标和指标
项目实施	项目绩效管理系统 • 项目管理备忘录 • 项目执行 包容发展产出和影响的监测 • 项目进展报告 • 项目绩效报告 • 中期评估 • 项目完成评估	• 监测项目成果和项目收益的分配 • 发现项目实施中的问题和改进的机会 • 监测所有社会行动或减缓计划的执行情况及项目实施的社会影响 • 回顾项目的成绩和不足，为将来项目提供借鉴

亚洲开发银行有一套详细的贫困影响评价的政策和规制,在成员国合作及实施项目中,都做了详细的贫困与社会影响评价,这对亚太地区的减贫产生了积极的影响。

首先,减贫和社会发展被作为重要目标,贯彻到成员国合作和项目中。

其次,通过贫困与社会影响分析,可以理解贫困形成的原因,并制定相应的政策和措施。

再次,通过利益相关群体分析和参与,使更多的社会群体参与到项目的设计和实施中,并形成信息、利益共享机制。

最后,通过持续的监测评估,形成不断学习机制,从而使政策和项目得到不断的完善。

第三节　经济合作与发展组织的贫困影响评价

经合组织发展援助委员会(Development Assistance Committee, DAC)由29个主要援助国家组成,所提供的官方发展援助占到全球官方发展援助的90%以上。与其他多边机构不同,DAC并不提供直接的援助,而是作为协调发达国家发展援助的论坛。DAC将自己看作是西方援助国讨论援助的场所,反映了援助国声音的渠道。其目标在于通过援助和经济合作推动发展中国家有能力参与到全球经济中,并帮助穷人摆脱贫困,参与其所在的社会。从这个意义上说,DAC的原则在很大程度上代表了援助国的共识。

2000年联合国提出了千年目标,DAC将反贫困作为发展援助的主要目标,2001年制定了《DAC减贫指南》(*The DAC Guidelines Poverty Reduction*),在这个指南中,关注到了多元贫困的问题,指出国际援助应帮助受援国制定本国的减贫战略,促进受援国实现贫困优先的经济增长,并要增加对贫困的发展中国家的援助。为了推动贫困优先的经济增长,2007年OECD制定了《促进贫困优先增长:援助者政策指南》,具体阐述了在国际援助中如何促进受援国实现贫困优先的经济增长。贫困影响评价被作为实现贫困优先增长的重要工具被包括在这个指南中。

作为援助者,OECD认为要实现联合国千年目标就必须要建立援助者

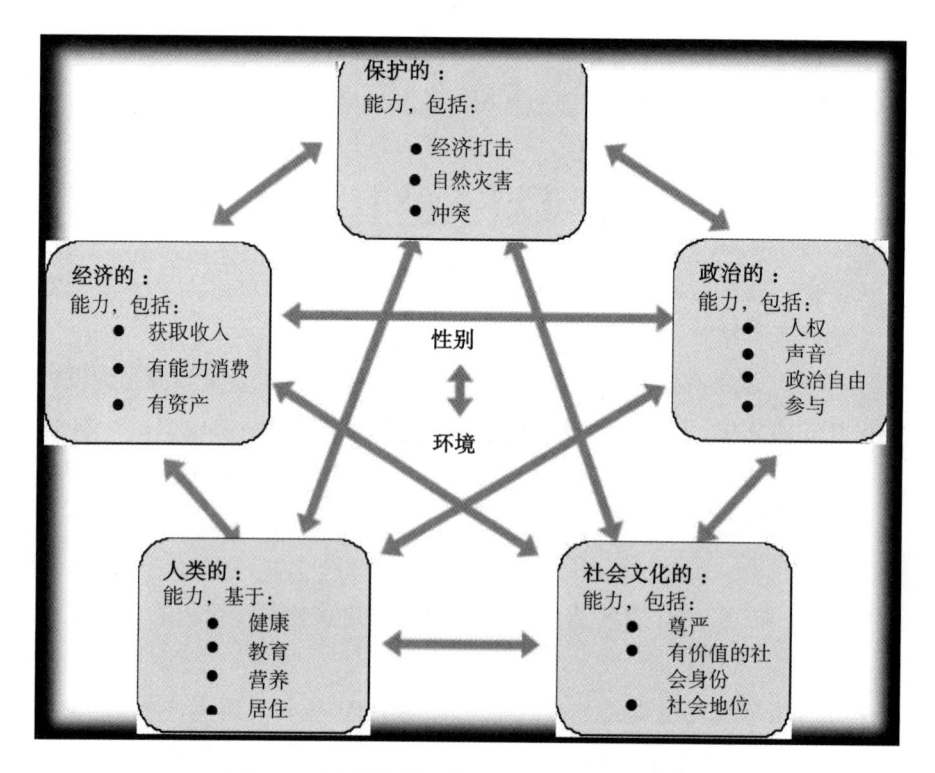

```
        保护的：
        能力，包括：
          ● 经济打击
          ● 自然灾害
          ● 冲突

经济的：                              政治的：
能力，包括：         性别              能力，包括：
  ● 获取收入                             ● 人权
  ● 有能力消费                           ● 声音
  ● 有资产          环境                 ● 政治自由
                                         ● 参与

人类的：                              社会文化的：
能力，基于：                          能力，包括：
  ● 健康                                 ● 尊严
  ● 教育                                 ● 有价值的社
  ● 营养                                   会身份
  ● 居住                                 ● 社会地位
```

图 1-1 主要的贫困维度及其之间的相关影响

和发展中国家的伙伴关系，援助要针对具体国家有具体的战略，只有这样才能提高援助的效率。2003 年制定了《协调援助者实践以提供高效援助》，提供了如何针对具体国家制定援助策略的方法；2005 年更清楚地提出了贫困影响分析；在 2006 年形成了完整的分析工具；在 2007 年出版了贫困影响评价的操作手册。OECD 希望通过贫困影响评价，促进贫困优先的经济增长并使援助项目发挥更好的减贫作用。

一 贫困以及贫困优先的经济增长

在 OECD 看来，有效的反贫困需要有清晰和内在一致的贫困概念。在 OECD 更多地受到印度经济学家阿玛蒂亚·森的影响，将贫困看作能力的缺乏。不同的国际机构在对贫困的定义中有着不同的侧重点，而 OECD 采用了多维贫困的概念来定义贫困。OECD 的贫困概念包括了 5 个方面能力的缺乏，即经济能力、人的能力、政治能力、社会文化能力和保护的能力。而性别和环境问题则是贯穿了所有这 5 个方面。

导致贫困的原因很多，在不同国家也不尽相同。比如不可改变的因素，如气候、地理条件和历史条件等，也有许多可变的因素，比如治理是最重要的因素之一，缺少良好的治理，比如腐败的存在、严重的官僚主义，以及缺少改革的共识等，都会导致无法实现经济的良性增长。此外，还有许多因素都与贫困密切相关，如社会冲突、资源紧张、艾滋病等。

报告指出，识别贫困人群比识别对贫困原因的分析更容易，所以一些发展项目仅仅识别出贫困群体，但是对贫困原因的分析不足。而要根本解决贫困问题，需要形成国家层面的减贫战略，而减贫战略的形成有赖于对贫困原因的分析。[①]

OECD 强调减贫战略需要与可持续发展战略相呼应，并制定出一组相关的政策建议，这些政策主要包括：

- 促进贫困优先的增长，也就是说选择那些可以增强穷人能力的增长方式，从而使穷人可以参与经济增长，对经济增长产生贡献并从中受益。
- 有效地处理贫困的多种维度，特别是那些改善人类状况的因素，如教育、卫生、营养和居住。
- 那些赋权于穷人的政策，特别是可以改善其政治和社会文化能力的政策。

穷人优先的增长战略强调穷人参与、穷人贡献和穷人受益的增长方式。在不同背景下，穷人优先的增长方式也不尽相同，因此并没有固定的模式，这对援助国提出了新的要求。援助国要促进基于发展中国家各国不同背景而形成的本国发展战略，增强受援国贫困分析和制定战略的能力。针对不同国家的不同背景，援助国的援助要更加灵活和有针对性。因此援助国需要重新思考自己的援助议程，而且要支持那些在援助领域工作的人员具有更强能力以应对多维贫困。

当援助国和被援助国都将减少贫困作为援助首要目标的时候，为了使援助在减贫中发挥更大的作用，OECD 开始对援助进行贫困影响评价，并制定了操作指南。

[①] OECD, *The DAC Guidelines Poverty Reduction*, 2001.

二 贫困影响框架

OECD 所倡导的是贫困影响的前评价（Exante Poverty Impact Assessment），前评价的目的在于使援助国及其伙伴了解干预（政策、项目）可能带来的预期和非预期的结果。贫困影响会评价干预对不同社会人群的影响，但是会特别关注贫困和脆弱人群。

贫困影响的前评价要提供的信息包括：

1）理解政策或项目干预与伙伴国发展和减贫战略的关系。

2）分析受到政策或项目干预影响即对其产生影响的利益相关方，也就是基于收入、性别等所划分的不同社会群体。

3）分析不同的传递渠道对利益相关方所产生的不同影响及其内在关系。

4）基于多为贫困的概念，利用 OECD 的 5 项能力框架分析干预对利益相关方特别是针对目标人群可能出现的结果。

5）评价对千年目标或其他重要战略目标实现的潜在影响。

6）评价项目干预的核心假设并识别出潜在的风险。

7）评价所利用信息或数据的可靠性，并识别出关键的知识不足。

8）提供框架建议以改善本底调查、干预实施中的监测评估和后评估。

9）基于以上的评价，提供决策建议，包括如何改进政策和项目设计以提高减贫效果，或者是否实施本项政策或项目。

OECD 将贫困影响评价分成 5 个模块，这 5 个模块构成了评价的核心工具。

模块 1　贫困状况及政策项目干预与国家战略规划的相关性分析。在这个模块中主要的目标有两个，首先是提供背景情况，也就是政策和项目所实施的外部环境；其次要分析预期的投入对减贫战略的相关性。在这个模块中，至少需要 5 个方面的信息。

1）受援国的一般贫困状况。有哪些基础数据，已有的成功经验，覆盖的人群，特别是那些特殊的群体，如穷人、妇女儿童和老人，以及其他脆弱群体。

2）贫困是多维的，所以对贫困的分析要包括政治、社会文化和保护维度。政治经济、性别不平等和环境可持续应被特别关注。

3）阐述已有的国家减贫战略，其他相关的计划和战略，明确本地区需要优先解决的问题，并讨论与援助者和受援国有关的决定和文件。

4）本项干预的主要目标，简要叙述其预期成果，与国家战略的关系，以及所利用的援助工具（一揽子援助 SWAP，政策建议，项目等），预期利用的作用机制。

5）还要讨论所施用信息的质量，以及是否有足够的信息用于决策，将来如何改善数据收集。

模块 2　利益相关群体和制度分析。所谓利益相关方不仅仅是个人，也包括机构、组织和群体。他们直接或间接地受到援助干预的影响或对援助干预产生影响。对于一个援助干预来说，利益相关群体包括了 4 类。

1）对援助干预产生影响的那些群体。

2）那些受到援助干预影响的人群。

3）援助干预的目标人群。

4）间接的目标群体。

制度分析则是对当地正式和非正式制度的分析。制度分析与利益相关方的分析有着密切的联系，比如法律制度、选举制度、文化习俗等，这些制度对于援助干预是否可以有效地进行，具有重要的影响。

模块 3　识别影响机制及其后果。影响机制就是描述不同层面和不同时间，援助干预产生影响的途径。这种机制有初级的和次级的两种。比如在一个修路的项目中，初级的影响机制就是当地居民使用了道路并增加了产品流通。由此导致的次级机制就是物资更便宜（价格），村民可以将产品销售到村外，这增加了经济活动和劳动力需求（就业和工资）。

在援助干预中存在着单一和多重初级影响机制，比如单一的修建道路就是单一的初级影响机制，而一个农村发展项目可能包括修建道路（交通），建立小额信贷（资产—金融），农业技术培训（资产—人力）等，这就形成多维的影响机制。

在援助干预中，有 6 种影响机制经常被关注。

1）价格，干预所引起的消费或产品的价格变动。

2）就业，包括正式和非正式就业，以及工资的变化。

3）转移性财产和税收的变化，包括来自私人或社会的转移性收入，比如汇款和各种补贴；以及与税收相关的，如强制保险、税费负担的变化等。

4）公共物品和服务，特别是消除施用公共物品和服务的障碍，以及公共物品和服务的改善。

5）权威，这里主要考察政治、法律、社会和文化等方面的变化，特别关注的是赋权、平等和包容的问题。

6）资产，资产也被表述为获取利益和减少负面影响的能力。在这里，指南借用了英国海外发展指数可持续发展的 5 种资产的概念，即物理资产、自然资产、人力资产、社会资产和金融资产来考察援助干预的影响。

模块 4　评价利益相关群体和目标群体的能力。模块 4 的重点是分析援助干预的产出及其对不同利益相关群体的影响。OECD 认为，人们要摆脱贫困就需要 5 种能力，即经济、人力、政治、社会文化和安全保护能力，这与 OECD 关于多维贫困的 5 个维度相互呼应。缺乏这 5 种能力是导致贫困的原因，那么要摆脱贫困，也就需要加强这 5 种能力。援助干预对这 5 种能力产生了什么影响，是评估的重要内容。

模块 5　评价援助干预的产出与千年目标和其他战略目标的关系。实现联合国千年目标是 OECD 国家对发展中国家提供援助并实施贫困影响评价的目的，因此援助干预在哪些方面有助于实现或阻碍千年目标的实现，是贫困影响评价的重要内容。在这个模块中，除了千年目标之外，还需要评价援助干预对国家其他战略的作用，如贫困优先的增长、保护脆弱群体等。

三　贫困影响评价的定位

在 OECD 将贫困影响评价看作是一个比较快速的评价过程。与"贫困与社会影响评价"和"逻辑框架分析"有着密切的关系。

贫困影响评价多使用已有的数据，只有在特别需要的情况下，才会增加调查，采集一些新的数据。贫困影响评价比"贫困与社会影响评价"需要更少的数据、时间、人力和资金支持。贫困影响评价是在有限的时间中，利用有限的数据和资源，指出援助干预在减贫方面的影响和产出。因此，有的时候贫困影响评价更被看作是"贫困与社会影响评价"的简本（light version）。在 OECD 的操作中，一项"贫困与社会影响评价"往往要耗时 6—18 个月，耗资 5 万美元以上，而一项贫困影响评价往往仅需要 2—3 周，需要资金在 1 万美元以下。

贫困影响评价是一项前评价，也就是在援助干预计划之前的评价，这个评价并不能代替其他的评价，如逻辑框架、成本效益评价，而是与其他评价相互补充。有时贫困影响评价可以被看作是逻辑框架分析的扩展，将逻辑框架分析中有关贫困影响的因果链加以特别强调。

基于援助干预的复杂程度不同，贫困影响评价的设计也不尽相同。一般来说，贫困影响评价是在干预的设计阶段，由一个小的工作组来完成。贫困影响评价应成为各项综合评价的一部分，在项目设计中，对决策者产生影响。根据具体的干预项目的需求，贫困影响评价可以采取独立评价的方式，也可以纳入一般的评价过程中，成为评价的组成部分。与贫困关系越密切的援助干预，越需要更详细的贫困影响评价。理想的情况下，贫困影响评价应是在援助干预的准备阶段，由一个小组的专家，利用已有的资料，分析在特别的项目背景下，干预会对贫困产生什么影响。

在 OECD 的框架内，贫困影响评价应是具有政策影响的。这种影响主要体现在：

1. 对干预设计的影响。要基于贫困影响分析，形成政策建议。特别是如何修改项目设计，从而可以更好地对减贫产生影响。

2. 对项目的后期管理提供建议，比如对项目不可控制的一些风险如何加强监测，反映数据不足，以及如何增加数据。对项目的监测评估和后评估提出建议等。

3. 在贫困影响评价过程中，不仅要关注评估的结果，而且要重视评估的过程。在评估过程中，通过对话、座谈会等，及时将评估结果传达给决策者。[①]

此外，还有两点值得注意，第一，由于贫困影响评价覆盖范围比较广泛，而且要在比较短的时间内完成，所以 OECD 在贫困影响评价手册中制定许多表格用于帮助评估。这些表格与逻辑框架类似，具有较高的

---

① OECD, *Promoting Pro - Poor Growth: A practical Guide to ex ante Poverty Impact Assessment*, 2007.

应用价值。①

第二，OECD 的贫困影响评价也对其他一些国际机构产生了影响，比如 Forest Trends 也在利用相似的框架评价其欧盟从其他国家进口木材的双边协议项目：资源伙伴协议（VPA）(Forest Trends, 2012)。

参考文献

ADB, *Guidelines for The Economic Analysis of Project*, 1997.

ADB, *Handbook for Integrating Poverty Impact Assessment in the Economic Analysis of Projects*, 2001.

ADB, *Handbook on Poverty and Social Analysis*, 2001.

ADB, *Poverty Handbook: Analysis and Process to Support ADB Operations*, 2006.

ADB, *Handbook on Social Analysis*, 2007.

ADB, *Handbook on Poverty and Social Analysis*, 2012.

Eva Ludi, "*Brief No 7 – The OECD/DAC Poverty and Pro–poor Growth Framework*", 2008 April.

Forest Trends, "*Information Brief No.4, Poverty Impact Assessment for Reducing Social Risks and Enhancing Pro–Poor Outcomes of Voluntary Partnership Agreements*", 2012.

Frank, Vanclay, "*International Principles For Social Impact Assessment*", Impact Assessment and Project Appraisal, Volume 21, Number 1, 2003.

OECD, *Promoting Pro–Poor Growth, Harmonising exante Poverty Impact Assessment*, 2006.

OECD, *Harmonising Donor Practices for Effective Aid Delivery*, 2003.

OECD, *The DAC Guidelines Poverty Reduction*, 2001.

OECD, *Promoting Pro–Poor Growth: Policy guidance for Donors*, 2007.

OECDb, *Promoting Pro–Poor Growth: A Practical Guide to exante Poverty Impact Assessment*, 2007.

Sugiyarto, Guntur, *Poverty Impact Analysis: Selected Tools and Application*, 2007.

WB, *Political, and Social Analysis of Policy Reform A Sourcebook for Development Practitioners*, 2007.

陈绍军等：《亚洲开发银行资助项目社会评价培训手册》，2009。

---

① OECD, *Promoting Pro–Poor Growth: A practical Guide to ex ante Poverty Impact Assessment*, 2007.

［美］拉贝尔·J. 伯基：《社会影响评价的概念、过程和方法》，中国环境科学出版社 2011 年版。

王晓毅：《德国投资项目评估的公众参与》，《金融博览》2014 年第 2 期。

杨华均等：《工程项目社会影响评价的惠顾与展望》，《中国农讯通报》2007 年第 8 期。

第二章 西方国家的贫困影响评价[①]

贫困影响评价最开始是国际组织在对欠发达国家进行援助时提出的一项要求,目的是让贷款或者是援助项目能够减少对贫困人群的影响,更好地实现减贫、扶贫。对此上一部分已有详细论述。值得注意的是,在20世纪90年代以来,很多发达国家也开始对国内政策和项目进行前期贫困评估。

发达国家内部的贫困影响评价,在目的和做法上和国际援助机构有着显著的不同。国际援助机构进行贫困影响评价的主要目的是保证援助项目对受援国(一般为欠发达国家)的贫困人群产生正面影响,或者至少不造成新的贫困。另外,当援助机构要求受援国在政策上做出调整时,贫困影响评价是为了使受评政策能对该国的减贫起到积极作用。换句话说,这种贫困影响评价服务的是国际援助机构,受援国自身在设计和执行评价时的主动性和创造性较低。相比之下,在发达国家内部实行的前期贫困影响评价则具有较大的主动性和创造性。这一类的贫困影响评价,主要目的是将减贫的目标和要求纳入整个国家的政策规划中,以确保与减贫不直接相关的政策能够服务于该国总体的减贫目标。

下文将首先介绍欧美发达国家实施前期贫困影响评价的背景。然后将正在实施或者考虑实施这项政策的国家分为三类,依次介绍它们的政策目标和具体做法。

第一节 国家层面前期贫困影响评价实施的背景

20世纪70年代末期以来,以里根和撒切尔政权为代表的欧美发达国

[①] 作者:占少华,新加坡南洋理工大学助理教授。

家的政策向右转，减少政府在经济和社会事务中的角色，推行以私有化、市场化为核心的新自由主义政策（Harvey，2005）。与此同时，发达国家的经济改变了"第二次世界大战"后以福特主义为标志的生产方式，转而追求灵活化、自由化的经济增长（又称为"后福特主义"）。结果是，发达国家的制造业大规模转移到发展中国家，导致国内制造业岗位的急剧减少。

新自由主义政策的推行加剧了发达国家的社会问题，使得贫困与失业率大大增加。根据欧洲委员会的统计数据，1985年，欧盟国家有5000万人生活在贫困中，相当于当时总人口的18%；1992年，欧盟有1400万人失业，到1998年这个数字增加到1650万人，占将近10%的就业人口，而且，其中一半的失业人口是长期失业（Atkinson & Davoudi，2000：429）。

日益加剧的贫困问题促使欧盟国家探讨消减贫困的方案。欧洲国家在战后实行了福利国家制度，因此对于失业与贫困问题相对重视。例如，欧洲委员会1975年就开始关注贫困问题，并为此设立了研究项目。到20世纪80年代末期，贫困问题成为该委员会关注的重点，并为欧洲情境下贫困问题的界定、研究和评估，出台了综合性的指导方案。1989年，欧洲委员会实施从1975年以来的第三个贫困项目，又称贫困项目之三（Poverty 3）。它最大的特点是将社会排斥作为贫困概念和反贫政策的核心。社会排斥强调贫困的多维度和综合性，也就是贫困不仅包括物质上或收入上的贫困，而且更重要的是个人作为社会成员能不能够正常地参与社会生活，融入主流社会（方框一）。

与此同时，贫困及其他社会问题在欧洲社会的日益严重，激起了社会各阶层对这些问题的重视。正如卡尔·波兰尼（Karl Polayni）所言，在市场化、商品化向前推进到一定阶段，社会就会产生反作用。这种反作用在欧洲的表现之一是左翼政党的当政或者在国家政治中扮演越来越重要的角色。在法国，左翼政党社会党于20世纪80年代在政策制定中极具影响。1988年该党组阁执政，推行了很多社会政策包括反贫困政策。法国这一时期的政策对欧洲委员会贫困项目之三有重要影响。例如，社会排斥概念首先在法国国内的政策讨论中出现，后来被欧洲委员会采纳。1995年以后，法国的政坛被保守党支配，直到最近社会党才重新执政。但是，社会党的纲领和主张一直对法国的社会福利政策具有重要影响，这其中就

> **方框一：欧洲委员会贫困项目之三（Poverty 3）**
>
> 贫困项目之三是欧洲委员会在前两个贫困项目之后设立的第三个贫困项目，从 1989 年开始到 1994 年结束。与前两个贫困项目相比，贫困项目之三的力度和范围都大大加强了。它的预算提高到 5500 万欧元，而前两个项目的预算分别为 2000 万欧元和 2900 万欧元。整个项目分为 29 个模块和 12 个行动性创新项目，分别在成员国实施。项目目标定位在三个层面：欧盟、国家和地方。在欧盟层面，目标是协调成员国采取一致行动帮助在经济和社会上处于弱势的群体；在国家层面，目标是制定和实施降低弱势群体贫困风险的预防性政策和满足最贫困群体的基本需求；在地方层面，目标是从多维度的角度设计出包括所有经济和社会主体的新的组织模式，更好地将弱势群体融入社会中。
>
> 贫困项目之三最大的特点和贡献是引入并推广了社会排斥概念，使之成为欧洲主流的贫困话语。与传统贫困概念不同的是，社会排斥强调贫困是一个由于社会结构产生的多维度的动态过程。欧洲委员会认为，"社会排斥是一个动态的概念，既指过程也指结果。传统的贫困概念经常被理解为收入上的贫困。而社会排斥则描述了这个机制多维性的本质，也就是个人或群体被排斥在社会交换、社会融合和社会身份建构之外的过程"。
>
> 当然，贫困项目之三虽然将欧盟成员国整合到统一的反贫困实践中，但是成员国之间的差异，特别是 1990 年代保守主义思潮在很多成员国依然盛行，使得形成统一的反贫困行动并不是一件易事。在 1994 年该项目完成后，成员国在随后的几年内在反贫困上难以达成共识，使得贫困项目之四推迟到 1999 年才开始。
>
> 资料来源：Atkinson & Davoudi (2000)；Keown (1993)；Berghmn (1997)；Bauer (2002)。

包括它所提倡的贫困和社会融入政策；在德国，左翼政党社会民主党在 1998 年与绿党组成联盟执政，终结了保守政党基督教民主联盟长达 17 年的执政。此后一直到 2009 年，社会民主党一直在德国的政坛中处于中心地位。社会民主党主张解决国内的失业和贫困问题，保持甚至增加社会福利开支；在英国，左翼的工党在 1997 年上台执政，结束了保守党 18 年的当政。工党上台后将减少社会排斥和贫困作为它的主要社会政策。1997 年 12 月，刚刚执政的工党就在内阁办公室下成立了社会排斥工作小组（Social Exclusion Unit），专门负责减少社会排斥和贫困问题。1999 年英国首相布莱尔在论述社会排斥时强调，"社会排斥发生在个人和地区在连接到主流社会中出现的问题包括失业、缺乏技能、收入低、住房差、居住环境获罪率高、健康差和家庭破裂"（Atkinson & Davoudi，2000：429）。其他欧洲国家在这个时期也出现了强调解决贫困和其他社会问题的政策。例如，下文将提到的爱尔兰，在1986年就成立了"反贫局"（Combat Poverty Agency）来应对日益严重的贫困问题。

对贫困问题的关注和强调使得欧洲成为最早在国家层面提出和实施进行先期贫困影响评价的地区。对此下文将有详细介绍。

国家层面实行贫困影响评价的第二个大背景是联合国提出的千年减贫目标。虽然这个目标主要是为了减少发展中国家的贫困人口，但是在过去的十几年内越来越多的发达国家，如美国、加拿大等也把国内的减贫计划纳入这个框架中。贫困问题因而成为这些发达国家在国内政策上关注的重点，而减贫也成为衡量政策成效的重要指标之一。

2000年9月，在纽约联合国总部召开了千年峰会（Millennium Summit），来自全球149个国家的领导人和代表参加了会议并通过了会议文件《千年宣言》（*Millennium Declaration*），制定了一系列发展目标。发展目标的第一部分就是在减贫上的行动共识，包括（一）到2015年，将全球生活在贫困线（1.25美元/天）的人口与1990年相比减少一半；（二）让所有人，包括妇女和年轻人，能够享受到充分的和有经济贡献的就业和体面的工作机会；（三）到2015年，将全球生活在饥饿中的人口与1990年相比减少一半。[①]

绝对贫困人口主要集中在欠发达国家，所以联合国的千年减贫计划针对的主要是南半球。一些国际组织如世界银行和发达国家的援助机构在这个过程中发挥了重要角色。然而，随着新自由主义全球化的深入，发达国家也出现了越来越严重的贫困问题。在联合国千年减贫计划的影响下，发达国家的政策制定者和民间组织开始关注国内的贫困问题，探讨并出台减少国内的贫困人口的政策措施。例如，在美国，2005年贫困线以下生活的人口占全国总人口12.6%，而这个比例到2010年上升到15.1%（Center for American Progress，2007：2；DeNavas – Walt，2011：14）。当然，美国官方的贫困线较高，如果一个四口之家2005年的收入在19971美元以

---

① 请参照 http：//www.un.org/millenniumgoals/。

下，就被认为是贫困。这个贫困线相当于每天每人的收入为13.7美元。由于消费水平的差异，收入数据有时难以说明贫困问题。一个替代的方法是从食物消费的角度来看待贫困。2010年，美国大约有1720万家庭面临食物供应的问题，又称为食物不安全（food insecure），占总家庭数的14.5%；其中，670万家庭面临严重的食物供应问题，占总家庭数的5.4%（Coleman-Jensen，2011）。

面临严峻的贫困形势，美国的联邦与州政府以及社会团体对有效的减贫政策进行了探讨。最直接的减贫政策是美国政府的补充营养援助项目（Supplemental Nutrition Assistance Program），又称食品券项目（Food Stamp Program）。在20世纪90年代以后，该政策的援助范围和力度都有所加强。2000年，该项目的总支出为116亿美元，参与人数为1720万人；到2011年，分别为720亿美元和4470万人（Tiehen、Jolliffe and Gundersen，2012）。除食品项目外，美国政府也关注综合的反贫困措施。如美国参议院在2004年通过了《减少贫困和预防贫困法案》。虽然这个议案最后没有在众议院通过，但是却在美国引起了关于贫困和减贫的讨论。近年来，一些重要的政策咨询和研究机构如布鲁金斯研究所对美国国内的贫困和减贫问题发布了一系列报告。另外一个重要的政策咨询机构，美国进步中心（The Center for American Progress）2007年发布报告提出了在未来十年内将美国贫困人口减半的倡议和政策措施。这个报告显然受到了联合国千年发展宣言的影响。在州一级，截至2011年，美国大约有20个州（共50个州）政府设立了专门机构对如何减贫进行探讨和研究，其中11个州已经立法设定了将贫困人口在10年内减半的目标。[①]

在左翼政治势力影响回升以及联合国提出千年减贫目标这两个大的背景下，欧美发达国家，或者新加入了发达国家组织如欧盟、经合组织的成员国，开始对国内的重大政策或项目进行前期贫困影响评价。

从现有的文献来看，实行或积极推行贫困影响评价的国家和地区大致可分为三类：第一类是全面推行贫困影响评价的国家和地区。这类国家和地区数目较少，主要有爱尔兰、立陶宛和加拿大相对自治的魁北克政府。他们的做法是将贫困影响评价作为所有重大经济社会政策出台前具备的必

---

① http：//www.clasp.org/admin/site/publications/files/StatewithPovertyCommissions-1.pdf.

要条件。没有通过贫困影响评价的政策应做出相应的调整。第二类是部分实行贫困影响评价的国家。这类国家不要求所有的重大经济社会政策都进行贫困影响评价，而是对一些涉及特别内容的政策进行评价。这类国家在欧洲数量众多，如英国、德国、比利时、葡萄牙、西班牙、爱沙尼亚、斯洛伐克，等等。对政策内容的设定，各个国家都有所不同。例如，英国、爱沙尼亚将减少儿童贫困作为国家的重要目标，从而对一些涉及儿童的政策例如教育、家庭福利要求进行贫困影响评价。第三类国家在政策上还没有要求实行贫困影响评价，但是对实行此类评价的必要性有充分的认识，而且已经着手开始设计进行贫困影响评价的具体步骤，这类国家具有代表性的如美国。

下文将分别介绍此三类国家目前在贫困影响评价方面的做法。在全面推行贫困影响评价的国家中，将重点介绍爱尔兰的做法；在部分实行贫困影响评价的国家中，将重点介绍英国在儿童减贫方面的做法；对倡议推行贫困影响评价的国家，将重点介绍美国的实践。

第二节 全面推行前期贫困影响评价的国家

全面推行贫困影响评价的国家较少，目前只有爱尔兰、立陶宛和加拿大魁北克政府。爱尔兰以 1998 年起就要求国家政策进行贫困影响评价，并称之为贫困验证（poverty proofing）政策。随后对贫困影响评价的过程不断进行完善。2002 年，加拿大魁北克政府通过了《消减贫困和社会排斥法案》，其中的第 20 条规定："任何部委如果考虑到某项立法或规定对生活在贫困中的人群有重要影响，那么在向政策提交提案时，应该报告这些可以预见的影响。"这项目规定后来又出现在该政府 2006 年的可持续发展草案中（Lamarche & Greason，2009）。立陶宛 2008 年规定，所有法案在出台之前都必须进行贫困影响评价。

全面推行贫困影响评价的国家的政策特点是不具体规定哪一个领域的政策在出台前要进行贫困影响评价，而是要求每一项可能对贫困人群造成影响的政策都进行贫困影响评价。在所述的三个国家中，爱尔兰在全面推行贫困影响评价方面的做法最为成熟并具有代表性。下面就以该国为例来介绍全面推行贫困影响评价的做法。

一 爱尔兰反贫困简介①

爱尔兰是最早关注贫困的欧盟国家之一。上文提到，爱尔兰在1986年就成立了专门的反贫局，负责国内的减贫事务。具体来说，反贫局的职能有四项：第一，在政府进行社会经济规划时提供贫困方面的建议；第二，制定并评估反贫困的政策措施；第三，加强并资助关于贫困问题的研究；最后，扩大公众对贫困问题的理解和关注。

爱尔兰的反贫局积极参与了欧洲委员会的反贫困行动。它全面负责欧洲委员会在爱尔兰的贫困项目。而且，它努力对整个欧洲的反贫困政策产生影响。例如，1988年，在欧洲委员会贫困项目之三出台之前，爱尔兰的反贫局就贫困问题及反贫的策略专门发布报告，希望对贫困项目之三的设计和实施提供参考（Combat Poverty Agency，1988）。在讨论贫困项目之三的计划时，爱尔兰的代表就贫困和社会排斥提出了自己的看法，并在委员会中产生了影响（Berghman，1997：6）。在贫困项目之三实施期间，反贫局向欧洲委员会资助的项目提供补充资金。这些补充资金占到反贫局全部预算的三分之一。

从20世纪90年代后期开始，由于经济大环境的好转，爱尔兰绝对贫困率不断降低。但是，反贫局在爱尔兰的角色并未因此边缘化，而是扮演越来越重要的角色。这是因为在爱尔兰，贫困从一开始就不被看成仅是收入上的贫困，还包括其他多方面。在经济增长、绝对贫困减少的同时，反贫局强调爱尔兰相对贫困的问题。例如，在1999年6月1日发布的媒体报告中，反贫局就强调相对贫困问题让一些群体被排斥在社会之外，包括失业者、单亲家庭、老人、残疾人和低收入家庭的儿童。所以，反贫局在制定反贫困的政策措施时，特别强调对这些弱势群体的关注。在参与并实施欧洲委员会贫困项目之三之后，反贫局陆续实施了妇女贫困项目、社区反贫项目、青年教育问题项目、社会融入项目，等等。

反贫局关注贫困多维度的特点，从一开始就倡导贫困问题是结构性的，涉及多个政府部门，而不仅仅是专门反贫困部门的职能。1995年联

---

① 如无特别说明，此部分的资料主要来源自于爱尔兰反贫局的网站（http：//www.cpa.ie）和社会融入办公室网站（http：//www.socialinclusion.ie）。

合国哥本哈根社会峰会之后，爱尔兰积极履行在峰会上的承诺，同时响应欧盟在反贫困方面的倡议。1997年，爱尔兰制定了全国反贫困战略（The National Anti-Poverty Strategy）。这个战略的具体内容和要求被传达到每个政府部门，要求他们的参与。不仅如此，爱尔兰还建立了专门的组织协调机制来负责全国反贫困战略的实施。具体措施包括：就社会贫困和社会融入问题成立一个内阁委员会，委员会主席由总理担任。在委员会内，成立一个高级官员领导小组。在委员会下，成立一个跨部门的政策委员会负责反贫困战略的实施，具体执行由社会、社区和家庭事务部负责（参见图2-1）。另外，在其他相关的政府部门内，设立专门负责联络反贫困事务的官员。从组织机构的设置来看，爱尔兰的反贫困是一个综合多部门和行动，它为实施前期贫困影响评价打下了基础。

二 贫困影响评价的演进过程与组织机构

为更好地开展全国反贫困战略，爱尔兰在1998年试行贫困影响评价，当时称为贫困验证（poverty proofing），2005年统一改称为贫困影响评价。贫困影响评价被定义为这样一个过程："政府各部门、地方权力机构和其他国家部门对实行的政策和项目在设计、执行和回顾阶段进行评估，以确定它们对贫困和不平等的影响。目的是减少贫困。"评估的结果将直接影响到政府的财政预算和欧盟项目的资金分配。1999年，社会、社区与家庭事务部将贫困影响评价指南发到每一个相关的政府部门。同时，政府在重要的文件中对于贫困评价的重要性和必要性进行了强调。这一阶段主要是试行阶段，目的是出台更有效和可具操作性的贫困影响评价。2001年，爱尔兰国家经济社会委员会（National Economic and Social Council）对贫困影响评价进行了综合性的回顾，并提出了改善意见。

2002年，根据国家经济社会委员会的建议，爱尔兰在社会、社区和家庭事务部内设立了社会融入办公室（Office for Social Inclusion）来负责贫困影响评价。为了保证其他政府部门参与贫困影响评价，社会融入办公室在重要的政府部门都设立了联系官员。而且，为了让贫困影响评价能够在地方层面执行，2003年爱尔兰在九个地区设立了社会融入单元（Social Inclusion Unit），负责贫困影响评价在各个地区的执行。

到2005年，爱尔兰建立起了一套较为完整的保证贫困影响评价的组织体系。这个组织体系的最大特点是贫困评价由最高的国家机构包括总理办公室和内阁授权,从而能够组织协调相关的政府部门和地方权力机构,在全国范围内推行贫困影响评价。图2-1显示了这个组织体系的结构图。从图中可以看出,贫困影响评价的具体执行机构包括社会、社区和家庭事务部、社会融入全国办公室、联络官员和社会融入单元(阴影方框)受国家最高机构直接领导,因而在执行贫困影响评价时,可以有效地协调和监督其他政府部门、地方权力机构。这个体系的另一个特点是将贫困影响评价纳入整个国家的反贫困战略中,所以贫困影响评价和国家反贫困战略咨询和技术委员会,以及和欧盟社会保护委员会直接相关并得到他们在资金、政策和技术上的支持。2009年,由于职能上的相似性,社会融入办公室和反贫局合并为社会融入分部(The Social Inclusion Division)。

爱尔兰将贫困影响评价作为该国反贫困战略核心并对全国范围内的政策进行贫困影响评价的做法是开创性的,目前很多国家包括欧盟国家和其他发达国家正在学习借鉴爱尔兰的经验以出台适合他们自身的评估政策。下一部分将介绍爱尔兰贫困影响评价的具体方法。

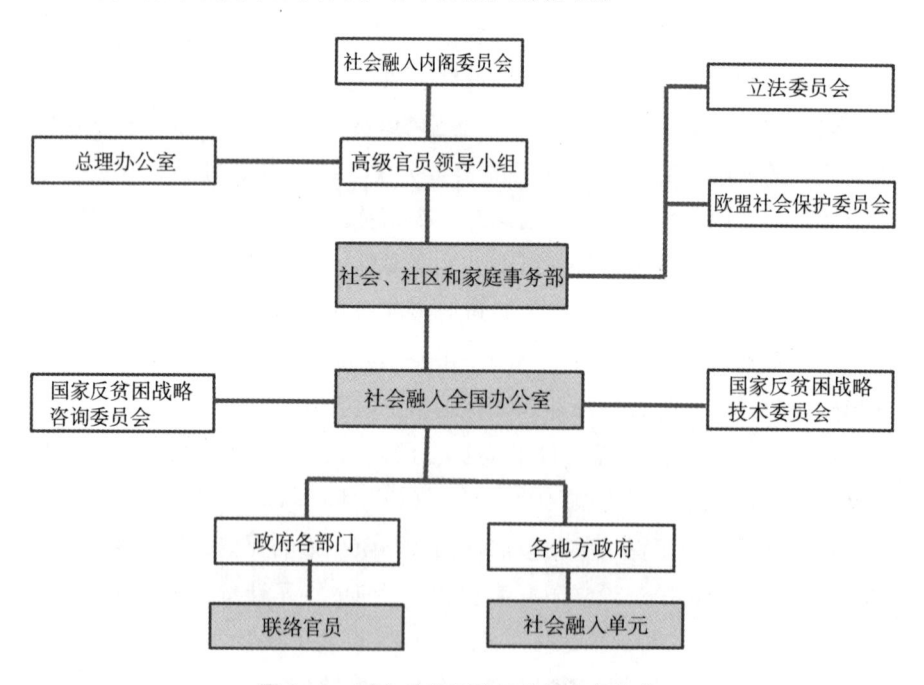

图2-1 爱尔兰贫困影响贫困组织架构

三 贫困影响评价的具体步骤①

从 1998 年开始,爱尔兰就将贫困影响评价定为政府在进行重要的政策决定前必须进行的事项。具体来说,在向政府提交重要的政策议案时,必须要附一份贫困影响评价报告。进行贫困影响评价的主体包括以下三类部门:政府部门(government departments)、其他国家机构(state agencies)和地方权力机构(local authorities)。贫困影响评价报告应当包括主要的评价结果,尤其是对相关贫困和弱势群体的影响。在爱尔兰,需要特别关注的群体包括单亲家庭、多子女家庭、移民、少数族裔、无家可归者、失业者和生活在贫困地区的人群。

贫困影响评价分为两个阶段:第一个阶段为筛选阶段(screening),也就是决定某个政策或项目是否需要进行全面的贫困影响评价(full poverty impact assessment);第二个阶段是全面贫困影响评价阶段,也就是对那些决定需要进行评价的政策或项目进行具体的评价。

第一阶段:为方便政策制定者决定哪项政策需要进行贫困影响评价,社会融入办公室制定了一个筛选表(见表 2-1)。在筛选表中有四个问题,如果对所有这四个问题的回答为"否",那么该政策或项目就不需要进行贫困影响评价。如果对其中任何一个问题的回答为"是"或"也许",那么该政策或项目就需要进行全面贫困影响评价。也就是进入第二阶段。

表 2-1　　　　贫困影响评价政策或项目筛选表

政策或项目是否具有如下特征	是	否	也许
这是全国性或部门性的政策			
这项政策或项目涉及经费预算			
这项政策将会改变现有的政策或工作流程			
这项政策或项目将影响以下贫困、弱势群体:妇女、单亲家庭、多子女家庭、失业者、居无定所者、农村弱势群体、城市贫困群体、移民、少数族裔或其他弱势群体(请注明)。同时需要考虑政策或项目是否会造成不平等,从而引起贫困。			

---

① 这一部分主要参照社会融入办公室在 2008 年 3 月发布的《贫困影响评价指南》(Guidelines for Poverty Impact Assessment)。

第二阶段：全面贫困影响评价阶段。这一阶段共分为七个步骤，分别为：1)咨询；2)界定政策目标和目标群体；3)数据和研究收集；4)影响评价并考虑替代政策或项目；5)做出决定和安排监测；6)发布评价结果；7)将评价小结送交社会融入联络官员或直接送交社会融入办公室。下面分别介绍七个步骤的具体实施过程。

第一步：咨询的主要目的是向相关利益群体征求相关意见。利益相关群体可包括其他政府部门或机构、非政府组织以及受政策或项目直接影响的群体或个人。咨询可以通过召开会议、座谈会等方式进行，同时也可以发放并回收调查问卷。进行咨询的好处是更清楚地了解政策目标及其影响，而且能够保证过程公开透明。

第二步：界定政策目标和目标群体。这一步主要回答以下三个问题：第一，被评估政策（项目、预算草案）的基本目标是什么？第二，谁是这项政策的目标群体以及他们将受到什么样的影响？第三，目标群体内部或各群体之间具有什么样的差异？这些差异将如何影响他们的受益（害）方式以及如果应对这些差异？这一个问题强调的是政策制定者认识到目标群体的多样性以便能够以更好的方式来服务目标群体。以针对年轻人的教育辅助项目为例，那些有子女的年轻人也许需要其他的支持条件他们才能够参与到项目中，而外来移民也许需要语言上的帮助。

第三步：数据和研究收集。收集到相关的数据和研究结果是贫困影响评价的先决条件。社会融入办公室的主要职能之一是帮助进行贫困影响评价的部门和主体获取相关的数据和研究结果，因此，该办公室组织了一个数据和研究的专家团体，专门负责此项工作。另外重要的是要确定评价的量表，这样才能确定被评价的政策或项目能否以及在多大程度上达到反贫的目标。量表内的指标不应仅仅是收入，还应包括就业率、就学率、无家可归者的数量、长期贫困人口数，等等。

第四步：影响评价并考虑替代政策或项目。这一步是贫困影响评价的实质性阶段，需要对被评价的政策（项目、预算草案）的影响作出回答。首先，评价人要完成一个评价表格（见表2-2）。在这个表格中，评价人将回答这项政策对一些特别关注的群体具有什么样的影响。

表 2-2　　　　　　　　　　贫困影响评价细目表

弱势群体	对这些群体可能造成的影响		
	没有	正面影响	负面影响
妇女			
单亲家庭			
残疾人			
居无定所者			
农村弱势群体			
城市弱势群体			
无家可归者			
移民			
少数族裔			
其他（请注明）			

如果政策提案对弱势群体没有直接影响，那么评价人需要考虑政策应该做出什么样的改变使得其对减贫起到正面影响。如果政策提案对弱势群体的减贫有正面影响，那么评价人需要阐述这些正面影响是如何产生的，具体过程如何。如果政策提案对弱势群体的贫困具有负面影响，那么评价人应该考虑如何修改政策而使得其对减贫具有正面影响，或者应该采取其他什么措施来防止这些负面影响的产生。

除了完成表格 2-2 之外，评价人还应阐述该项政策和全国性的减贫目标具有什么关系，是否有助于或者有害于全国减贫目标的实现。爱尔兰确定了一系列的减贫目标，如到 2012 年，长期贫困者的比例降低到 2%—4%；2016 年彻底消除长期贫困现象。

最后，评价人还应回答被评价的政策是否会加剧不平等或者造成新的不平等。贫困是一个相对的概念，不平等会导致贫困状况的恶化。群体间的不平等可能出现在如下方面：性别不平等、家庭内部不平等、婚姻关系的不平等、不同年龄间的不平等、种族不平等、宗教群体不平等，等等。

第五步：做出决定和安排监测。在进行影响评价之后，评价人应该说明这项政策是否通过贫困影响评价，或者说在对政策进行修改后通过。如果评价通过，那么评价人应该说明什么样的安排将用来监测预期的效果是不是真的发生了。而且,应该注明哪个部门将负责监测这个过程。对于那些用来预防负面影响的政策措施,也需要注明监测的主体和措施。

第六步:发布评价结果。为了保证贫困影响评价的透明性,评价的结果以及如果产生这个结果的细节应该公布,当然规定需要保密的内容除外。评价结果可以发布在负责机构的网站上。

第七步:当所有上述步骤完成之后,一个关于贫困影响评价的小结应该送交社会融入联络官员,再由该官员转送给社会融入全国办公室。如果机构未设联络官员,那么应将小结直接送交社会融入全国办公室。社会融入全国办公室将对这些报告存档,并随机抽取一些政策进行定期评测。

以上是爱尔兰实行贫困影响评价的具体过程。从以上叙述来看,爱尔兰实行的贫困影响评价为自评价,也就是制定政策(项目、预算草案)的机构对政策进行自我评价。在社会、社区和家庭事务部下的社会融入办公室对评估过程进行协调、辅助和监督。这样做的局限是显而易见的,也就是评价的主体不倾向于发布不利于自己的评价报告。而社会融入办公室的监督作用由于受资源限制也不可能全面开展。

然而,如果成立独立的第三方机构进行贫困影响评价,那么就会涉及至少两个问题:一是这个独立机构和其他政策机构的关系,在多大程度上它具有权威性与约束力;另一个问题是这将需要较多的人力和物质资源,对国家的财政预算增加新的压力。为了避免这两个问题,很多国家进行有选择性的、部分的贫困影响评价。

第三节 部分推行贫困影响评价的国家

以下以英国为例来介绍其儿童反贫困项目以及对该项目的评估。

一 英国消除儿童贫困的政策背景[①]

从 20 世纪 70 年代末到 1997 年工党上台之前,由于保守党削减政府

---

① 此部分参考的资料主要有英国财政部 2004 年 7 月发布的 *Child Poverty Review*,英国儿童贫困小组 2009 年发布的报告 *Ending Child Poverty: Making it Happen*,Lisa Harker(2006)和 Steven Kennedy(2009)。

福利开支、推行私有化等政策，英国无论是绝对贫困还是相对贫困都有显著上升。英国在20世纪90年代末期是欧洲儿童贫困状况最差的国家之一。儿童贫困在英国引起了极大的社会关注，在工党上台之前，就声明要将减少贫困特别是儿童贫困作为其主要施政方针之一。1999年3月，首相布莱尔誓言到2020年英国将彻底消除儿童贫困现象，从此减少儿童贫困成为英国政府主要工作目标之一。2002年，财政部长（后来为首相）布朗进一步细化了目标，提出到2010年要将贫困儿童的数量先减少一半。据统计，1999年英国生活在贫困中的儿童人数为340万人，约占全国儿童总数的四分之一。也就是说，按照政府设定的目标，2010年应减少到170万人（Department for Work and Pensions & Department for Education，2012）。

1999—2003年，英国工党政府减少贫困儿童的策略是提高儿童税收返还（Child Tax Credit）（也就是让有儿童的家庭的更多收入免于征税），提高儿童福利（Child Benefit）及其他方面的福利如低收入家庭福利。这些政策的特征是政府将更多的财政预算用于直接提高贫困儿童家庭的物质状况。到2003年，政府在这方面的支出比1997年之前增加了1040亿英镑，与前一时期相比提高了72%。这些积极的措施减少了儿童贫困。1999—2003年，英国的贫困儿童数减少了50万人（HM Treasury，2004）。

但是，致力于"中间偏左"的第三条道路的工党，不愿意完全回到福利国家的老路，而是努力探索新的福利经济政策。其中之一就是将就业和福利开始结合起来，或者通过福利开支来增加就业，称为"从福利到就业项目"（The Welfare to Work Programme）。2003年以后，工党在减少儿童贫困政策上的重点放在了让有工作能力的家庭和个人能够就业上。另外，重视就业也和工党推行的反社会排斥策略相关，因为他们认为劳动力市场是个人和社会相接的主要机制之一。也就是说，个人的失业导致的不仅仅是收入上的减少，还有和社会联结的纽带断裂，从而被排斥在社会之外。工党政府通过就业来减少儿童贫困的政策措施包括以下诸项。

- 设立就业示范区。在指定的区域通过财政支持和服务低收入家庭特别是单亲家庭找到工作，如果他们已经在工作，则帮助他们提高技能从而能够从事更高层次的工作。

- 在儿童看护方面为单亲家庭提供帮助,如开展课后儿童看护项目,从而使得他们有时间进入劳动力市场。
- 为了减少因为债务问题使得低收入家庭不能就业,政府为这些家庭在解决债务方面提供建议和帮助。
- 为失业家庭或者单亲家庭提供技能培训、就业咨询和就业介绍等方面的服务,帮助他们进入劳动力市场。
- 意识到找工作需要花费,政府对那些积极寻找工作的失业者每周提供20英镑的资助。
- 对于刚找到工作的低收入家庭的父母,为了让他们的就业能够稳定下来,政府在第一年为这些家庭每周补助40英镑。另外,他们还可以申请一些小额资助和应急资金。
- 提高残疾人和少数族裔的就业率。政府出台法律消除残疾人就业的社会障碍,同时给他们提供就业上的支持包括教育培训、就业咨询等。
- 消除种族歧视和不平等。种族不平等以及其他形式的不平等是导致儿童贫困的重要原因之一。政府2004年设立了人权委员会致力于解决这些不平等问题。
- 提高全国最低工资,另外给参加工作的低收入家庭减免税收,目的是鼓励人们参加工作,增加工作与不工作在收入和福利上的差距。
- 为低收入家庭提供无息或者优惠贷款,让他们能够开展经营或者偿清债务。

"第三条道路"政策的另一个特点是以社区为基础的发展与反贫困策略。在这一方面,英国在儿童反贫困方面的主要做法是改善低收入家庭的住房与居住环境。贫困家庭的儿童很多都生活在临时住房中,这些临时住房对儿童的健康和教育有很大的负面影响(详见方框二)。

对此,英国政府的做法和目标是通过财政建立起更多的社会福利房屋,同时改善社会福利住房的居住条件,争取到2010年使得所有的社会福利住房的居住条件达到要求,以及70%在私营部门就业的家庭(其中三分之一有儿童)能够拥有较好的住房条件。

第三个主要措施是改善贫困儿童的教育条件,包括建立和改善更多的

> **方框二：住房和居住环境对儿童贫困的影响**
>
> 英国的研究发现，住房和居住环境对儿童的童年质量与一生的发展和机会都有重大影响。不好的住房和居住环境会影响到儿童的健康，而健康状况又影响到他们的学习和行为，从而形成恶性循环。在临时住房的儿童生病的可能性是其他儿童的两倍，而发生精神健康问题的可能性高达39%，比平均发生率11%高出三倍。另外，居无定所也影响到儿童的社会关系，导致他们孤僻，进一步影响到他们的健康、教育与发展。个案研究显示，居住在临时住房中的儿童可能遇到的问题有：
>
> 生病的可能性增加，如感染哮喘；和其他问题人群生活在一起，如吸毒者；和其他家庭成员挤在一张床上影响了睡眠；老鼠药和有问题的电源插座增加了安全风险；和很多人共用一台洗衣机；厨房距离住所很远，使得父母无法在做饭时照顾小孩；没有供儿童娱乐的设施；经常发生火警、火情；食物不充足而且没有空间让家人一起吃饭；信息匮乏。
>
> 资料来源：*Child Poverty Review*，2004，p.40。

儿童看护中心，为贫困地区的学校提供更多的教育资源，改善贫困儿童上学的交通条件，对问题儿童实行以社区为基础的矫正措施，等等。

从以上英国儿童贫困状况和政府措施可以看出，反儿童贫困是一个综合性强、涵盖范围广的行动。2007年10月英国的就业和养老部（Department for Work and Pensions）与儿童学校家庭部（Department for Children, Schools and Families）联合建立起了"儿童贫困小组"（Child Poverty Unit），目的是将综合两个部的力量来研究、开展、协调儿童反贫困行动。儿童贫困小组的主要功能包括：1）探索一个整合政府各部门的方式来解决儿童贫困问题；2）在以前研究和工作的基础上，探索到2020年消除儿童贫困现象的战略途径；3）卷入所有的利益相关主体，利用他们在儿童反贫困上的经验和做法；4）协调地方层面的主体来开展儿童反贫困工作；5）研究分析出台有效的政策措施。

在儿童贫困小组成立以后，又有人指出该小组缺少财政部的参与将会影响儿童反贫困行动。于是，在2008年6月政府决定让财政部的有关人员也加入儿童贫困小组。自此以后，英国反儿童贫困的组织架构正式建立。从以上的叙述来看，它的发展历程与爱尔兰的社会融入全国办公室具有极强的相似性：对贫困的多维度界定以及综合的反贫困措施使得成立跨部门的反贫困的机构成为必要，否则就无法有效地开展新型的反贫困措施。

为了进一步推进儿童反贫困，执政的工党在 2008 年 9 月的全党会议上提议将 2020 年消除儿童贫困的目标和措施写入法律。2009 年，工党政府向立法议会提交了儿童贫困法案，并在 2010 年初通过了该法案。这项法案是工党通过的最后一项重要法案。2011 年，新上台的联合政府宣称将坚持这个法案，继续推行儿童反贫困方面的努力，实现在 2020 年全部消灭儿童贫困的目标。

二 英国儿童贫困影响评价的做法

《2010 年儿童贫困法案》（Child Poverty Act, 2010）提出了多方面的措施来保证，其中一项做法就是要对相关政策进行儿童贫困影响评价。例如，法案的第一部分第 9 大条第 5 小条明确规定了与儿童贫困相关的领域，包括：父母的就业与技能培训，儿童和家长的信贷支持，为家长提供信息、建议和帮助，身体和精神健康，教育，儿童看护，社会服务，住房，等等。与这些领域相关的政策都要考虑其对儿童贫困的影响。法案的第二部分规定地方层面的政府机构及其他公共机构要对所有相关的内阁报告和服务规划进行儿童贫困影响评价，甚至在公开招聘工作人员时也要考虑能否减少儿童贫困。

英国的儿童贫困影响评价可以分为两个类型：一是要求政府部门和地方权力机构对提议的政策议案进行影响评估，可以称为"自评估"；二是由指定的非政府机构对政府在儿童反贫困上的政策进行影响评估，可以称为"他评估"。"自评估"又可以细分为两个步骤：首先政府要求地方权力机构发布对本地区的贫困儿童需求的评估报告，然后以此为基础出台儿童反贫困战略报告；其次政府部门对所涉及相关政策进行贫困影响评价。以下分别进行介绍。

（一）自评估

贫困儿童需求评估报告：儿童贫困法案的第二部分规定地方政府必须指定一个负责机构（一般为地方议会）来实施儿童反贫困策略，包括发布地方贫困儿童需求报告。报告可以分为以下几个部分：地区情况简介、人口状况总体介绍、儿童贫困状况、与儿童贫困相关的风险因素、儿童贫困发生的原因与后果。方框三介绍了曼彻斯特市的儿童需求评估报告,以此可以看出需求报告的基本格式。

> **方框三:曼彻斯特市的贫困儿童需求评估报告**
>
> 1. 介绍:介绍评估报告出台的背景和意义;
> 2. 纲要:逐条介绍报告的主要发现;
> 3. 地方情况介绍:主要介绍曼彻斯特市以前在儿童贫困方面所做的工作,以及与儿童贫困有关的政府机构和非政府机构;
> 4. 报告数据收集方法:主要包括儿童贫困相关机构提供的数据,对主要的政策部门进行了咨询,对目标人群包括青年和儿童进行了焦点组座谈;
> 5. 人口总体状况:包括总人口、青年和儿童人口数、各年龄段的比例、民族和语言状况;
> 6. 贫困的表现形式:包括贫困发生率、主要贫困地区、贫困儿童数、人口流动状况、本市贫困儿童的特点(与其他城市比较)、分地区儿童贫困数、有就业家庭贫困儿童状况、无就业家庭贫困儿童状况、依赖政府福利项目的家庭状况、绝对贫困状况;
> 7. 与贫困相关的风险因素:包括家庭大小、家庭结构(如单亲家庭)、民族、残疾状况、未成年父母、难民、有特殊需求的家庭;
> 8. 儿童贫困发生的原因与后果:主要包括三个类别,分别为父亲的就业与技能,教育、健康与家庭,以及居住地因素(主要表现为某些地区的儿童贫困发生率高);
> 9. 结论:失业是造成儿童贫困的主因;儿童贫困在一些地区和人群中发生率较高;儿童绝对贫困是本市一个严重的问题;儿童贫困对教育水平、健康以及幸福具有重要影响。
>
> 资料来源:曼彻斯特市议会,《贫困儿童需求的报告》,2011 年 7 月,http://www.manchester.gov.uk。

儿童贫困影响评价:虽然政府要求政府进行儿童贫困影响评价,但是与爱尔兰不同的是,英国并没有统一进行贫困影响评价的格式。为了更好地让政府部门和地方权力机构进行儿童贫困影响评价,拯救儿童组织(Save the Children)和威尔士地方政府联系制定了一个儿童贫困影响工具。[①] 这个工具借鉴了爱尔兰的贫困影响评价工具,除了在具体的指标上

---

① 参见网页 http://issuu.com/cpsproject/docs/child_poverty_impact_assessment_240910_rc。

有所不同之外，基本格式与爱尔兰的贫困影响评价大同小异，所以在这里不作介绍。英国政府部门对政策进行影响评估（impact assessment）已有较长的时间，形成了影响评估的一般流程。例如，平等影响评估（equality impact assessment）在英国已经成为各个政府部门制定政策时的必要过程。另外，还有一般意义上的影响评估，它最大的特点是对将要制定的政策进行收益和成本评估。这一类型的评估对我国制定贫困影响的工具具有很强的借鉴意义，下文将以儿童贫困小组（Child Poverty Unit）对建议的儿童反贫困政策进行的影响评估为例，介绍影响评估的一般过程。

儿童贫困小组提议的政策称为《结束儿童贫困：使之发生》（*Ending Child Poverty: Make it Happen*），整个评估报告可以分为四个部分。第一部分为政策部分，主要介绍被评估的政策；第二部分为分析部分，主要对提议的政策进行成本与收益分析；第三部分为证据部分，为第一、二部分的分析提供证据；最后一部分为具体影响评估部分，评估提议的政策在种族平等、性别平等、人权、环境等方面可能产生的影响。

第一部分：介绍政策部门、政策名称、日期，并由部门主管签名。这一部分还将回答以下问题：需要解决的问题是什么？为什么政府需要出台政策？政策目标和预期政策结果是什么？关于这一问题都有哪些可行方案？为什么所提议的方案是最好的？多长时间以后可以对政策实际发生的成本和收益进行评估？

第二部分：介绍提议的政策所需要的成本和预期收益，一般以一年为基础计算。收益除了以货币衡量外，还可以介绍难以用货币衡量的社会收益。

第三部分：为分析部门提供证据支持。一般来说这一部分所占篇幅最长，为第一、二部分提供具体的数据和研究分析。例如，儿童评估小组在这一部分用列表的方式总结了几个方面的成本和收益（见表2-3）。

第四部分：包括各种具体的影响评估。这一部分评估比较简要，只是说明在某一方面有没有影响。所列出的评估项目包括竞争评估（competition assessment）、小型企业影响评估、法律援助、可持续发展、环境评估、健康评估、种族平等、残疾人平等、性别平等、人权、农村地区，等等。

表 2-3 《结束儿童贫困：使之发生》成本收益评估表

经济成本	经济收益	财政成本和收益	社会收益
如果税收返还和福利太慷慨，可能会造成人们不愿意去工作	提高人群的生产潜能，从而让经济更加活跃；减少贫困将减少公共的福利开支；2008 年 10 月 Joseph Rowntree 基金会估计儿童贫困对财政收入和经济增长造成的损失达 250 亿英镑。	提议的政策没有提供具体的财政预算，这将由今后的财政部门决定；所提议的政策规模较大，在今后的实施中将受到有限财政的制约；2006 年 7 月财政研究所估计一年内在相对贫困中的儿童减少 5% 的话需要 300 亿英镑的成本。	改善儿童状况，这将使得儿童和全社会都受益；提高低收入家庭的收入，从而减少社会福利支出；打破代际贫困传递的恶性循环，对将来的发展产生正面效应；机会平等。

(二) 他评估

目前在英国被政府部门认可的对政府部门儿童反贫困行动进行评估的独立机构主要有两个：一个是 2012 年成立的"社会流动与儿童贫困委员会"（The Social Mobility and Child Poverty Commission）；另一个是 2004 年成立的英国儿童专员办公室（Children's Commissioner）。以下分别介绍这两个机构对政府政策的儿童贫困影响评价。

社会流动与儿童贫困委员会[①]

新执政的联合政府宣称继续推进前任工党制定的儿童反贫困政策。2012 年通过的福利改革法案（*The Welfare Reform Act*, 2012）要求设立了一个非政府机构来监测和评估政府部门及其他机构在儿童反贫困方面的成效，即为后来成立的"社会流动与儿童贫困委员会"。委员会成员来自非政府基金会、民间团体和大学的知名专家和社会活动家。它的具体职能包括：监测儿童反贫困进程，促进社会流动，包括英国儿童反贫困战略的实

---

① 此部分的数据主要来源于该委员会网站 https://www.gov.uk/government/organisations/social-mobility-and-child-poverty-commission，及其发布的 2003 年度报告 State of the Nation 2013: Social Mobility and Child Poverty in Great Britain。

行和 2020 年目标的实现，以及介绍苏格兰和威尔士在儿童反贫困上的策略及其实施；为政府部门提供社会流动和儿童贫困方面的政策建议；倡导促进社会流动。

在 2013 年 10 月，该委员会发布第一个年度评估报告。报告评估了英国政府部门在儿童反贫困方面的做法，同时也评估了其他行动者如学校、雇主、地方议会和社区等在儿童反贫困方面的做法。报告既关注直接的儿童反贫困政策也关注其他相关的政策。例如，由于经济危机，英国政策实行财政紧缩政策（austerity policy）。该报告指出这项政策对儿童贫困的负面影响。特别是在联合政府执政以来，养老开支具有较大的增加，而在儿童贫困上的开支有所减少。报告称将财政更多地花在养老上而不是花在儿童身上将对长期的儿童贫困和社会流动产生负面影响。另外，在 20 世纪末及 21 世纪初，更高的税收返还和政府对低收入家庭的补贴是减少儿童贫困的有力手段，而财政紧缩政策减少这两个方面的支持，使得儿童贫困发生的风险增加。为了保证就业人口的开支能够跟上通货膨胀，报告建议政府应该与雇主一起探讨分担这些开支的新办法。

由于该委员会成立时间不长，它的年度报告所评估的内容甚多，但它评估的政策大多是政府直接的反贫困政策，而且是后评估居多，所以真正意义上的贫困影响评价并不多。但是，该委员会被授权对政府的反贫困行动和进展进行监测，所以今后可能会对一些重大的政府政策进行儿童贫困影响评价。

英国儿童专员办公室[①]

儿童专员（Children's Commissioner for England）由 2004 年的儿童法案授权设立，主要职责是代表英国所有儿童的声音和利益，尤其是特别弱势的儿童群体的声音，让政策制定者能够在制定政策时能够考虑他们的利益与感受。此外，儿童专员还是英国与联合国儿童权利大会间的联络员与代表。

2013 年 6 月，儿童专员办公室发布了对政府财政预算决定的儿童权利影响评价，其中很大一部分是关于该政策的儿童贫困影响评价。该评价

---

① 此部分的资料来源于英国儿童专员办公室网站 http：//www.childrenscommissioner.gov.uk/，以及该机构发布的评估报告 A Child Rights Impact Assessment of Budget Decisions。

是英国第一个对政府财政预算进行的儿童贫困影响评价。评估报告分为五个部分。

第一部分：概述。主要说明报告评估的政策包括2013年的财政预算和2010到2015年的政府公共开支。该评估的框架以《联合国儿童权利公约》的规定为基础，其中特别提到的规定是"政府有义务保证儿童特别是弱势儿童不受到经济政策或金融下滑的影响"。而被评估的政策恰恰是由于金融危机英国政府压缩政府公共开支。评估要回答两个主要问题：一是财政措施对儿童权利具有什么样的影响，二是英国政府是否竭其所能来推进儿童权利的实现。评估的方法采用经济学中的微观模拟法（microsimulation modelling）来分析税收福利和公共开支的变化对家庭收入的累积性影响，同时也采用参与的办法来定义贫困。

第二部分：税收、税收返还和福利变化的影响。介绍从儿童的视角来定义贫困：贫困意味不能购买基本用品和不能享受体面的住房，贫困也意味着教育不能正常进行、健康状况得不到保证和缺乏娱乐活动，贫困还意味着歧视、受欺负和家庭生活不和睦。根据评估，新的财政措施将导致贫困儿童数量上升50万人，生活在中位数收入以下家庭内的儿童数上升30万人，在最低收入线以下生活的儿童数上升40万人，已经生活贫困的儿童的状况将比以前更差。新的财政措施将使得有儿童的家庭、单亲家庭损失最大。如果把有儿童的家庭按收入高低十等分，则发现越贫穷的家庭受财政改革的影响损失越大。总之，评估结果显示，财政改革将对儿童反贫困没有正面影响，而且还会使得在保证儿童享有充足的生活方面倒退。

第三部分：公共开支变化对儿童权利的影响。从2010到2015年，政府公共开支将缩减610亿英镑，包括缩减在教育、住房、社会看护、医院等方面的开支。分析显示有儿童的家庭由此而造成的损失远比没有儿童的家庭大，因为有儿童的家庭更倾向于使用这些措施。其中，单亲家庭所受的损失相比之下更大。结论是缩减公共开支将减少儿童在一系列领域中所能获得的资源，包括健康服务、教育、合适的生活标准、娱乐活动以及保护不受暴力、虐待和剥削。

第四部分：儿童看护和早期教育政策变化的影响。分析显示，在这两个方面，收入较高的50%的家庭在这两个方面得到了加强，但是收入较低的 50% 的家庭将受到负面影响。

第五部分：结论。财政改革和缩减公共开支会加剧儿童贫困现象，损害儿童应有的权益，与政府支持儿童、消除儿童贫困的现象相悖。

他评估与自评估最大的不同在于，他评估会对将要执行或者已经执行的政策或项目提出批评性的意见，而自评估一般会强调被评估的政策会对消减贫困产生正面影响。但这并不是说，自评估对减少贫困没有帮助。自评估通过对政策制定部门对贫困后果的影响和分析，可以让决策部门提高减贫的意识，避免出台明显会加剧贫困状况的政策。

这一部分以英国为例介绍了部分推行贫困影响评价的国家的做法。这一类国家一般对一些重点的贫困领域进行贫困影响评价。例如，英国的儿童反贫困，从 1997 年工党开始执政起就是国家的政策重点，一直持续到现在。有选择性地对重点的贫困领域进行影响评估，好处是可以集中评估资源，在短时间内达到最大的反贫效果。而且，评估的形式既可以自评估也可以他评估，保证了贫困影响评价的质量。目前大多数发达国家的贫困影响评价都属于这类贫困。下一部分介绍尚未进行贫困影响评价，但是国内具有相当的力量在倡议进行贫困评价的国家。

第四节　倡议推行贫困影响评价的国家

随着贫困问题变得越来越严重，很多发达国家开始考虑如何在政策制定上防止贫困状况恶化或出现新的贫困。这甚至包括以前不愿意承认国内有贫困现象或者边缘化贫困问题的北欧福利国家和北美国家，如加拿大和美国。上文提到，最近十几年来，贫困问题在美国已经成为国家政策关注的目标和公众讨论的焦点。近些年来，越来越多的议员、政府官员及社会团体倡导在政策或项目进行决策之前进行贫困影响评价。下面就以美国为例来介绍这一类国家在倡议贫困影响评价的做法。①

一　美国贫困影响评价的主要背景

美国很早就开始了在政策出台前进行先期评估的做法。早在 1969

---

① 这一部分主要的参考文献为 Levin‑Epstein 和 Sanes（2011）。

年，美国国家环境政策法案（*The National Environmental Policy Act*）就要求联邦政府部门在采纳一个政策方案之前，应该对方案进行环境影响评价。从1974年开始，众议院财政办公室对每一个议案都进行财政影响评价，以让众议院在采纳每一项议案之前知悉该议案在未来5年内对预算的影响。目前，美国一些政策出台之前实施机会影响评价（Opportunity Impact Statement），说明提议的政策是否会促进机会平等或者加剧不平等。另外，一些政府部门也在倡议进行健康影响评价（Health Impact Assessments）。

贫困影响评价在美国得到关注和倡议既和上述已有的影响评价实践相关也和上文所提到越来越严重的贫困问题有直接联系。贫困影响评价在美国又称为贫困影响预测（Poverty Impact Projection）。首先提议进行贫困影响评价的是加利福尼亚州的众议院代表芭芭拉·李（Barbara Lee）。在2005年卡特琳娜飓风过后，芭芭拉·李致力于提高全国对贫困问题的关注，同时倡议建立合适的机制来保证政府的政策能够达到最大的减贫效果。2005年，她和另外15个立法议员一起提出了一系列的贫困法案，其中就包括在政策出台之前应该进行贫困影响评价。自此以后，她每年都要在众议院的立法会上提交相似的议案。2011年她的议案建议任何预算开支大于1000万美元的政策都需要进行贫困影响评价，同时评估报告应该说明预算中的多少比例的开始将使贫困群体受益，政策会使多少人口的收入超过贫困线或降低到贫困线以下，以及在多大程度上它将影响低收入家庭基本公共服务的获得。

2007年，上文提到美国进步中心提出12条减贫建议，城市研究所（The Urban Institute）利用已有的数据对其中的四条建议——提高最低工资、提高工作收入税收返还率、提高儿童税收返还率和扩展儿童看护服务——进行了模拟预测，得出它们将会减少26%的贫困人口的结论。城市研究所的研究在方法上为贫困影响评价奠定了基础。

由于城市研究所在贫困影响评价上的经验，一些州的政府部门邀请它来对政府的政策和项目进行分析。例如，2009年康涅狄格州的儿童贫困与预防委员会就邀请它来对一些政策建议的减贫效果进行分析和预测。同样在2009年，明尼苏达州终结贫困立法委员会邀请城市研究所对立法报告中的政策建议进行贫困影响评价。2011年，该研究所受邀对伊利诺伊州的终结贫困委员会的政策建议进行贫困影响评价，以预测这些政策建议在减少极端贫困（extreme poverty）方面的效果。

由此可以看出，虽然美国尚未大范围内推行贫困影响评价，但是贫困影响评价已经在美国引起了较广泛的关注，而且已经有一些完成了评估的例子。

二 立法议案：倡议贫困影响评价的官方渠道

在美国，推进贫困影响评价的官方渠道是议员提交进行贫困影响评价的立法议案。从 2005 年芭芭拉·李提交进行贫困影响评价的议案开始，很多州都提出过相似的议案。虽然暂时没有议案通过变成法律，但是可以预见的是，贫困影响评价在不久的将来会成为一些州甚至是联邦政府的政策。以下介绍一些已经提交的州议案。

加利福尼亚州：2006 年立法委员会通过一项贫困议案，要求进行贫困影响评价，但是当时的州长施瓦辛格最终否决了这项议案。这项议案提出到 2016 年要将加州的贫困人口减半，到 2026 年完全消灭贫困。议案要求每年向立法议会报告反贫困的进展，同时要求对政府的预算进行贫困影响评价，以决定这些预算在多大程度上有利于减少贫困。

科罗拉多州：该州立法设定了到 2019 年要将贫困人口减半的目标。2011 年，有议员提出一项贫困影响评价报告议案（Poverty Impact Statements for Bills）。该议案授权委员会主席或少数派成员对可能影响贫困的法案要求提交一份贫困影响评价报告。需要进行贫困影响评价报告的政策领域包括家庭收入、财产和金融安全，早期儿童看护与教育，就业和劳动力建设，就业和收入援助包括儿童看护、住房、健康、交通、水电开支和食品开支。该议案在委员会的讨论中没有通过，主要因为一些议员担心评估的成本并认为政府在评估中应该只扮演有限的角色。

路易斯安那州：2011 年，在参议院决策会上提出进行某些财政预算应进行贫困影响评价，但后来没有继续推进。在 2008 年，该州立法设定了要在十年内将儿童贫困减半，该州的预防儿童贫困委员会就提出过要进行儿童贫困影响评价。

明尼苏达州：该州设定了到 2020 年完全消除贫困的目标。终结贫困立法委员会在 2009 年提议对一些立法议案要进行贫困影响评价，目的是为决策者提供更多的关于贫困影响评价的信息，从而能够做出恰当的决策。另外，该委员会还建议在最初的几年内对为数有限的议案试行贫困影响评价，待评估方法成熟后再在较大范围内进行。该议案最后没有通过，因为当时正值金融危机，议员代表担心这会增加政府的开支。

威斯康星州：该州代恩县（Dane County）的贫困行动小组在 2009 年报告了它的研究发现以及提出了减贫的建议，其中第一条政策建议就是在政策出台之前应考虑它们对贫困的影响，这些政策包括财政、法律、区划、决议，等等。具体做法是任何政策分析报告都应附一份贫困影响评价报告。贫困影响评价报告的准备时间无须很长，但是却可以让立法者在进行决策之前考虑对贫困的影响。目前该政策建议尚未执行。

三 倡议贫困影响评价的民间渠道

除了提交立法议案的官方渠道外，很多民间组织也在倡议进行贫困影响评价。他们的做法一般是召开研讨会、发表媒体文章以及影响立法议员。美国倡导贫困影响评价最活跃的组织是总部设在华盛顿特区的法律和社会政策中心（The Center for Law and Social Policy）。该组织在 2007 年设立了论坛形式的机构"聚焦贫困与机会：新闻、观点和行动"（Spotlight on Poverty and Opportunity: The Source for News, Ideas and Action），专门关注贫困问题，倡导减贫行动，并致力于影响减贫的政策。2011 年 8 月，该机构出版全面介绍分析贫困影响评价的文章，并在 2011 年 9 月召开了关于贫困影响评价的全国性研讨会。

另一个倡议贫困影响评价的组织是明尼苏达州的"增长与正义"组织（Growth & Justice）。自 2009 年开始，该组织就在明尼苏达州倡导进行贫困影响评价。在 2012 年 12 月 5 日，该组织提议进行贫困影响评价的建议引起了政府与媒体的关注。① 有可能会重新讨论 2009 年没有通过的有关贫困影响评价的议案。

另外，还有美国日益增多的关注国内贫困问题的民间组织，如美国进步中心、美国同心圆（Circles USA），也在关注和倡议贫困影响评价。

---

① http://www.minnpost.com/community-sketchbook/2012/12/do-proposed-laws-need-poverty-impact-statement。

总之，在美国，无论是政府立法官员还是民间反贫组织都在积极倡导贫困影响评价。可以预见的是，在不久的将来，美国的一些州甚至是联邦政府将会通过立法要求一些政策决策前进行贫困影响评价。

第五节 对中国的启示

发达国家在贫困影响评价上的做法对中国试行或者施行贫困影响评价具有重要的启示。具体来说有如下方面。

首先，贫困影响评价需要较高级别的权威机构来领导、推动和协调。这是因为贫困影响评价所评价的政策不仅是直接的扶贫政策，还更多是与贫困相关的其他领域的政策，包括财政预算、金融、交通、健康、工业、农业，等等。也就是说，除了直接的扶贫机构如国务院扶贫办外，还需要其他政府部门的参与和配合。在爱尔兰，总理办公室直接领导和协调贫困影响评价；在英国，儿童贫困影响评价由财政部、就业和养老部等几个部门联合组成工作小组来实施。

其次，在全面推行贫困影响评价之前，可先对重点的贫困领域进行评估。英国在这方面提供了很好的经验。英国的贫困影响评价集中在儿童贫困现象上，一方面因为儿童贫困在政府的反贫困行动中处于中心位置；另一方面因为仅关注儿童贫困可以集中资源，更有效地实现减贫困的效果。中国的反贫困有自身的特点。从20世纪80年代以来，反贫困政策集中瞄准贫困地区，是一个以地域为基础的扶贫模式。所以，中国的贫困影响评价可以先从贫困地区开始试行，对涉及贫困地区的政策进行评估，这样可以集中资源，达到较好的评估效果。待条件成熟后，再扩展到其他非贫困地区。

再次，贫困影响评价可以采取自评估和他评估相结合的方式。这两种评估形式各具优缺点，两者相结合能达到最大的评估效果。爱尔兰实行的是自评估，这种方式的好处是提高政府各部门的反贫困意识，在制定政策时将反贫困的目标考虑在内；英国则实行了自评估和他评估结合的方式。邀请独立部门进行他评估，可以发现政府政策在反贫困上的重大问题，有利于及时纠正和改进。

最后，贫困影响评价的结果应该向公众公开。公开评估结果是发达国家通行的做法，好处是可以通过公众压力来提高评估效果，从而减少评估的成本。如在爱尔兰，即使政府部门实行的是自评估，也会因为需要将评估结果向公众公开而有意识地选择具有最佳扶贫效果的政策。

参考文献

Atkinson, Rob & Simin Davoudi, "The Concept of Social Exclusion in the European Union: Concept, Development and Possibilities", *Journal of Common Market Studies*, Vol. 38, No. 3, 2000, pp. 427 – 48.

Bauer, Michael W., "Limitations to Agency Control in European Union Policy – Making: The Commission and the Poverty Programmes", *Journal of Common Market Studies*, Vol. 40, No. 3, 2002, pp. 381 – 400.

Berghman, Jos, "The Resurgence of Poverty and a New Struggle against Exclusion: A New Challenge for Social Security in Europe?" *International Social Security Review*, Vol. 50, No. 1, 1997, pp. 3 – 21.

Center for American Progress, *From Poverty to Prosperity: A National Strategy to Cut Poverty in Half*, April 2007, http://www.americanprogress.org.

Child Poverty Unit, *Ending Child Poverty: Make it Happen*, https://www.education.gov.uk, 2009.

Child Poverty Unit, *Impact Assessment for "Ending Child Poverty: Make it Happen"*, 2009, https://www.education.gov.uk.

Coleman – Jensen, Alisha, Mark Nord, Margaret Andrews & Steven Carlson, "Household Food Security in the United States in 2010", ERR – 125, U.S. Department of Agriculture, September 2011.

DeNavas – Walt, Carmen, Bernadette D., Proctor & Jessica C. Smith, "Income, Poverty, and Health Insurance Coverage in the United States: 2010", *U.S. Census Bureau, Current Population Reports*, Washington, D.C.: U.S. Government Printing Office, 2011.

Department for Work and Pensions & Department for Education (UK), *Child Poverty in the UK: the Report on the 2010 Target*, London: The Stationery Office, 2012.

Greason, Vincent & Lamarche, Lucie, Poverty Impact Analysis (PIA) and Governmental Action: "Made in Québec" Again? (September 1, 2009), Available at SSRN: http://ssrn.com/abstract=1466059 or http://dx.doi.org/10.2139/ssrn.1466059.

Harker, Lisa, *Delivering on Child Poverty: What Would it Take?* A Report for the Department of Work and Pensions, November 2006.

Harvey, David, *A Brief History of Neoliberalism*, Oxford: Oxford University Press, 2005.

HM Treasury, *Child Poverty Review*, London: Her Majesty's Stationery Office, 2004.

Kennedy, Steven, *Child Poverty Bill Research Paper* 09/62, London: House of Commons Library, 2009.

Keown, Kieran Mc, *European Community Programme to Foster Economic and Social Integration: An Overview*, Dublin: Combat Poverty Agency, 1993.

Levin-Epstein, Jodie & Mila Sanes, "At the Forefront: Poverty Impact Projections", *CLASP*, August 2011.

Office of the Children's Commissioner for England, *A Child Rights Impact Assessment of Budget Decisions*, June 2013, http://www.childrenscommissioner.gov.uk/.

Social Mobility and Child Poverty Commission, *State of the Nation 2013: Social Mobility and Child Poverty in Great Britain*, October 2013, https://www.gov.uk.

Tiehen, Laura, Dean Jolliffe & Craig Gundersen, "Alleviating Poverty in the United States: The Critical Role of SNAP Benefits", *Economic Research Report*, No. (ERR-132) 30, April 2012.

[英] 卡尔·波兰尼:《大转型:我们时代的政治与经济起源》,浙江人民出版社2007年版。

第三章　国内贫困影响评价的研究实践[①]

前面的章节介绍了国际组织和发达国家推行贫困影响评价的情况,本章转入对国内贫困影响评价的讨论。

中国从20世纪80年代开始大规模的反贫困行动,反贫困的投入不断增加和反贫困政策日趋完善,对这些政策和投入所产生的影响需要进行科学的评价。在发展援助机构的推动下,以项目前评价为特点的社会评价或社会影响评价[②]被应用于许多发展援助项目和基础设施建设,而对项目和政策所产生的扶贫效果的后评价也产生了许多研究成果。下文首先回顾国内贫困影响评价提出的背景和过程,然后介绍相关研究实践概况,并选取较有代表性的案例,重点呈现评价的指标、方法、步骤和过程,最后是简评与小结。

第一节　国内贫困影响评价的提出

一　国内社会影响评价的进展与局限

国内关于社会影响评价或社会评价的研究实践起步于20世纪80年代末90年代初。1986—1996年,在联合国开发计划署和英国国际发展署的技术经济援助下,原国家计委投资研究所和建设部标准定额研究所组织国

[①] 作者:张浩,中国社会科学院社会学研究所副研究员。
[②] 从严格意义上讲,社会影响评价(Social Impact Assessment)、社会分析(Social Analysis)、社会评价(Social Assessment)等几个概念之间或多或少存在着差别(相关讨论参见国家计委投资研究所社会评价课题组,1997;王朝刚、李开孟,2005;李强、史玲玲,2011),但是就本质含义来讲则是一致的。本书的讨论对上述几个概念之间的细微差异不做区分,而从广泛的意义上交替使用"社会影响评价""社会评价"等概念。

内外专家组成"投资项目社会评价课题组",对投资项目社会评价的理论和方法进行了合作研究,相继完成并出版《投资项目社会评价方法》与《投资项目社会评价指南》两项成果,这标志着国内投资项目社会评价研究工作的起步。

2000 年,亚洲开发银行资助中国社会科学院社会学研究所进行了为期两年的 TA 3441 "社会评价能力建设"技术援助项目,该项目以发展为导向,将消除贫困、社会性别、少数民族群体和非自愿移民作为投资项目社会评价所关注的主要内容,通过大量的案例研究、培训工作和各种层次的研讨会,来推动国内投资项目社会评价工作的开展。在通过该项目初步建立了国内社会评价专家网络的基础上,2002 年 4 月,财政部国际司、国家计委社会发展司、中国社会科学院社会学研究所、亚洲开发银行、世界银行和中国国际工程咨询公司等在北京共同举办了"中国投资项目社会评价研讨会"。作为该项目的后续研究成果,在世界银行的继续资助下,中国国际工程咨询公司于 2004 年组织编写出版了《中国投资项目社会评价指南》一书。该书以国家发展战略转变需要开展社会影响评价为起点,对社会评价的目的与任务、内容与过程、理论与方法等进行了系统讨论,并对社会评价在国内投资项目中的应用状况以及所存在的问题进行了回顾和检讨。鉴于不同类型项目社会评价的内容和侧重点有很大不同,该书专题讨论了交通、环境、能源、水利、自然资源管理、农村发展等不同行业不同类型项目社会评价的特点与要点,并特别提供了四个较有代表性的社会评价案例,以演示不同类型项目从不同角度开展社会评价工作所采用的不同方法和观点(中国国际工程咨询公司,2004)。

从一开始,研究者就比较重视和强调社会影响评价要与国内的实际情况和需要相结合,在经过了最初的引介、宣传之后,研究者即提出要结合国内实际对社会影响评价的理论、方法和内容进行选择和调整,尝试建立适合中国国情的社会影响评价体系(李强、史玲玲等,2010)。有研究者对国内社会评价通常被视作环境评价和经济评价的附庸和"剩余"、实际评价操作主要为技术和财务经济专家所垄断的状况提出批评,进而提出由人本主义的社会学范式而非科学主义的技术经济范式主导项目社会评价的主张(陈阿江,2003)。

随着研究推介工作的推进和社会形势的发展需要,社会评价逐渐开始被要求并实际应用于一些建设项目。

2002年1月,原国家发展计划委员会办公厅发布由中国国际工程咨询公司组织编写的《投资项目可行性研究指南》(以下简称《指南》),作为国务院有关部门、各省市区、计划单列企业集团和中管企业编制可行性研究报告的参考依据。《指南》专列"社会评价"一章,提出对那些社会因素较为复杂、社会影响较为久远、社会效益较为显著、社会矛盾较为突出、社会风险较大的投资项目,应进行社会评价;评价的内容包括项目的社会影响分析、项目与所在地区的互适性分析和社会风险分析,旨在分析预测项目可能产生的社会影响和社会效益、项目所在地区社会环境对项目的适应性和可接受程度,判断项目的社会可行性,提出协调项目与当地社会关系、规避社会风险、促进项目顺利实施的建议方案。作为国家投资管理部门审定发布的投资项目可行性研究报告编写指导性规范,《指南》首次正式将社会评价列入国家投资项目可行性研究的重要组成部分。

2007年5月,国家发改委发布《项目申请报告通用文本》,在环境和生态影响分析、经济影响分析、建设用地征地拆迁及移民安置分析等之外,明确将"社会影响分析"作为项目申请报告的必报部分,要求"对于因征地拆迁等可能产生重要社会影响的项目,以及扶贫、区域综合开发、文化教育、公共卫生等具有明显社会发展目标的项目",从社会影响效果、社会适应性、社会风险及对策等方面进行分析评价。

一些部门或行业陆续在各自的项目评价中增加了社会评价的内容。1993年,中国石油天然气总公司制定《石油天然气项目社会评价规程》,在全行业试行,以加大社会参与、减少社会纠纷、规避社会风险;1999年,水利部发布《水利建设项目社会评价指南》,系统指出水利建设项目开展社会评价的目的、作用、意义、内容、特点、原则、指标、步骤、方法,并重点对水库移民安置项目社会评价的目标、原则、内容、指标体系等进行了规范;1999年底,中国民航总局发布《民用机场建设项目评价方法》,明确提出对民用航空建设项目要开展社会评价,要求民用机场项目的区域社会影响分析应包括项目与社会利益群体的利害关系评价、项目与所在区域社会环境的适应性评价和社会风险评价等内容,对项目社会影响评价的结果,包括项目对社会的贡献和损害、项目的社会可接受性和可行性,应作出评价结论,提出消除或减缓社会风险因素的对策措施;2001

年，铁道部发布《铁路建设项目社会评价办法》，要求从宏观和微观两个层次进行铁路建设项目的社会评价，评价内容包括项目的社会效益和社会影响分析、项目与沿线地区相互适应性分析两个方面，重点评价公平性、参与式、可持续性、贫困、性别、沟通、组织机构七个方面问题，建议定性与定量相结合，采用逻辑框架分析、利益相关者分析、有无对比分析、综合评价和专家评价等方法。其他部门如森林、煤矿、电力、公路、城市基础建设等方面也出现了相关的研究（李强、史玲玲，2011）。

以上社会评价在国内的应用情况，主要集中于投资项目前期准备阶段。此外，世界银行、亚洲开发银行等国际组织和机构在国内的贷款项目和其他援助项目，通常都会根据援助机构的要求和标准进行社会评价，且评价贯穿于项目的前期识别与准备、实施过程以及运营管理等整个周期，其目的是促进利益相关者的广泛参与以及促进社会公平、公正、包容和经济社会的可持续发展。这些国际组织援助项目的社会评价应用，对于培养国内具有专业素养和实践经验的社会评价专门人才、建立和完善中国社会影响评价的理论和方法起到极为重要的作用。

在研究者和相关部门的推动下，经过二十多年的发展，国内社会评价工作取得了积极的进展。社会评价具体应用和实施于一些建设项目，获得了一定成效，产生了较好的影响和反响。如对三峡工程、南水北调工程等国家重大建设工程的社会评价，收到了较为理想的效果。

尽管已经取得一定成绩，尤其是在社会评价的方法研究方面取得了重要进展，但是与逐步完善的环境影响评价相比，国内社会影响评价大体上仍处于初级阶段，其发展面临一系列问题。第一，对社会评价的价值和重要性的认识不足。对于一项投资项目，人们往往只看重其财务经济效益，而对与之相关的社会方面则较少予以考虑。第二，缺乏制度保障，社会评价在政策和项目评价中处于什么样的位置，尚没有明确的规定。第三，缺乏专业化的管理和评价机构，也缺乏相关的人才和培训。国内社会评价的组织机构体系尚未形成，缺乏从事相关的政策、标准、规范制定以及资质审查和行业管理的机构；虽已具备少量拥有一定理论和实践经验的社会评价专业人才，但与实际需求相比仍有很大差距；目前还没有专门的社会评价培训机构和高校相关专业，部分高等院校和科研院所虽已开展一些与社会评价相关的研究，但大多不成系统，缺乏社会评价的实际经验和能力；

尤其是社会学家对实际社会评价工作的参与和影响力相对有限。第四，缺乏相关的管理规定和操作规范，且面临国际发展机构的规范与中国国情的结合问题。第五，社会评价的应用范围和实际效果还非常有限，缺乏对项目周期全过程的监测评价。目前国际上社会评价的重点已逐步向战略评价环节转移，强调从整个决策链（战略、政策、规划、计划、项目）的源头预防和解决社会问题，而我国绝大部分的理论探索和实践应用都还集中于项目评价；而在范围有限的项目评价中，社会评价也主要局限于项目前期准备阶段而非贯穿于项目周期全过程，且往往只是作为经济评价或者环境影响评价"附属品"的社会效益评价（陈阿江，2002、2003；中国国际工程咨询公司，2004；刘佳燕，2006；李强、史玲玲，2011）。

二 从社会影响评价到贫困影响评价

贫困影响评价是社会影响评价的重要组成部分和主要内容之一。任何政策、规划或项目，其最终目的都是为了实现社会的发展和进步，而消除贫困、改善贫困人群的生产生活是社会发展的主要目标之一。对于具体的扶贫政策、规划或项目，扶贫就是其首要目标，涉及的关键利益群体和主要受益群体就是贫困人群；对于那些不以扶贫为主要目标的政策、规划、项目，扶贫也可以是，而且往往是其目标之一。社会评价的核心理念是以人为本，其对贫困群体和消除贫困的特别关注自是应有之义。社会影响评价从一开始出现，关于贫困影响评价的部分便是其中的重要内容。

以原国家计委组织编写的《投资项目社会评价指南》一书为例，该书列出了公平、参与、持续性、机构发展、妇女、贫困六项重要内容，不仅贫困问题被作为一项重要内容单独列出，而且在其他几项内容中也或多或少包含了与贫困相关的因素和内容。

由中外专家共同参与完成、对国内投资项目社会评价的研究和应用产生了重要影响的《中国投资项目社会评价指南》一书，更是将对贫困群体的关注列为社会评价的首要内容，专章讨论了中国贫困人口的特点、分布、致贫因素及其特征，中国的扶贫政策与战略，以及社会评价中的贫困分析方法；而在关于社会性别、少数民族群体和非自愿移民等社会评价的其他重要内容的讨论中，也涉及项目对这些特殊社会群体的生计和贫困状况的影响（中国国际工程咨询公司，2004：46—107）。

在国内各部门和行业领域的社会影响评价中，贫困都是其中的重要部分和内容。例如，在陈绍军、施国庆关于水库移民系统社会评价的研究中，贫困问题被视作与社会公平、公共参与、可持续发展并列的四项重要内容之一。通常情况下，开发水利项目的目的之一就是为了减少贫困，因为水库项目区多处偏僻山区农村，相当一部分当地民众本就面临生计压力，而水库征地、拆迁往往导致大量的移民，涉及整村、整乡乃至整县人口的大规模迁移与社会经济系统重建，其中存在着潜在的贫困风险。进行贫困评价可以较为准确和全面地评价水库项目对原有贫困人口生计的影响以及项目本身可能带来的贫困风险，并采取有效的策略和途径加以防范控制（陈绍军、施国庆，2002）。

特别是在世界银行、亚洲开发银行等国际机构和组织的社会影响评价指标体系中，贫困影响评价往往就是其中的核心内容。减少或消除贫困是世行、亚行等国际组织的共同宗旨，也是其安保政策的重要内容。如果项目对贫困群体产生不利影响或使其面临潜在风险，必须通过社会评价识别其面临的社会风险，判断项目活动是否会引起新的贫困问题，并将减少或降低风险的措施融入社会行动计划。对贫困群体的关注包括：增加穷人收入，增强抵御风险和发展的能力，创造改善生活的条件和机会；缓解和避免项目对贫困群体可能产生的负面影响和风险；促进贫困群体在项目中全过程参与和公平受益；等等（陈绍军，2013）。

由于社会影响评价的发展受到制约，贫困影响评价深受影响。如前节所述，社会影响评价因面临一系列局限而进展缓慢，步履维艰。作为社会影响评价的重要组成部分，贫困影响评价的工作也因此受到极大限制。

现实形势呼唤独立的贫困影响评价。作为一个发展中国家，中国目前面临严峻的扶贫形势，按照国际通行的贫困标准，尚有过亿人口处于贫困之中。如何帮助贫困人口脱贫，以及防止已脱贫人口返贫，是摆在中国面前的重大挑战。与此同时，中国社会正处于急剧转型的特殊时期，大量的规划、政策和项目源源不断地出台和付诸实施，由于缺乏科学、准确和全面的预判和评价，这些规划、政策和项目的推行往往导致诸多始料未及的负面后果，影响和波及社会民众的生计和生活，引发大量的社会矛盾和冲突。在这样的形势和背景下，在社会有识之士大力呼吁和推进社会影响评价发展的同时，贫困影响评价开始作为独立的影响评价被提出。

国务院扶贫办专家组成员、中国社科院社会学所研究员王晓毅指出，任何规划、政策或项目的出台，都会对不同群体造成不同的影响，而中国目前主要以自上而下方式进行的决策机制，往往忽视受到规划、政策或项目直接影响的社会底层群体和贫困人群的需要和意见。通过对规划、政策或项目进行贫困影响评价，可以为弱势群体和贫困人群参与决策、表达意见提供机会和渠道。[1] 国务院扶贫办前主任范小建呼吁将贫困影响评价作为政策出台或项目立项的必经程序乃至法定程序，并认为这是提高国家治理能力很重要的部分，专门向2014年的全国两会递交相关议案，提议尽快开展试点，由相关责任部门牵头推进。[2]

三　贫困影响评价的提出

在学界和相关部门的持续呼吁与推动下，2011年颁布实施的《中国农村扶贫开发纲要（2011—2020）》（以下简称《纲要》）首次从国家层面提出"贫困影响评价"命题。《纲要》第三十二条规定："要完善有利于贫困地区、扶贫对象的扶贫战略和政策体系。发挥专项扶贫、行业扶贫和社会扶贫的综合效益。实现开发扶贫与社会保障的有机结合。对扶贫工作可能产生较大影响的重大政策和项目，要进行贫困影响评价。"

在此前后，一些地方也开始了有益的尝试。2007年，被列入国家城乡统筹改革实验区的重庆市首次提出，要探索统筹城乡发展的扶贫新机制，探索建立重大项目立项中进行贫困影响评价的制度。[3] 2010年5月，《重庆市农村扶贫条例》颁布，其中第二十条规定：建立大中型水利水电建设项目贫困影响评价及扶助补偿制度。本市农村地区的大中型水利水电建设项目的项目建议书和可行性研究报告应当包括贫困影响评价内容，并建立相应的扶助补偿机制。未进行贫困影响评价或者未确定扶助补偿机制的项目，有关部门不得审批可行性研究报告。

2012年3月，作为全国最贫困省份之一的甘肃省通过《甘肃省农村

---

[1] 郭超：《贫困影响评价是穷人表达意见的一个渠道》，《中国扶贫》2013年第6期。

[2] 参见 http://big5.xinhuanet.com/gate/big5/www.cs.com.cn/sylm/jsbd/201403/t20140302_4321338.html。

[3] 戴娟：《重大项目拟探索进行贫困影响评估》，《重庆日报》2007年11月21日。

扶贫条例》，明确规定：县级以上人民政府及其部门出台重要政策、审批重大项目之前，对贫困地区发展和贫困人口生产生活可能产生重大影响的，应当组织开展贫困影响评价，确定扶贫补偿办法。违反该规定的，由本级或者上级政府责令改正，并对直接负责的主管人员和其他直接责任人员依法给予行政处分。①

此外，陕西、四川、云南等省份也相继立法推进贫困影响评价。② 2012年3月颁布实施的《陕西省农村扶贫开发条例》第十条规定：县级以上人民政府及其部门出台重要政策、审批重大项目前，对贫困地区发展和贫困人口生产生活可能产生重大影响的，应当组织开展贫困影响评价，确定扶助补偿办法。未进行贫困影响评价或者未明确扶助补偿办法的，不得出台重要政策、审批重大项目。《四川省农村扶贫开发条例（征求意见稿）》第三十一条规定：各级人民政府对扶贫工作可能产生较大影响的重大政策和项目，要进行贫困影响评价。县级以上人民政府及其部门出台重要政策、审批重大项目前，对贫困地区发展和贫困人口生产生活可能产生重大影响的，应当组织开展贫困影响评价，确定扶助补偿办法。未进行贫困影响评价或者未明确扶助补偿办法的，不得出台重要政策、审批重大项目。《云南省农村扶贫开发条例（草案）》第十八条规定：县级以上人民政府应当建立农村贫困地区的大中型建设项目贫困影响评价和扶助补偿制度。大中型建设项目建议书和可行性研究报告应当包括贫困影响评价内容和相应的扶助补偿建议。

第二节 国内贫困影响评价应用概况

本节简要介绍贫困影响评价在国内相关部门和领域的应用状况，这些应用包括，社会影响评价案例中关于贫困影响评价的部分，以及直接的贫困影响评价案例。

---

① 周文馨、赵志锋：《重大项目开展贫困影响评估》，《法制日报》2012年3月29日第3版。

② 分别参见 http：//www.shaanxi.gov.cn/0/1/9/39/115896.htm、http：//www.scfpym.gov.cn/show.aspx?page=1&id=20549&cid=0、http：//www.srd.yn.gov.cn/ynrdcwh/1015280240995336192/20140422/256539.html。

一 水利水电工程贫困与社会影响评价

中华人民共和国成立以来，中国大规模的经济建设致使4000万人以上的非自愿移民，其中水库移民就接近1500万人。非自愿移民大部分在农村，因此移民安置工作中的首要问题就是如何解决移民贫困风险。学界对包括水库移民在内的非自愿移民贫困问题进行了较为深入的探讨，对一些工程项目移民中的贫困影响进行了分析和评价（施国庆、苏青、袁松岭，2001；陈绍军、苟厚平，2002；陈绍军、施国庆，2003；田圊德、施国庆、张彬，2003；陈岩、郑垂勇，2006）。

例如，田圊德等人对淮河流域包浍河初步治理工程进行了社会影响后评价，认为该工程对社会经济发展、扶贫、就业都起到了较好的促进作用。工程改善了流域农业生产条件，促进了当地农业产业结构调整，提高了流域内人均纯收入，农民的生活水平和生活质量有了较大幅度的提高；生产、居住条件得到改善；工程的实施促进了当地农业的发展和小城镇建设，提供了一些直接或间接的就业机会。工程涉及的移民基本上都在同村或同乡内搬迁，安置效果较好。移民由行洪区或涝区迁至工程保护区，生产、生活条件有较大改善。在工程实施中充分考虑了对移民和弱势群体的保护，以及当地群众对工程的参与，效果较好。一些局部的、暂时的不利影响已采取相应措施予以消除或减轻（田圊德、施国庆、张彬，2003；中国国际工程咨询公司，第九章第一节）。

又如，陈岩、郑垂勇（2006）所做的淮安枢纽工程社会影响评价，认为该工程为淮河下游的生产生活带来安全保障，改善了流域农业生产条件，增加了流域内人均纯收入；虽然农民土地有所减少，但是对移民进行了开发性安置，在给予基本土地保障的同时，提供多渠道就业机会，形成了移民安置区的多元化产业，农民的生产和生活都得到了改善；妇女的劳动范围有所扩大，劳动强度得以减轻，在水产业、林果业等方面发挥着主要作用。

在一系列关于水利水电工程项目移民安置的社会影响评价中，云南省大众流域管理研究及推广中心主任于晓刚等人所做的澜沧江漫湾电站社会影响评价（于晓刚、郭家骥，2002；郭家骥、于晓刚，2002；于晓刚，2004）被视作国内参与式社会影响评价的一个成功案例。

二 林业重点工程项目贫困与社会影响评价

改革以来,中国经历了经济持续高速增长,却付出了沉重的生态代价,1997年长达267天的黄河断流、1998年长江和松嫩流域的特大洪水、持续频发的沙尘暴,促使政府直面严峻的生态问题,于1998年以后相继实施天然林保护工程、退耕还林工程、"三北"及长江流域等重点防护林体系建设工程、京津风沙源治理工程、全国野生动植物保护及自然保护区建设工程、重点地区速生丰产用材林基地建设工程6大林业生态治理重点工程。林业重点工程涉及国土面积的97.2%,投资规模以千亿计,对涉及群体和相关区域的农村、农户产生了重要影响。林业重点工程究竟对涉及群体和农户的生计、收入和贫困状况产生了怎样的影响?国家林业局经济发展研究中心、北京林业大学林业经济管理院系等单位的研究人员,对这一问题进行了深入的讨论(李怒云、洪家宜,2000;洪家宜、李怒云,2002;支玲等,2004;刘璨、梁丹等,2006;林业重点工程与消除贫困课题组,2007;崔海兴,2007;崔海兴、郑风田等,2008;张晓静,2008;刘璨、武斌等,2009;刘璨、刘浩,2012;刘璨、刘浩等,2012)。

研究表明,不同的工程采取不同的政策措施,如生态补贴、限制(禁伐)采伐、优惠贷款等,对森工企业职工和农民的生计和贫困产生了不同影响(刘璨、刘浩,2012;刘璨、刘浩等,2012)。

关于退耕还林工程对农民生计和贫困的影响,不同研究文献得出了各不相同的结论。崔海兴等对地处京津风沙源头的河北沽源县等地的农户进行了实地访谈和问卷调查,评价当地退耕还林工程的社会影响,结果表明,工程实施初期对经济产生了一定负面影响,农民收入有所下降;随着工程的深入,农民收入开始提高,生活质量有所改善(崔海兴,2007;崔海兴、郑风田等,2008)。另有研究表明,西部退耕还林工程对提高农民收入和减少贫困的作用明显,尤其对贫困地区、偏僻山区而言,工程的扶贫减困作用相当明显(支玲等,2004)。刘璨、武斌等人(2009)的研究则显示,退耕还林工程增加了农户的收入不平等。虽然工程补贴令所有样本农户都有收益,但是不同收入阶层的农户从工程实施中获得的补贴收入不同,高收入阶层的样本农户从中获得补贴收入最高,低收入样本农户获得的补贴收入则较低，因而工程实施客观上拉大了样本农户的收入差距，对较贫困农户产生不利影响。该研究建议考虑取消退耕还林工程的大户承包政策，建议适度向贫困户倾斜，大户承包政策在实际运行过程中沦为大户通过向农户租赁土地获取补贴的一种手段，取消大户承包可以有效吸收贫困农户参与退耕还林工程，增加其参与机会和收入水平，而适度提高贫困农户参与程度可以更有效增加贫困农户的收入，促进农村地区消除贫困，缩小农户之间的收入差距（刘璨、武斌等，2009）。

李怒云、洪家宜利用贵州黔东南州的问卷调查和访谈资料，对天然林保护工程对当地的社会影响进行了评价，认为工程在改善生态、促使当地加速产业结构调整的同时，导致了国有森工企事业单位大量职工下岗和农民收入减少的问题，禁伐限伐使得贫困户受到较大影响，扩大了贫富差距；工程能否持续下去取决于国家相关补偿政策的兑现程度（李怒云、洪家宜，2000；洪家宜、李怒云，2002）。

刘璨、梁丹等人（2006）采用计量经济学模型，利用四川、河北、陕西、江西4省9县的2353个样本农户的数据，对林业重点工程对农户收入的影响进行了测度与分析。研究表明，在现有林业重点工程中，退耕还林工程和速生丰产林工程是农民受益的工程，但其他的几项工程，农民在经济方面的收益就很小，甚至在天然林保护工程、野生动植物保护工程中，农民的利益受损而得不到补偿，部分农户因此陷于贫困。因此，应对林业工程的相关利益主体进行适当的补偿。

在这些研究中，张晓静（2008）的研究是构建贫困影响评价体系的一个有益尝试。该项研究明确提出对天然林保护工程进行贫困影响评价，并尝试建立适合林业工程项目对林区贫困影响的评价指标体系和评价方法。

三 农村与贫困地区扶持政策的贫困影响评价

2003年年底出台的《中共中央国务院关于促进农民增加收入若干政策的意见》确定了"多予少取开发搞活"方针，相继出台取消农业税、免除农村义务教育阶段学生学费、提供农业生产补贴（包括种粮补贴、良种补贴、农资综合补贴、大型农机具购置补贴等）、建立全国农村最低生活保障制度、建立全国新型农村合作医疗制度等公共政策，这些新出台政策与此前已实施的退耕还林还草补贴、农村扶贫、临时救济和救灾补助等政策，构成了中国直接到户的支农惠农政策体系。那么，这些政策实施是否以及在多大程度上增加了农民收入？政策受益在不同利益群体的农民之间的分配效应如何？对减缓农村贫困产生了多少贡献？

利用2002年和2009年国家统计局全国农村贫困检测住户调查数据，吴国宝、关冰（2011）对"多予少取"政策实施对贫困地区2002—2009年农民收入增长和减缓贫困的影响进行了实证分析。研究表明，政策实施对增加扶贫重点县农民收入、减缓贫困产生重要影响。从增加农民收入的方面看，多予少取政策实施贡献了2002—2009年扶贫重点县农民收入增长额的14.2%，对底层10%低收入农户增长的贡献率达到31.5%；政策对农民收入增长的贡献存在较大的地区差异；减免义务教育阶段学杂费政策的效益被学校撤并等其他政策调整冲减。在增加扶贫重点县受益农户收入的同时，多予少取政策也对扶贫重点县农村贫困的减缓产生了重要影响，使得2002—2009年扶贫重点县农民贫困发生率减少近30%，显著改善了仍处于贫困中的农户的收入状况，减少了扶贫重点县的贫困深度。作者对政策设计和执行中存在的一些问题提出改进的建议：重视政策作用的持续性，加大支农惠农政策支持力度和广度；关注政策效应的地区差异，强化和增加政策性投入对人均耕地较少地区的支持；关注政策瞄准的偏差，采取有效措施改善政策瞄准的针对性；关注各种政策间的协调性，改善其综合效果。在另一篇文章中，吴国宝等人对贫困地区国家粮食补贴政策的实施有效性和减贫影响进行了评价（吴国宝、关冰、谭清香，2009）。从2004年开始，国家在全国范围内对农民种粮提供直接补贴并在重点产区对种植的部分作物采用优良品种的农民提供补贴（简称"两补"政策）。这项政策的出台引发了对其有效性和合理性的争论。该研究利用21个省557个国家扶贫工作重点县46175户农户2006年、2007年两年的样本调查数据，对"两补"政策实施的有效性和分配效应进行分析，结果表明："两补"政策的实施对增加贫困地区农民的收入、缓解农村贫困和收入不平等都产生了积极的影响，使部分农民免于陷入贫困，使粮食主产区贫困发生率降低10%；与此同时，由于农民在实践中对该政策形成了稳定的预期，"两补"政策对农民种粮的激励作用在弱化，在一些地区还存在"两补"资金发放时的溢出现象和平均主义倾向。作者建议，适时对粮食"两补"政策进行改革，区分粮食补贴政策的农民收入保障功能和对粮食产销的激励功能；完善"两补"资金的分配和发放方式；加大中央对贫困地区、特别是非主产区粮食直补资金支持力度，扩大直补覆盖范围。

庄天慧、杨宇（2010）的研究对民族地区扶贫资金投入对反贫困的影响进行了评价。该研究基于层次分析法构建了经济、社会、生态三个方面16个指标的评价指标体系，采用专家问卷打分的形式构建判断矩阵，运用 MATLAB 7.0 软件计算各指标权重，通过扶贫资金投入对反贫困的影响综合指数模型，利用2005—2008年四川省扶贫数据，综合评价民族地区国家扶贫重点县反贫困所取得的进展。结果表明，四川省少数民族地区国家扶贫重点县扶贫资金投入对反贫困影响的总体效果良好，但是需要优化扶贫资金投向与使用结构，并且重视社会进步与生态影响的意义。

四 农村基础设施建设的贫困影响评价

基于陕西省农村社会经济调查队对贫困县所做的贫困监测调查数据以及专项实地调查资料，直接从农户特别是贫困农户的层面出发，吴国宝（2006）分析了公路基础设施对减缓贫困的影响及作用机制。该研究表明，公路基础设施在减缓贫困中起着重要的作用，它不仅通过改善穷人空间移动和生活条件直接影响减缓贫困，而且通过增加贫困户的收入来源和就业结构多样化提高生产率，对减缓贫困做出贡献。公路基础设施建设还有助于改善教育和卫生条件、促进穷人与外部世界的交流和联系。该研究进一步指出，采取综合扶贫措施能更好地发挥公路基础设施在扶贫中的作用。公路基础设施对减缓贫困产生积极作用的关键是增加穷人公路运输服务的消费，采取综合扶贫措施，改善穷人获得信贷、技术培训、教育和卫生服务的条件，可以提高穷人利用和消费公路运输服务的能力和机会，有助于更好地发挥交通能源减缓贫困的积极作用。

郭劲光、高静美的研究利用1987—2006年统计数据实证分析了基础设施建设投资对减缓贫困的影响效果。研究认为，基础设施的数量和质量都会对贫困状况和农民收入产生重要影响,基础设施数量的增加与质量的改进同时起到降低贫困、提高农村收入并改变收入构成的作用(郭劲光、高静美,2009)。

五 教育政策与项目的贫困影响评价

自1995年实施贫困地区义务教育工程以来,中国陆续开展了一些义务教育政策和项目,包括"一费制"改革、中小学布局调整、危房改造工程、国家西部地区"两基"攻坚计划等。义务教育政策和项目的实施对农村贫困产生了怎样的影响?金莲、李小军(2007)对此进行了研究。研究结果表明,学校物质条件的改善对孩子的教育是有显著影响的,中国目前实施的改善贫困地区学校物质条件的相关政策,如国家贫困地区义务教育工程、中小学布局调整、危房改造工程以及国家西部地区"两基"攻坚计划中的相关政策都表现出了一定的有效性。但是,农村义务教育政策的实施仍然面临许多问题。第一,"以县为主"的投资与管理体制在贫困地区的实施面临巨大挑战,虽然政府多方筹资增加义务教育投入,但农村义务教育经费投入总体上仍然偏低,中西部贫困地区的许多县乡入不敷出,教育基础薄弱。第二,教育质量面临严峻挑战,要解决农村地区教师工资拖欠问题,提高农村教师待遇,防止教师外流。第三,诸多政策相互之间缺乏有机关联和配合,缺少一个将它们捆绑在一起的有效机制,从而影响了实施效果,因此,应加强各政策和项目之间的合作。此外,中小学布局调整对于生活在偏远地区的孩子产生不利影响,他们可能因此放弃上学或学习成绩受到影响,农村寄宿制学校建设工程的实施为路途遥远的孩子提供了住宿的方便,在一定程度上弥补了中小学布局调整带来的问题,但无形中又增加了农村家庭的教育负担;"两免一补"政策的实施为许多贫困农民解了燃眉之急,但补助的范围毕竟有限。

庄天慧等人则集中对农村义务教育"两免一补"政策对民族地区贫困农户反贫困的影响进行了评价。"两免一补"政策是中国政府从2003年开始对中西部地区农村义务教育阶段贫困家庭学生就学实施的一项资助政策,中央财政负责提供免费教科书,地方财政负责免杂费和补助寄宿生生活费。以四川少数民族地区为例,该研究指出,"两免一补"政策的实施大幅度减少了贫困家庭教育费用支出，提高了贫困家庭子女义务教育入学率，使其受教育状况有所改善，劳动力文化素质得到提高，就业能力增强，农牧民收入增加，尤其贫困家庭生活条件得到改善和提高，民族地区反贫困的步伐加快。与此同时，政策实施也存在一些问题：对贫困寄宿生生活补助所需配套资金主要由基层政府承担，对贫困地区的捉襟见肘的基层财政造成压力；政策实施中也存在监督不力的情况。作者建议建立多渠道筹措资金机制，同时要加强资金的管理，确保专款专用，严禁挤占、截留、挪用；建立以行政监督为主，以社会监督及司法监督为辅的监督体系（庄天慧、牛廷立、张卓颖，2010）。

六 土地整理项目和土地利用规划的社会影响评价

一些研究者对土地整理项目或者土地利用规划进行了社会影响评价，讨论了这些项目或规划会对涉及区域内的土地利用与分配、涉及人群的就业和生计等所产生的重要影响（杨庆媛、张占录、杨华均，2006；张雅杰、王廷、林文娟，2008；信桂新、杨庆媛等，2009；鲁春阳、黄天林、顾金领，2010；周永恩，2012；李鑫、欧名豪、肖长江，2012）。

第三节 国内贫困影响评价研究案例

鉴于一些重大工程或项目的社会影响评价的结果尚未公开，资料不易获取，这里仅就能够获得的资料，选取两个较详细地给出了评价方法与过程的贫困与社会影响评价进行介绍。第一个案例是将贫困影响评价作为主要内容的水利水电工程项目社会影响评价，主要以定性方法进行；第二个案例是一个关于林业重点工程的贫困影响评价，采用定性与定量研究相结合的方法。

一 澜沧江漫湾电站参与式社会影响评价案例

于晓刚倡议进行参与式社会影响评价，指出受影响群体对自身受到的影响最有发言权，其参与可以增加评价的可信度和说服力，参与式社会影响评价更可为受影响社区和群体参与政策或项目决策提供渠道。践行参与式评价方法，于晓刚等人（于晓刚、郭家骥，2002；郭家骥、于晓刚，2002；于晓刚，2004）对澜沧江漫湾电站工程移民项目进行了社会影响评价。

在对漫湾电站进行深入地观察和调研后，于晓刚等人发现，漫湾电站建成七八年，当年当地政府承诺的"电站发电之时，就是百姓幸福之日"并没有实现，当地众多百姓反而因该项工程而使生活陷于困顿。漫湾电站淹没大量农田，引发毁林开荒，导致水土流失，加剧生态破坏，因建设电站而失去土地的很多当地民众尤其是妇女和老人只能靠拾垃圾为生。于晓刚认为，受影响的民众对于发生在自己身上的事情没有发言权，是工程出现负面效应的主要原因。

漫湾电站参与式社会影响评价的具体研究与操作过程如下。

第一，确定参与式社会影响评价的目的，是为政府和业主积极解决水电开发导致的移民遗留问题提供依据。同时，也为受影响社区和群体参与决策提供渠道。

第二，依据不同的移民措施，将受漫湾电站水坝建设直接影响的60多个村寨划分成五种类型：远迁他乡、就地后靠、城镇非农化、留在原地而资源重新分配、留在原地资源没有重新分配，在每一种类型中选择典型村寨进行参与式田野调查。

第三，制定参与式评价框架和指标系统，以村社为单位，从经济影响及贫困、社会性别、社会文化影响、生态环境变化、社会参与五个方面来评价水坝产生的影响。

第四，进行为期6天的预研究，对参与式评价框架和指标进行改善。

第五，正式开始参与式社会影响评价和个案调查。评价活动在每个村寨进行4—5日，由村寨选出约20名代表，包括经济状况的上、中、下农户和男女两性的代表参加评价活动，其他村民可自由参与和评论。对弱势群体另行进行单独访谈。在评价中，让村民掌握评价程序，然后评价协助者和群众一起讨论，尽量把评价协助者的主导作用降到最低。参与式调查工具包括生态变迁史和大事记、资源变化的对比、资源图、根状影响分析、SWOT分析、社会性别分析、农户个案、组织机构分析等。列出评价表，对影响严重程度、分布范围、连锁影响、延续时间长短等给予量化评价打分。最后，由村民提出希望优先解决的问题，并制定对策和行动。

第六，总结水坝对社区的社会影响，提出消减社会影响的建议。

第七，扩大影响、政策倡导：反馈到受影响社区的地方政府，水坝业主和更广泛的社区，召开利益相关者听证会，通过广泛地征求意见，获得解决社会遗留问题的最佳方案。

根据对五种类型移民方式所实施的典型村寨个案的深入调研，以及对涉及县级政府部门、移民管理部门和漫湾电厂的调查访谈所获得的资料，研究者最后得出了漫湾电站社会影响总体评价。其与贫困影响相关的部分的主要内容为：漫湾电站建设在带动地方经济社会发展的同时，给移民群体造成的经济利益损失不容忽视。其主要表现：一是前期补偿严重不足。二是移民迁入新居后普遍面临资源不足的限制，新家与老家相比，土地、森林、牧场、渔业和水资源普遍减少、生计来源变得狭窄而又充满风险，致使移民生产条件恶化，生活水平下降。三是利益分配不合理，各级政府和漫湾电厂、省电力公司每年从中获得巨额利益，而用于移民扶持的资金却微乎其微。移民搬迁十多年后，除了少数人利用交通和市场的便利条件有所发展，多数人处于贫困状态，耕地短缺、水资源短缺、食物短缺、能源短缺及负债和健康恶化等。弱势群体更加困难，部分妇女和残疾人更是陷入极贫状态。研究者指出，移民对决定其命运的决策活动没有参与权，只能被动接受政府和水坝公司做出的决定，是导致电站建设产生诸多社会负面影响的一个主要原因，因此，应尽快建立公众积极参与的决策体制和决策的执行机制，使得与电站建设相关的所有利益群体都有权平等地参与决策和决策的实施。并建议建立公平、合理的利益补偿和分配机制；努力消减对妇女的影响，促进两性平等的发展；加大对移民中弱势群体的扶持力度。

作为一项基于部分移民村庄的调研材料做出的、单就工程项目诸多社会影响和效果的其中一部分所做的项目后评价，漫湾电站参与式社会影响评价少有地对已建工程项目的负面社会后果进行了直言不讳的揭示和批评。评价结果通过特定途径提交给中央政府，最终促使相关部门为当地社区追加了7000万元的二次移民安置费，用于减轻大坝的负面影响，该评价也因此被视为促使政府增加对现有水坝搬迁村民的赔偿并开始对重大水坝开发进行社会影响评价调查的有效推动力量。鉴于其在保护中国云南生态环境和推动环境保护公众参与方面所做的贡献，于晓刚先后获得2006

年的戈德曼环境奖和2009年的麦格塞塞奖。①②

二 天然林资源保护工程贫困影响评价案例

张晓静（2008）利用32个国有森工企业和44个样本县的材料，对天然林资源保护工程对林区贫困的影响进行了实证分析和评价。天然林保护工程实施范围包括长江上游、黄河中上游地区和东北、内蒙古等重点国有林区的17个省（市、区）的734个县和167个森工局，工程实施的目的在于通过减少对天然林的商品性采伐、有计划地分流安置林区职工等措施，缓解企业社会负担，解决国家天然林的休养生息和恢复发展问题，为林区发展和生态改善创造条件。张晓静的研究，旨在运用项目影响评价分析方法，构建林业工程贫困影响评价的指标和方法，实证分析天保工程对林区贫困的影响以及影响的程度，并结合天保工程的实施提出如何消除林区贫困的政策建议。

在确定了评价的范围和目标之后，最核心的部分是建立贫困影响评价的指标体系，该研究借鉴了农村扶贫项目评价指标的设置和林业投资项目社会影响评价的指标设置。农村扶贫项目评价大多是效益评价，评价指标包括了经济效益、社会效益、生态效益和心理效益。经济效益主要通过生产总值、总收入或平均收入等指标反映；社会和生态效益包括生态环境的改善、社会结构的调整、社会公平的促进、教科文卫等民生事业的发展等方面的内容；心理效益是从主观方面对扶贫项目进行评价，包括农民对扶贫项目结果的满意度等。既有的林业投资项目社会影响评价，通常包括经济发展、生态与环境、社会因素三个方面的内容（李怒云等，2004）。以林业投资项目社会影响评价指标作为基本参照，并借鉴农村扶贫项目评价指标的设置，该研究从经济、生态、社会和心理四个方面设定了天保工程林区贫困影响评价的基本指标，具体包括43个定量指标。贫困影响评价的内容和指标体系参见下图（见图3-1）。

---

① 胡勘平：《"绿色诺贝尔奖"戈德曼奖颁奖——于晓刚成为亚洲唯一得主》，《环境教育》2006年第5期。

② 田雄：《于晓刚：在流域间行走》，《环境保护》2006年第5期。

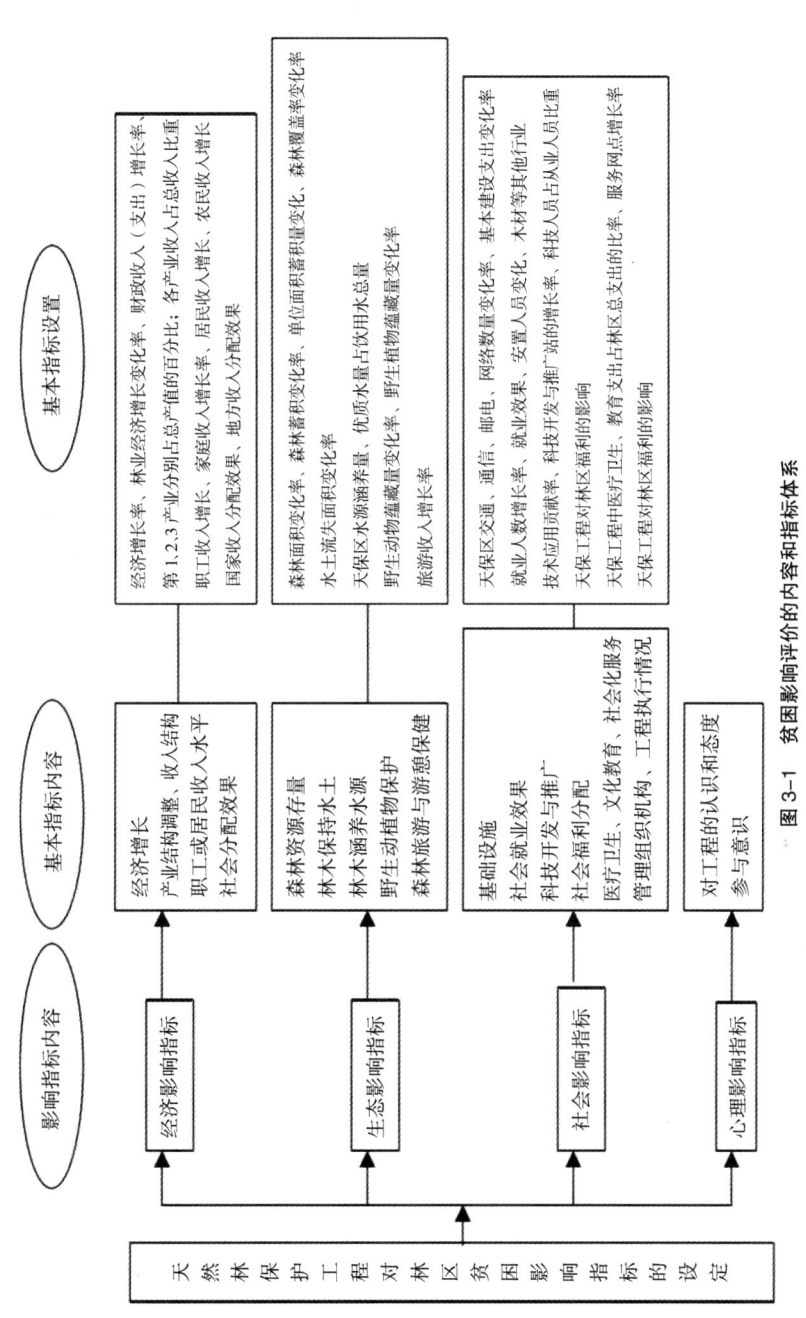

第三章 国内贫困影响评价的研究实践　103

图 3-1　贫困影响评价的内容和指标体系

资料来源：张晓静：《中国天然林资源保护工程对林区贫困的影响研究》，博士学位论文，北京林业大学，2008 年，第 70 页。

设定的指标体系表明该项贫困影响评价属于多目标影响评价,虽然各指标之间存在一定关联,但是各自的内容、计量单位和计算方法各不相同,特别是非定量指标没有计量标准,指标之间没有可比性,这就需要借助综合评分方法,将各项指标综合起来,用一个数值来呈现影响评价的结果。具体步骤包括,首先,根据专家意见确定各项评价指标的内容和权重,权重总值定为10,综合专家意见,确定生态影响指标权重为2.5,经济影响权重为2.0,将职工或居民收入指标单列,给予权重2.0,社会影响指标权重和心理影响指标权重分别定为2.0和1.0。其次,确定评价指标的评分等级。对定量影响指标按不同量值参数,无参数比较的,根据数值及其变化确定评分等级,达到或超过量值参数的评为4—5分,接近量值参数的评为3—4分,低于量值参数的评为3分以下;对定性影响指标根据专家打分结果确定为好、一般、较差三个评分等级。再次,由专家评分。最后,按照综合评分加权公式计算出综合得分,据此确定工程对林区贫困的影响效果,根据综合打分结果,分值在4—5分,影响评价效果为好,分值3—4分,影响评价效果为一般,分值在3分以下,影响评价效果为较差。指标权重和指标综合评分表参见下表(见表3-1、表3-2)。

表3-1　　　　　天保工程对林区贫困影响指标及权重的确定

经济影响指标	职工(居民)收入	生态影响指标	社会影响指标	心理影响指标	总权重
2	2.0	2.5	2.0	1.5	10

资料来源:张晓静:《中国天然林资源保护工程对林区贫困的影响研究》,博士学位论文,北京林业大学,2008年,第71页。

在设立了工程贫困影响评价的指标体系之后,该研究利用32个国有森工企业和44个样本县的材料,对天保工程对林区贫困的影响进行了实证分析。样本数据资料主要源于国家林业局林业重点工程社会经济效益检测中心所做的2003—2006年《国家林业重点工程社会经济效益检测报告》,研究者通过走访部分林业资源管理部门和森工企业的领导干部、专家、基层工作人员,获取了各项贫困影响指标的专家评分。

表3-2　　　　　天保工程对林区贫困影响指标综合评分表

专家	评估指标的分数					评价总数	综合评价结论
	经济影响指标	职工（居民）收入	生态影响指标	社会影响指标	心理影响指标	$F_i = \sum_{i=1}^{n} X_i \cdot F_i$	
A							
B							
C							
D							
E							
…							
平均	—	—	—	—	—	$\sum F_i / n$	

资料来源：张晓静：《中国天然林资源保护工程对林区贫困的影响研究》，博士学位论文，北京林业大学，2008年，第72页。

分析结果表明，天保工程对样本企业和样本县林区贫困的影响程度分别为好和较好，这表明工程对消除林区贫困具有一定促进作用，主要表现在：增加了居民的就业渠道和收入水平，改善了林区生态状况，促进了林区产业结构调整和林区经济持续发展，提高了林区资源开发利用的效果，改变了林区资源利用方式和居民生活方式，促进了林区社会稳定。与此同时，该研究指出，天保工程实施中存在一些问题，主要是人员安置计划存在缺口，社会保险资金缺额较大，造林管护费用较低，林业企业负债较高，林区地方财政困难，人工林禁伐后缺乏补偿政策，工程后续产业发展政策缺位。研究最后提出促进天保工程实施、消除林区贫困的政策保障机制。

第四节　简评与小结

既有的贫困影响评价研究实践，为贫困影响评价在国内的应用提供了初步尝试，可以说取得了一定成绩。贫困影响评价的提出和初步应用，有助于提醒人们注意并重视政策、规划或项目的出台对受影响区域人们的生计尤其贫困群体的影响，进而采取相应的预防、补救或改进的措施；关于贫困影响评价的指标体系和方式方法的讨论，也为国内贫困影响评价工作的开展和推广打下了基础。

与此同时，毋庸讳言，既有的研究实践还存在诸多不足或有待改进之处。

第一，目前还缺乏贫困影响评价的制度安排。扶贫规划纲要提出，对于贫困有重要影响的政策或项目，应该进行贫困影响评价，但是迄今还没有形成一套具体而可行的制度安排。比如，如何界定是否有重要影响等。不能用工程的社会稳定评价代替社会影响评价，也不能代替贫困影响评价。

第二，构建的评价指标体系尚显粗糙且适用范围有限，评价方法和程序的科学性和严谨性有待提高。

第三，评价结果的公开透明度不够。目前，关于重大工程项目、规划或政策的社会影响评价和贫困影响评价，大多未予公布公开，极大地限制了评价作用的发挥，限制了社会民众的了解和监督。

国内贫困影响评价的提出，自然源于其恰切和回应了现实形势的需要。不过，一个新事物的出现，适宜的"土壤"只是必要条件，其催生成长更离不开社会上有志之士的擘画、呼吁和努力，需要具有权威的机构的领导协调和推动，需要具有专业背景的评价机构和评价专家实施评价并保证评价质量。我们有意愿与社会诸同人一道努力，研究提出一套适合国内需要的较具规范性和广泛适用性的贫困影响评价指标体系、方式方法和操作程序，共同促进国内贫困影响评价的健康成长和发展壮大。

参考文献

陈阿江：《社会评价：社会学在项目中的应用》，《学海》2002年第6期。

陈阿江：《范式视角下的项目社会评价》，《江苏社会科学》2003年第5期。

陈绍军：《国际贷款项目社会评价的关注点》，《中国投资》2013年第11期。

陈绍军、荀厚平：《中国非自愿移民收入来源与风险分析》，《河海大学学报》（哲学社会科学版）2002年第2期。

陈绍军、李如春、朱运亮：《国际贷款项目社会评价实例》，《中国投资》2013年第11期。

陈绍军、施国庆：《水库移民系统社会评价理论及方法研究》，《中国农村水利水电》2002年第11期。

陈绍军、施国庆：《中国非自愿移民的贫困分析》，《甘肃社会科学》2003年第5期。

陈岩、郑垂勇：《淮安枢纽工程社会影响后评价》，《水利经济》2006年第4期。

崔海兴：《退耕还林工程社会影响评价理论及实证研究》，博士学位论文，北京林业大学，2007年。

崔海兴、郑风田等：《退耕还林工程社会影响评价理论与实证探讨——以河北省沽源县为例》，"中国北方退耕还林工程建设管理与效益评价实践"研讨会论文，2008年。

古作良、蒋拓：《两河口水电站征地移民的社会影响评价》，《四川水力发电》2008年第1期。

国家计委投资研究所、建设部标准定额研究所、社会评价课题组编：《投资项目社会评价指南》，经济管理出版社1997年版。

郭家骥、于晓刚：《澜沧江漫湾电站社会影响报告（五种移民村寨类型的个案调研报告）》（2002）。

郭劲光、高静美：《我国基础设施建设投资的减贫效果研究（1987—2006）》，《农业经济问题》2009年第9期。

洪家宜、李怒云：《天保工程对集体林区的社会影响评价》，《植物生态学报》2002年第1期。

胡英姿、贾仲益：《南广铁路社会影响评估》，会议论文，2009年。

金莲、李小军：《农村义务教育政策对农村贫困的影响评估》，《中国农村经济》2007年专刊。

谭清香：《农村公路基础设施对减缓贫困的影响评估》，硕士学位论文，中国社会科学院，2003年。

李建武、鹿爱莉、贾亚会：《矿产资源开发项目社会评价指标体系研究》，《中国国土资源经济》2008年第12期。

李怒云、洪家宜：《天然林保护工程的社会影响评价——贵州省黔东南州天保工程评价》，《林业经济》2000年第6期。

李怒云、王幼臣、张晓静：《林业投资项目社会评价》，北京林业出版社2004年版。

李强、史玲玲：《"社会影响评价"及其在我国的应用》，《学术界》2011年第5期。

李强、史玲玲等：《探索适合中国国情的"社会影响评价"指标体系》，《河北学刊》2010年第1期。

李鑫、欧名豪、肖长江：《县级土地利用总体规划社会影响评价研究》，《中国土地科学》2012年第11期。

刘璨、张巍:《退耕还林政策选择对农户收入的影响——以我国京津风沙治理工程为例》,《经济学》(季刊) 2006年第1期。

刘璨、梁丹等:《林业重点工程对农民收入影响的测度与分析》,《林业经济》2006年第10期。

刘璨、武斌等:《中国退耕还林工程及其所产生的影响》,《林业经济》2009年第10期。

刘璨、刘浩:《林业重点工程与消除贫困问题研究进展》,《林业经济》2012年第1期。

刘璨、刘浩等:《林业重点工程对农民收入与消除贫困影响文献回顾》,《林业经济》2012年第9期。

刘佳燕:《社会影响评价在我国的发展现状及展望》,《国外城市规划》2006年第4期。

刘克勇、吕金芝:《中国林业重点工程对农民收入影响的研究》,《生态经济》2009年第3期。

鲁春阳、黄天林、顾金领:《土地整理项目社会评价研究》,《农村经济与科技》2010年第9期。

施国庆、董铭:《投资项目社会评价研究》,《河海大学学报》(哲学社会科学版) 2003年第2期。

施国庆、苏青、袁松岭:《小浪底水库移民风险及其规避》,《学海》2001年第2期。

田圃德、施国庆、张彬:《淮河流域包浍河初步治理工程的社会影响评价》,《水利经济》2003年第2期。

王朝刚、李开孟:《投资项目社会评价专题讲座(1—12)》,《中国工程咨询》2004年第1—12期。

王朝刚、李开孟:《投资项目社会评价专题讲座(13)》,《中国工程咨询》2005年第1期。

王五英、于守法、张汉亚主编:《投资项目社会评价方法》,经济管理出版社1993年版。

吴国宝:《农村公路基础设施对减缓贫困的影响研究》,载中国社会科学院农村发展研究所编,《中国农村发展研究报告》,No.5 聚焦"三农",社会科学文献出版社2006年版。

吴国宝、关冰:《"多予少取"政策对贫困地区农民增收和减贫的直接影响》,载国家统计局农村社会经济调查司编《中国农村贫困监测报告(2010)》,中国统计出版社 2011 年版，第 143—155 页。

吴国宝、关冰、谭清香：《贫困地区国家粮食补贴政策实施有效性及减贫影响评价》，载国家统计局农村社会经济调查司编《中国农村贫困监测报告（2008）》，中国统计出版社 2009 年版，第 141—159 页。

邢红、支玲、刘俊昌：《湟源县"三北"防护林体系工程建设（第一阶段）社会影响评价》，《林业资源管理》2006 年第 4 期。

信桂新、杨庆媛等：《土地整理项目实施后影响评价》，《农业工程学报》2009 年第 11 期。

于晓刚：《新的发展观呼吁参与式社会影响评估——漫湾电站的案例研究》（2004）。

于晓刚、郭家骥：《澜沧江漫湾电站参与式社会影响评估综述》（2002）。

杨庆媛、张占录、杨华均：《土地开发整理项目社会影响评价方法探讨》，《中国土地科学》2006 年第 3 期。

张雅杰、王廷、林文娟：《土地整理项目后评价体系重构》，《国土资源科技管理》2008 年第 2 期。

张晓静：《中国天然林资源保护工程对林区贫困的影响研究》，博士学位论文，北京林业大学，2008 年。

中国国际工程咨询公司编著：《中国投资项目社会评价指南》，中国计划出版社 2004 年版。

周永恩：《土地开发整理过程中的社会影响评价体系的构建》，《科技视界》2012 年第 26 期。

支玲、李怒云等：《三北防护林体系建设工程的生态经济评价——以固原市原州区和辽宁省朝阳县为例》，《林业科学》2007 年第 11 期。

支玲等：《西部退耕还林工程社会影响评价》，《林业科学》2004 年第 3 期。

朱东恺：《投资项目社会评价探析》，《中国工程咨询》2004 年第 7 期。

庄天慧、牛廷立、张卓颖：《"两免一补"政策实施对民族地区贫困农户反贫困的影响评价——以四川少数民族地区为例》，《改革与开放》2010 年第 10 期。

庄天慧、杨宇：《民族地区扶贫资金投入对反贫困的影响评价——以四川省民族国家扶贫重点县为例》，《西南民族大学学报》（人文社会科学版）2010 年第 8 期。

第四章　草原奖补政策的贫困影响评价——锡盟案例[①]

第一节　草原生态补助奖励机制的实施

为加强草原生态保护,从 2011 年开始,国家每年拨付一百多亿元专项资金,在内蒙古、新疆、西藏、青海、四川、甘肃、宁夏和云南八个主要草原牧区省(区)和新疆生产建设兵团,后又扩展到 13 省(区),全面建立草原生态保护补助奖励机制(以下简称"草原奖补政策")。政策措施主要包括:(1)对生存环境非常恶劣、草场严重退化、不宜放牧的草原,实行禁牧封育,中央财政按照 6 元/亩/年的测算标准对牧民给予补助,初步确定五年为一个补助周期;(2)对禁牧区域以外的可利用草原,在核定合理载畜量的基础上,中央财政对未超载的牧民按照 1.5 元/亩/年的测算标准给予草畜平衡奖励;(3)给予牧民生产性补贴,包括畜牧良种补贴、牧草良种补贴(10 元/亩/年)和每户牧民 500 元/年的生产资料综合补贴。这一机制试图通过政府补贴的方式,对那些为草原保护做出贡献的牧民提供补偿。

2016 年,经国务院批准,"十三五"期间,国家将继续在这 13 个省(区)启动实施新一轮草原奖补政策。这是中央统筹我国经济社会发展全局做出的重大决策;是深入贯彻"创新、协调、绿色、开放、共享"理念,促进城乡区域协调发展的具体体现;是加快草原保护,建设生态文明的重要举措(农办财〔2016〕10 号)。与第一轮草原奖补政策相比,这一轮政策主要有三方面改进:一是实施范围又增加了河北省五县,以构建

[①] 作者:张倩,中国社会科学院社会学研究所副研究员。

和强化京津冀一体化发展的生态安全屏障；二是补贴标准提高，禁牧补助从原来的每年每亩 6 元增加到每年每亩 7.5 元；草畜平衡奖励从原来的每年每亩 1.5 元增加到每年每亩 2.5 元，生产性补贴取消；三是划分两类地区实施不同政策，在八省区实施禁牧补助、草畜平衡奖励和绩效评价奖励；在五省实施"一揽子"政策和绩效评价奖励。

生态补偿机制是以保护生态环境、促进人与自然和谐发展为目的，根据生态系统服务价值、生态保护成本、发展机会成本，运用政府和市场手段，调节生态保护利益相关者之间利益关系的公共制度（李文华、刘某承，2010）。它承认生态保护地的居民拥有正当权利，因为他们的行为保护了付费者所定义的生态系统服务功能，因此要给予他们补偿（Swallow 等，2009）。在碳汇、生物多样性保护和水流域管理等方面，生态补偿机制得到广泛应用（李晓光等，2009；Kosoy & Corbera，2010）。自 2005 年国家"十一五"规划首次提出"按照谁开发谁保护、谁受益谁补偿的原则，加快建立生态补偿机制"以来，生态补偿近些年来越来越成为国家保护生态和平衡利益的重要举措（欧阳志云等，2013）。

生态补偿作为一种经济手段，本意是通过政府收税和补贴的方式来消除边际私人收益与边际社会收益、边际私人成本与边际社会成本之间的背离，从而使环境服务的外部性得到内部化（袁伟彦、周小柯，2014）。但到目前为止，生态补偿项目还不能有效调节生态保护利益相关者之间的利益关系，生态保护者的权益和经济利益得不到保障，生态破坏和生态服务功能持续退化的问题还没有得到有效遏制（戴其文、赵雪雁，2010；马爱慧等，2011）。例如在内蒙古自治区，草原奖补政策实施的前三年里，牲畜数量从 2010 年的 9694 万个羊单位下降到 9337 万个羊单位①，下降了 4%，但 2014 年牲畜数量增长到 9769 万个羊单位，超过政策实施之前的 2010 年（见图 4-1）。很明显，这一结果与该政策预期的减畜和保护生态的目标背道而驰。

过去的几十年当中，生态补偿逐渐由惩治负外部性行为转为激励正外

---

① 羊单位是指绵羊单位，为了去除牲畜种类结构的影响，更准确地体现牲畜数量，根据牲畜食草量将大畜（牛和马）折合为绵羊计算，因统计局只提供了大畜总数，这里将大畜统一折成 5 个羊单位。下文案例调研数据将牛折成 5 个羊单位，马折成 6 个羊单位。

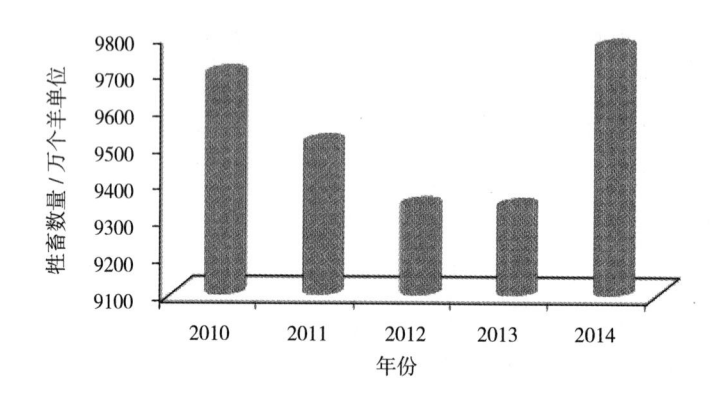

图 4-1　2010—2014 年内蒙古自治区牲畜数量（羊单位）变化
数据来源：内蒙古统计局。

部性行为（秦艳红、康慕谊，2007）。作为一种促进生态环境保护的经济激励手段，生态补偿体现了激励的重要性、转移的直接性与环境服务的商品化程度，其补偿的力度关系到制度的激励效果，也是政策得以达到预期目的的基本条件（马爱慧等，2011）。按照政策设计，这种补偿无疑对当地的贫困人口和贫富差距都产生了重要影响，一方面补贴发放增加了贫困人口的收入，同时其生产决策也相应发生重大变化；另一方面该政策的减畜要求促使多畜户减少牲畜数量，如果严格执行减畜，那么当地的贫富差距也会发生改变。本文以内蒙古锡林郭勒盟一个苏木为例，分析该政策给当地贫困群体带来的影响。

第二节　调研和分析方法

一　案例研究地介绍

锡林郭勒草原是中国境内最有代表性的草原之一，也是欧亚大陆草原亚洲东部草原亚区保存比较完整的草原部分。位于锡林郭勒盟最南端的太仆寺旗，与河北省交界，距北京 350 公里，是一个半农半牧区。G 苏木是该旗的牧业苏木，位于西南部，西北和东部分别与河北两县为邻。海拔 1200—1500 米，绝大部分为滩川丘陵区，坡度平缓。土壤类型均属草甸土，土层较厚，水分充足，肥力较高，适宜放牧。

G 苏木总面积 850 平方公里，辖 19 个嘎查，其中蒙古族约占总人口数的71%。畜牧业是G苏木最主要的收入来源，全苏木草场面积117万亩，其中可利用草场面积106万亩，占总面积的92%。全苏木辖19个嘎查、45个浩特，991户，3018人。其中男1532人，女1486人。蒙古族2140人，汉族873人，其他民族5人。人口密度为每平方公里3.5人。

牲畜主要是牛、羊和马，草原建设进行围栏草库伦、生态草库伦和人工种草。1953年开始绵羊改良，1956年推广绵羊人工配种。20世纪70年代开始培育"内蒙古细毛羊"和"草原红牛"，被自治区列入全区5个细毛羊基地之一。1981年，G苏木实行草畜双承包责任制，但由于户均草场面积过小，因此只将打草场划分到户，放牧场还保持共同使用。

二 调研数据采集

本文选取G苏木的三个嘎查进行问卷调查，包括两个禁牧区嘎查和一个草畜平衡区嘎查。由于实施禁牧比草畜平衡对牧户生产生活影响更大，所以在调研中多选择一个禁牧嘎查。每个嘎查选择约20个牧户，占各嘎查牧户总数的近三分之一。在选取牧户时，尽量覆盖不同年龄水平（见表4-1）和经济水平（见表4-2）。经济水平主要根据牲畜数量来划分，将抽样牧户分为无畜户、少畜户、中等户和富裕户，划分标准是基础母畜数量折算成羊单位：0—200个羊单位的为少畜户；201—500个羊单位的为中等户；501个羊单位以上则为富裕户。最后禁牧区两个嘎查各回收20份问卷，草畜平衡区的嘎查回收了21份问卷，总共61份问卷。问卷主要包括5个方面的问题：牧户基本情况、牲畜数量及历史变化、2014年家庭收入支出、牧户贷款情况和牧户对于草原奖补政策实施效果的评价及建议。

表4-1　　　　　　　抽样牧户年龄分布情况

户主年龄分布	抽样户数/户
1940s	6
1950s	17
1960s	21
1970s	13
1980s	4

表 4-2　　　　　　　　不同经济水平抽样牧户分布情况

	牲畜数量/羊单位	禁牧	草畜平衡
无畜户	0	2	3
少畜户	0—200	18	6
中等户	201—500	15	11
富裕户	501 以上	5	1

在问卷调查的基础上，我们还选择村里一些关键人物进行重点访谈，包括前任村干部和村里比较有威望的老牧民，主要了解村里近十年有关草场利用与管理、水资源利用与管理和牧民生产生活变化，尤其是贫困人口的变化，以及草原奖补政策实施以来，牧民的看法和政策执行情况。这些访谈对本文分析方法的选择和分析内容的确定，都有十分重要的意义。

三　贫困影响评价方法

贫困影响评价的主要目标是使资源得到更好的分配，对于低收入人群是否产生了预期的影响，是否真的惠及穷人（ADB，2007）。虽然草原奖补政策的直接目标不是减贫而是消除生态保护的外部性，即让那些为生态保护付出努力的人获得一定的收益，但事实上，它也是为了资源得以更好地分配，从而产生保护环境的正面激励，最终形成人与自然的和谐发展。

正如很多相关资料所述，目前贫困影响评价中所使用的方法都不是很直观，因为不同方法彼此间并不是相互排斥的（ADB，2007）。在世行内部，最初大家认为贫困与社会影响评价要用综合方法，把政策分析和支持政策变化的不同方法和策略都放在一起。但之后的研究又提出评价方法要基于不同国家和改革背景以及不同国家水平的多元需求和兴趣，为短期政策改革建议服务的评价不必采取综合性很高的方法（WB，2009）。基于此，本文主要采取定性研究方法，关注项目受益者对这一项目的态度，以及该项目对于受益者的价值所在，强调政策执行的过程分析，理解调查对象的行为和决策变化过程。同时，利用问卷调查数据展开的定量分析也会给定性分析提供论据。

按照贫困影响评价的过程分析框架（见图 4-2），本文主要分为以下三个部分。首先，对项目的执行情况进行简要分析，包括项目的投入、措施和产出；其次，分析项目结果即项目给目标群体带来的具体福利影响；最后，对项目最终产生的影响进行分析，主要从生态影响、经济影响和社会影响三个方面阐释。

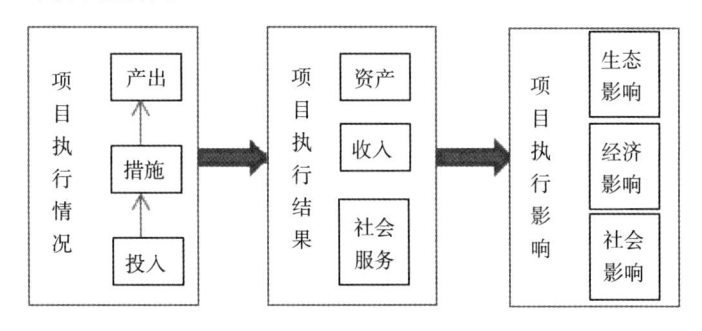

图 4-2 草原奖补政策的贫困影响评价分析框架

第三节 草原奖补政策的执行情况分析

一 草原奖补政策在 G 苏木的投入

草原奖补政策实施的有形投入主要包括两部分：资金和人力。自 2011 年开始，G 苏木共有 106 万亩草场实施生态保护，其中实施禁牧面积 52 万亩，涉及 9 个嘎查，681 户 1692 人，草场禁牧补贴资金 507.6 万元；实施草畜平衡 54 万亩，涉及 11 个嘎查，669 户 1603 人，草畜平衡补贴资金 92.32 万元。牧草良种补贴面积 39 万亩，牧民生产资料补助 1300 户。其中禁牧区要求每户牲畜数量不超过 25 个羊单位，补助标准为 3000 元/人/年；草畜平衡标准为 13 亩/羊单位，奖励标准为 1.71 元/亩。各禁牧区以嘎查为单位设管护员，按草场管护面积配备，平均 10 万亩配 1 名管护员，超过 10 万亩配 2 名管护员。补助标准为每人每年 4000 元。

二 实施草原奖补政策的措施

《锡林郭勒盟 2011 年草原生态保护补助奖励机制实施方案》明确规定，禁牧区和草畜平衡区的划分要依据内蒙古自治区《草原禁牧、草畜平衡划分标准》实施，即禁牧区主要选择草原承载力低下、草原利用过度、严重或中度退化、沙化、盐渍化的草地，或由于人口密度大、需要一定时间的禁牧使草原休养生息的草地；草畜平衡区主要选择在草原生产力较高，未退化、沙化、盐渍化，或轻度退化，以及轻度盐渍化的草地。该方案还规定禁牧区和草畜平衡区减畜工作分三年完成，第一年完成减畜40%，第二、三年各完成30%，2013年年底前实现减畜目标。

对于牲畜数量减少的监督，是由管护员和草原监理完成的。草原奖补政策实施之前，牲畜数量控制主要是由草原监理部门负责，每年年末，该部门人员和嘎查领导到各户牧民家清点牲畜，按照草畜平衡标准要求超载牧户减少牲畜数量。但是由于草原监理部门只有行政权，没有执法权，对于违规牧民，也无法保证牧民彻底减畜。如上所述，草原奖补政策专门设置了管护员以保证减畜目标实现，多数嘎查都选择嘎查领导担任管护员，因为他们对嘎查各牧户情况比较了解，可以将减畜监督工作贯彻到日常工作中。

草原奖补政策的另一个重要措施就是给牧民发放补助和奖励，禁牧区补助标准为3000元/人/年，奖励标准为1.71元/亩。G苏木的40户禁牧区抽样牧户平均每户一年可以拿到8880元的补助金；21户草畜平衡区抽样牧户平均每户一年可以拿到1726元的奖励金。在21个草畜平衡户中，有5户牧民没有草场，他们或者是刚分家出来的新户，或者是没有草场本，因此无法得到补偿。这些补偿金年底都直接打到牧民个人账户上，这样做是为了避免补偿下发时被层层克扣，保证牧民的利益，但这也导致补偿发放与牧户是否严格按照减畜要求减少牲畜无法关联，削弱了减畜目标的实际执行力度。

三 草原奖补政策的产出

草原奖补政策的首要目标是保护生态，这是通过减畜来实现的，但经过五年实施，减畜目标没有实现。从苏木这些年的统计数据来看，G苏木的牲畜数量并没有如期下降，反而还有增加。根据内蒙古统计局的数据，从2010年的69402个羊单位增加到2013年的72215个羊单位。牧户调研也印证了这一增长趋势，21个草畜平衡户中，只有7户在2011年遵守减畜规定，比常年多出售牲畜。有10户牧民的牲畜数量在2015年达到其家庭历史最高峰，尤其是富裕户和中等户，多数都是2015年牲畜最多。其中有4户是2009—2010年牲畜最少，到2015年变为最多，说明其牲畜增长就集中在草原奖补政策实施的这几年时间，这样的结果完全与政策目标相反。在 40 个禁牧户中，只有 6 户在 2011 年遵守减畜规定，比常年多出售牲畜；只有 3 户达到了禁牧所规定的每户不超过 25 个羊单位的标准；有 17 户的牲畜数量在 2015 年反而达到其家庭历史最高峰。

第四节 草原奖补政策的执行结果分析

一 牧民近五年的固定资产变化

近五年里，G 苏木牧民的资产状况发生了明显变化，从生产上对固定棚圈的投入加大，生活上则在住房和交通出行方面都有改善，表 4-3 显示了禁牧区和草畜平衡区抽样牧户各类资产近五年的增加情况。从表中可以看到，两类牧户在住房和棚圈建设方面都有很大变化，其中房屋修缮在很大程度上是受当地危房改造项目的推动，新建住房建筑面积原则上控制在每户 40—60 平方米，每户出资 1.2 万元，其余由政府补贴；棚圈建设也有政府项目支持，但数量很少，多数是牧户自己出资。值得注意的是，抽样的禁牧户有近一半都新建或扩大了棚圈面积，草畜平衡户有五分之一也改扩建了棚圈。

此外，牧区交通不便，摩托车是重要的代步和放牧工具，而小汽车的购买则是牧民生活改善的重要指标。抽样牧户中，3 户草畜平衡户和 9 户禁牧户拥有小汽车，而其中 1 户草畜平衡户和 6 户禁牧户都是在近五年里购买汽车的。生产工具中，小型拖拉机主要用于打草运草，多数牧户早在草场承包到户后就购买了小型拖拉机，因近年来雨水不好，草场长势不好，打草也打不了多少，所以使用机会较少，禁牧户和草畜平衡户分别只有 3 户和 1 户在近五年里做了更新。

表 4-3　　　　抽样牧户资产变动情况（2011—2015）　　　　（单位：户）

奖补类型	户数	房屋修缮	增加固定棚圈	购买小汽车	购买小型拖拉机
草畜平衡户	21	12	4	1	1
禁牧户	40	19	18	6	3

二 牧民近五年的负债变化

这五年中,一些牧民宁可增加贷款,也不愿意多出售牲畜,"贷款也得买畜增加牲畜数量,不讲理了,不顾后果"(2015年访谈)。从抽样的40个禁牧户来看,户均贷款数量从2010年的1.8万元增加到2015年的6.5万元,而且这些增加的贡献主要来自于中等户和富裕户(图4-3和图4-4)。G苏木抽样的40个禁牧户和21个草畜平衡户中,只有5个禁牧户和4个草畜平衡户没有贷款,其他牧户都有贷款,如遇自然灾害或市场波动收入下降无法还贷,还需要借高利贷还款,从而陷入贷(高利贷)了还、还了贷(银行贷款)的困境。2014年,这些牧户的利息支出就占其畜牧业总成本的12%,购买饲草料成为牧民贷款的主要原因。如果遇到比较严重的自然灾害,那这些牧户将会面临很大的还贷风险。从贷方来看,牧民现在可以拿到的草原生态奖补补贴也在一定程度上增强了还款能力,因此,也愿意多放贷给牧民。在没有贷款干预的畜牧业系统中,牧民需要现金就出售牲畜,在一定程度上有限制牲畜数量的效果,现在,过多贷款的介入给牧民提供了缓冲之计,但无形中给草原生态带来了更大压力,而且牧民越来越依赖这种外部投入,进一步造成对草原的过度利用。

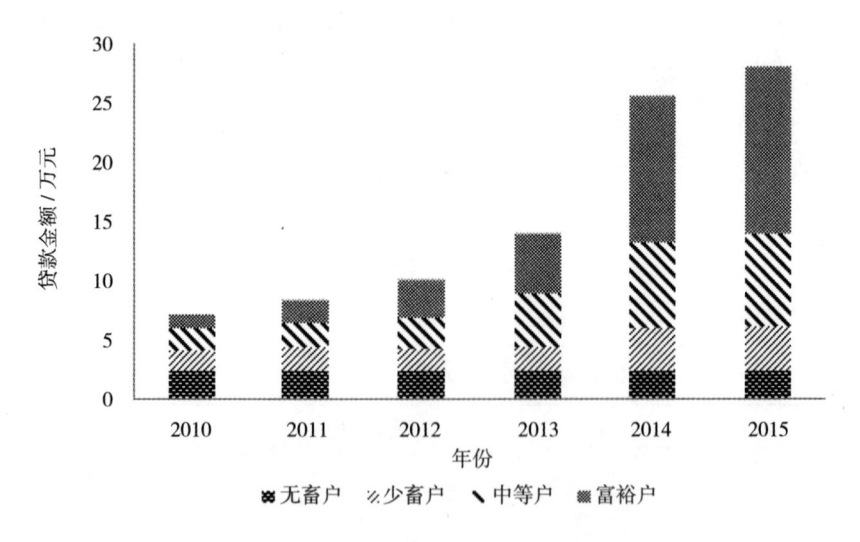

图4-3 不同种类禁牧户的户均贷款数量变化

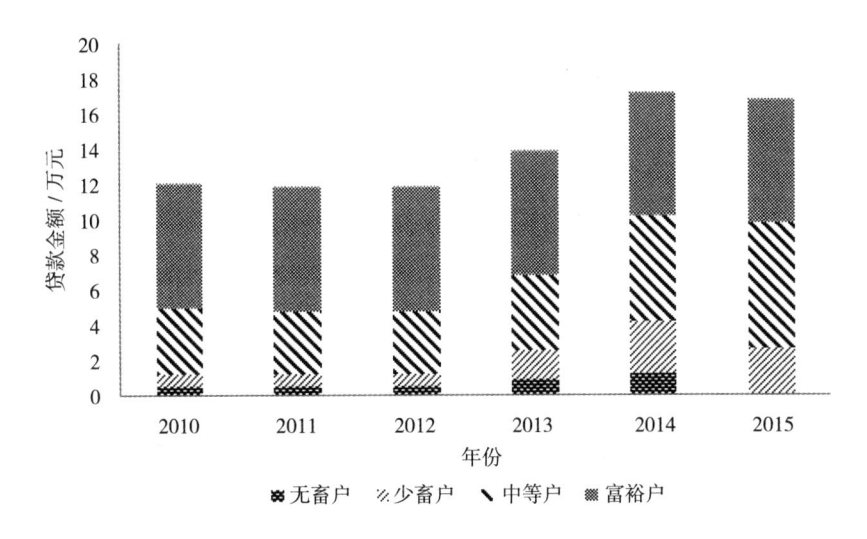

图 4-4　不同种类草畜平衡户的户均贷款数量变化

三　牧民近五年的收入变化

生态补偿如果不能形成一种有效的市场机制，不能及时反映真实的或公认的机会成本，就不能引起利益相关者的参与兴趣。在调研中，不论是禁牧户还是草畜平衡户，都反映补贴太低，远不能弥补他们按规定减畜所承担的损失。例如禁牧户补贴标准是 3000 元/人，40 户抽样牧户平均拿到的补偿金额是 8880 元/户，以 2015 年 G 苏木抽样牧户的平均出栏价格 470 元/大羊[①]计算，约等于 19 只大羊，如果按 2013 年的出栏价格，也就是 10 只大羊。而禁牧户如按草原奖补政策的规定是每户减到 25 个羊单位，那么抽样牧户平均每户就需要减少约 110 个羊单位。也就是说，现在的补偿标准只是牧户牺牲减少损失的不到五分之一。再看草畜平衡户，21 个抽样牧户的牲畜总量是 4821 个羊单位，其草场总面积为 18226 亩，实际草场载畜量约为 4 亩/羊单位。如果按草畜平衡要求的 13 亩/羊单位，则只能饲养 1402 个羊单位，这意味着这 21 户平均每户要减少 162 个羊单位，而目前每户平均 1833 元的补贴，只能补偿不到 4 个羊单位的损失。

---

① 牧民出售羊时一般分为羔子和大羊，羔子是指当年出生的羊羔经过近半年的饲养出售，大羊则是指年龄超过两岁的，这里包括淘汰母羊、大羯羊等。

如果再加上作为基础母畜的畜牧业生产资料价值，那现有补贴标准就相对更低了。

由于补偿过低，多数牧户并没有按照规定减少牲畜数量，在监管不力的条件下，反而还增加牲畜，这就解释了前文所说的G苏木草原奖补政策实施五年，为何牲畜不降反升。面对同样的政策，拥有不同牲畜数量的牧户的政策反应是不同的。对于无畜户和少畜户来说，他们不必为此政策的执行付出任何代价，就能得到补贴，因此对这一政策非常欢迎，补贴再高些当然更好，现在这样也比以前收入高，生活有一定保障。因此，他们离开草原，迁到城镇，靠打工和补贴维生。在监管不力的条件下，个别无畜户还将草场租给外来户，反而造成对草场的过度利用，在整个社区也形成草场保护的负面激励。正如一些牧民所说："真要是公平，我们也愿意减畜，现在外地畜比本地畜都多，没人管。"对于中等户和富裕户来说，过低的补贴对他们执行此政策的损失是杯水车薪，如果按规定减少牲畜，根本不可能维持生计，更关键的是，由于语言和技术的限制，他们短期内也不可能转业。因此，在减畜没有监督执行的条件下，他们反而继续增加牲畜。抽样牧户尤其是禁牧户在2015年都呈现出更强的牲畜拥有量两极分化的趋势，即牧户家庭历史上牲畜最多或牲畜最少的年份大多集中在2015年。

另外，近两年畜产品市场价格大幅下降，也导致牧民收入降低。生态补偿在实施过程中与当地的社会经济制度相互作用，产生一些新的问题，从而导致生态补偿难以有效发挥作用，其中最明显的影响就是畜产品的价格波动带来的影响。从2001年开始，牛羊肉价格连续上涨了13年，其中，2007—2013年上涨明显，牛肉价格年均上涨17.9%，羊肉价格年平均上涨18.7%。就内蒙古牛羊肉市场价格变化来看，2006年牛羊肉价格运行较为平稳；2007年随着猪肉价格的大幅上涨，牛羊肉价格出现一轮大幅快速上涨；2008—2009年牛羊肉价格呈小幅波动上涨态势；2010年羊肉价格首先出现持续大幅上涨，牛肉价格相对稳定；2011—2013年牛羊肉价格持续上涨。2013年牛肉、羊肉全区平均零售价格分别为每500克27.72元、31.63元，较2012年平均价格分别上涨28.00%、12.46%；较2011年平均价格分别上涨57.32%、31.70%；较2006年平均价格分别上涨237.64%、233.52%。但这种上涨态势在2014年戛然停止，农业部的监测数据显示，从 2014 年开始，内蒙古、新疆等牧区羊肉价格出现了环比和同比下降的态势。至 2016 年 1 月，河北、内蒙古、山东、河南和新疆等主产省份羊肉平均价格为每公斤 50.66 元，环比下跌 0.5%，同比下跌 14.4%。

面对如此大的价格落差，牧民短期内难以接受，因此自 2014 年开始减少牲畜销售数量，"去年牲畜价格低，所以今年牲畜数量多了"（2015 年访谈）。牧民都期待着畜产品价格恢复后再增加销售，因此，即使增加贷款和支付越来越高的饲草料成本，也不能赔本出售牲畜。但是从长远来看，这种牲畜数量的维持是不可持续的，如果牲畜价格一直下跌，待牧民支付不起饲草料成本时，也只得出售牲畜，甚至出售基础母畜。

所以现在形成了一种有悖常理的现象，如表 4-4 所示，G 苏木抽样牧户的收入随着牲畜数量的增加呈降低趋势，无畜户和少畜户净收入比中等户和富裕户要高。前者收入高的原因在上文已有解释，富裕户净收益为负值的原因主要是因为草料成本过高，2014 年抽样牧户的草料成本约占其畜牧业总成本的 68%。虽然草料成本剧增与 2014 年畜产品价格开始下降，牧民出栏数量低于往年有关，留存的牲畜使得草料需求多于往年。虽然赔钱，但由于 G 苏木放牧场还保留集体使用，多养牲畜就意味着多占用草场，中等户和富裕户抱有机会主义的态度等待牲畜价格上升，这样就能扭亏为盈。但不可否认的事实是，牧民确实正在陷入一个越养越赔、越赔越养的陷阱：过度放牧导致草场退化，草料不足引起畜牧业成本上升，赔钱饲养就通过增加牲畜数量弥补，从而又导致过度放牧。

表 4-4　　　　不同种类草畜平衡户与禁牧户 2014 年净收入　　　（单位：元）

奖补类型	无畜户		少畜户		中等户		富裕户	
	户数	平均收入	户数	平均收入	户数	平均收入	户数	平均收入
草畜平衡户	3	9239	6	5420	11	4531	1	-1200
禁牧户	2	3450	18	9998	15	5728	5	-21606

注：草畜平衡户，一户出租草场，收 6000 元/年，再加上打工收入 5000 元；另一户是其中一人拿退休补贴 12000 元/年。

总之，草原奖补政策本意是想通过对草原生态服务的提供者或保护者支付补偿，将草原保护行为的正外部性内部化，让长久以来对草原保护做出贡献的当地牧民得到更公平的待遇。但目前来看，过低的补贴标准使得草原奖补政策不仅没有按照预期实现经济激励生态保护，反而还引发了一系列新的问题，包括牲畜不降反增、鼓励过牧和贷款增加，这一过程改变了牧民与草原相存相依的关系，导致资源的无序竞争和过度利用。这些问题的出现需要我们对草原奖补政策的设计和执行依据做更深入的理论思考。

四 牧民近五年享受的社会服务变化

在社会服务方面，草原奖补政策并没有给牧户带来直接改变，但一些禁牧牧户放弃牧业迁到城镇后，教育条件相对改善。自 2002 年内蒙古开始实施撤乡并镇后，很多苏木小学被撤掉，牧区孩子只能到城镇上学，如果不是住宿学校，那就需要家里有家长在镇子里租房陪读。可想而知，如果让孩子住宿，那从小学就离开家门上学，不仅上学成本增加，还缺失了重要的家庭教育；如果陪读，那本来就需要劳动力的家庭畜牧业生产又会受到影响，很多牧户不得不额外雇用牧工帮助放牧。草原奖补政策实施后，一些放弃牧业的禁牧户搬到城镇后，跳出了孩子住校或家长陪读的困境，可以说是一种改善。

但是草原奖补政策只考虑对于牧民减少牲畜数量要给予补偿，即图 4-5 中的阶段一的机会成本补偿，阶段二产业结构调整补贴和阶段三生态效益外溢补偿还没有考虑到。事实上，阶段二的补偿要求已经迫在眉睫，对于迁入城镇的禁牧户，由于语言和技术的限制，只是依靠补贴维生，补贴不够就想办法再把草场出租（这是违规的）得到些收入，多数牧户无法找到替代生计。从调查数据来看，抽样的 40 个禁牧户中，5 个无畜户没有一户有打工收入，而少畜户、中等户和富裕户却都有打工收入，还有的开出租车和贩卖牲畜。草畜平衡户也呈现类似的情况，无畜户没有打工收入，少畜户的打工比例最高，11 户里有 3 户打工。因此，帮助扩大就业渠道，是离开牧业的牧民急需的社会服务。

第五节 草原奖补政策的执行影响分析

一 草原奖补政策的生态影响：割裂草畜关系

在 G 苏木，我们看到草原奖补政策并没有按照预先设定的生态保护

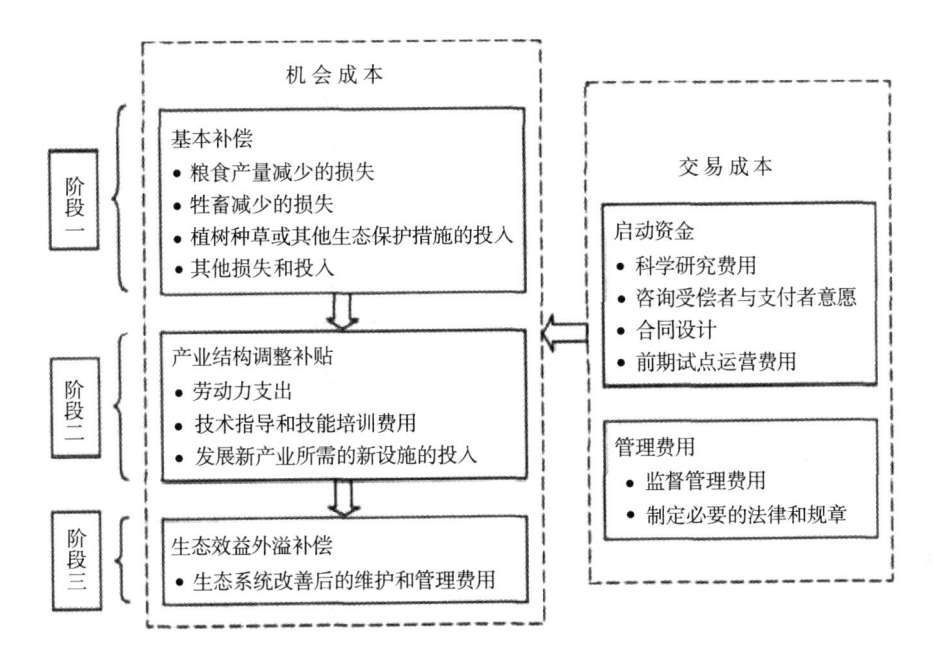

```
            ┌─────────────机会成本──────────────┐
            │  基本补偿                          │
     ┌      │  • 粮食产量减少的损失              │      交易成本
  阶 │      │  • 牲畜减少的损失                  │   ┌──────────────────┐
  段 ┤      │  • 植树种草或其他生态保护措施的投入│   │ 启动资金         │
  一 │      │  • 其他损失和投入                  │◄──│ • 科学研究费用   │
     └      └────────────────┬───────────────────┘   │ • 咨询受偿者与支付者意愿│
                             │                       │ • 合同设计       │
            ┌────────────────▼───────────────────┐   │ • 前期试点运营费用│
     ┌      │  产业结构调整补贴                  │   └──────────────────┘
  阶 │      │  • 劳动力支出                      │
  段 ┤      │  • 技术指导和技能培训费用          │   ┌──────────────────┐
  二 │      │  • 发展新产业所需的新设施的投入    │   │ 管理费用         │
     └      └────────────────┬───────────────────┘   │ • 监督管理费用   │
                             │                       │ • 制定必要的法律和规章│
     ┌      ┌────────────────▼───────────────────┐   └──────────────────┘
  阶 │      │  生态效益外溢补偿                  │
  段 ┤      │  • 生态系统改善后的维护和管理费用  │
  三 │      └────────────────────────────────────┘
     └
```

图 4-5 生态补偿的资金需求（秦艳红、康慕谊，2007）

目标执行，具体表现为两方面：一是禁牧区与草畜平衡区并没有依据实际草原生态状况来划分确定，二是牲畜数量并没有按计划减少，反而还有增加。

草原奖补政策在设计中考虑到草原不同程度的退化需要采取不同的保护措施，这是值得肯定的。而在实际操作中，G 苏木禁牧区与草畜平衡区划分之前并没有做草原健康程度的调查，只是由各嘎查长在征求村民意见后报名选择进入哪个项目区，最后形成 9 个禁牧区，10 个草畜平衡区。草原退化的原因也简单归结为过牧，只要减少牲畜数量，退化草原就能恢复。同时，如前所述，从这些年的统计数据来看，G 苏木的牲畜数量并没有如期下降，反而还有增加。从 2010 年的 69402 个羊单位增加到 2013 年的 72215 个羊单位。牲畜数量进一步增加，反而导致草场更加退化。

草原奖补政策判定牧民是否保护草原的依据很简单，就是牧民是否按规定减畜。其依据就是生态平衡理论的克莱门茨（Clements）植被演替模型，该理论认为植被健康状况与牲畜数量之间存在线性的密度依赖关系，即牲畜数量越少，植被越健康；牲畜数量越多，植被越是偏离顶级群落而退化。这一模型将气候条件看作是稳定的外部条件，因此植被有一个可以预测的承载力，畜牧业管理的前提就是将牲畜数量控制在承载力范围内（李文军、张倩，2009）。

但在干旱半干旱草原，降水量变化剧烈导致产草量的巨大波动，这样的生态系统被"新草场生态学"定义为非平衡生态系统，非平衡生态系统最大的特点就是不确定性，这是由气候多变、降水变化率大和自然灾害等偶发性事件决定的。因此与平衡生态系统不同，非平衡生态系统中植被—牲畜间的密度依赖关系不成立，在非平衡生态系统中承载力难以预测和应用（李文军、张倩，2009）。畜牧业管理的多年实践证明，在气候变化剧烈的系统中，采用固定的或保守的载畜率是不合适的，同时对于牧民来说成本也很高。因为在湿润年份，因降水充足而丰沛的草场不能得到充分利用；而在极端干旱的年份，相对于极少的植被生长，保守载畜率也是超载（Behnke et al., 1993）。牧民通常会采取不同策略来应对环境变化，他们会让畜群规模随着降水量的变化而增减，而不是将其固定在一个不变的数量上，如通过空间上移动畜群和放空怀①等策略。另外，植被演替模型过分夸大了生态系统的内部规则和稳定性，模型所描述的植被动态过于简化。它只强调植被演替和牲畜放牧间的相互作用，将其简单描述为线性可逆的负相关关系，却忽视了两者间经过长期磨合形成的反馈机制，包括牲畜可以促进植被的补偿性生长，而植物对放牧也有多样的适应策略和恢复能力。

自2000年以来，中央政府投入大量资金治理草原退化，从围封转移、退牧还草、京津风沙源治理到生态奖补项目，都是以植被演替模型为依据，期待通过牧民减少牲畜数量甚至禁牧来保护草原。但是，这些项目的实施切断了牲畜与草原之间的复杂作用关系，很难实现保护草原的目的。同时，植被演替模型也将牧业系统看作是一个封闭系统，没有考虑到目前大量的饲草料输入对牲畜数量的影响。这导致草原奖补政策在实际执行中出现矛盾，一方面要求减畜；另一方面其补贴给贷款提供间接保障，使牧民能够买到草料维持较多的牲畜数量。这一矛盾给牧民提供了过牧空间，草场退化更加严重，从长远来看，失去自然资源的当地牧民更不可能跳出

---

① 如果遇到夏秋干旱或预测冬季有雪灾，牧民会让一些母畜避免受孕，控制牲畜数量，以减少对饲草料的需求，同时还可以减少灾害损失。

贫困陷阱。

二 草原奖补政策的经济影响：割裂人草关系

生态补偿的原则之一就是谁保护、谁受偿（Provider Gets Principle），根据中国的实际情况，政府补偿保护者是目前开展生态补偿最重要的形式，也是目前比较容易启动的补偿方式（李文华、刘某承，2010）。这里需要先明确一个问题：谁才是真正的生态服务提供者？目前草原奖补政策将项目区内的所有牧民都看作是提供者，这个假设是有很大问题的。从G苏木的执行结果看，一些少畜户和无畜户拿到补贴后放弃畜牧业，进城打工，在监管不力的条件下，有些牧户把草场出租给外来户，再赚得一份收入。这造成了资源使用的极度不公平：对于富裕户和中等户来说，他们需要承担减少牲畜的损失，还要与租用草场的外来户竞争草场资源；而放弃畜牧业的少畜户和无畜户不需要为奖补机制的执行付出多少代价，还能得到补贴甚至是草场租金。

目前草原奖补政策在实施过程中，尤其是针对禁牧区，生态保护与畜牧业发展被对立起来，要想保护草原就要退出畜牧业甚至迁出草原，但结果是迁出草原并不一定能保证草原得到保护，反而还引起更坏的结果。因此，如何让草原生态补偿准确指向草原生态服务的提供者，或者是能激励牧民提供更好的草原生态服务，是草原生态补偿政策所面临的重要挑战。如果换一种角度，即从单纯生态保护的角度换成通过保护生态来保护农业生产的角度，我们还是要保护生产者和资源使用者，鼓励他们对草场资源的保护性使用，而不是鼓励他们对自然资源放任不管，这就是农业环境保护补贴的角度，即《WTO农业规则》"绿箱政策"（Green Box Policies）中的"环境保护计划补贴"（黄河，2007）。针对继续从事畜牧业的牧户，应根据当地草原生态系统条件和农村发展的需求，制定具体的环境保护条件，满足这些条件后发放畜牧业生产的环境保护补贴，让牧民跳出前文所述的越养越赔、越赔越养的陷阱；针对已经退出牧业的牧户，就不需要再给他们提供畜牧业损失的机会成本补贴，而是提供相应的产业结构调整补贴。

三 草原奖补政策的社会影响：割裂社会关系

虽然内蒙古自20世纪80年代初就开始实施畜草双承包责任制，在

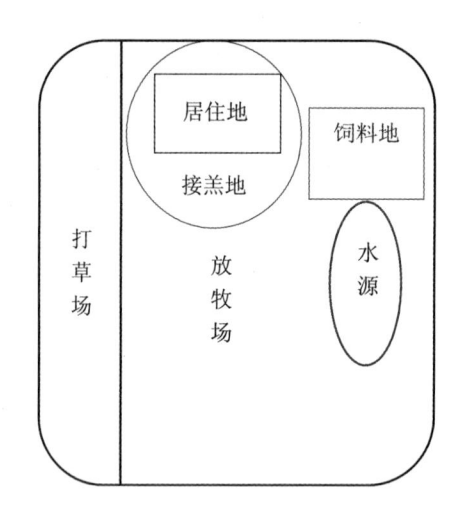

图 4-6 G 苏木每个嘎查的草场利用示意图

1996 年又开始第二轮承包，将草场承包落实到户，但 G 苏木一直保持着放牧场共用的制度。图 4-6 就是 G 苏木每个嘎查草场利用的一般模式，嘎查内牧民集中居住，草场分为打草场和放牧场，嘎查里还有一些水源地，如小湖泊或河流，水源地附近有饲料地，每户有 10—30 亩不等。嘎查间的边界有些是自然边界，有些则安装了网围栏。如一个抽样嘎查与其东边相邻嘎查的边界，北部是一个小湖泊，南边是敖包山，从而形成天然的边界；西边与农区相邻，嘎查的打草场正好在西边，打草场用围栏围封，在保护了打草场的同时也形成了与西边农区的分界线。每个嘎查的打草场都已统一安装了网围栏，并且划分到户，户与户之间没有围栏。嘎查安排专人看护打草场围栏，如一个抽样嘎查的打草场分两块，1 万亩的一块由 2 人负责，1.4 万亩的一块由 4 人看护。放牧场没有划分到户，一直保持着共用，但多数牧户在房屋附近围几十亩的一块接羔地，便于春季接羔使用。

放牧场没有划分到户而保持共用的原因很简单，就是户均草场面积太小。从抽样的 61 户牧民的草场面积来看，户均放牧场是 1040 亩。如果划分到户，用围栏围成小方格，牲畜在围栏内来回采食，其踩踏作用要比大范围自由采食的踩踏作用严重好多倍。用牧民的话说，没吃完也先踩完了。因此，在两轮草场承包过后，G 苏木的放牧场仍保持共同使用。从牲畜放牧方式来看，牧户统一雇用羊倌放羊，一个嘎查有四到五群羊，每群羊四到五百只，由十几户的小羊群组成，羊倌工资按照羊的数量和放牧时间分摊。马和牛则是牧户自己管理，因为牛和马的放牧不用跟人，尤其是牛。

在草原奖补政策实施之前，牲畜数量有其内在的控制机制，这源于三方面因素：一是自然灾害损失，2000年以后多发的旱灾和雪灾，是牲畜死亡的最大原因，这一过程中，牧民不但把多年储蓄消耗殆尽，而且还开始借款买草。二是牧民需要出售牲畜满足其现金需求，牧民每年秋天必须出售适当数量的牲畜才能满足其生活、教育和看病等需求。三是对外场①的限制，对于少畜户来说，他们没有其他收入来源，即使牲畜数量很少，也只能依靠牧业，因此极少有少畜户出租草场离开牧业，这样村外的人很难在这里租到草场。虽然村内确实存在草场使用不公平，即"大户吃小户"的现象，但鉴于大户数量较少且增畜能力有限，牲畜数量基本保持稳定，甚至在20世纪头十年间还有所下降，G苏木的牲畜总量1999年有114835个羊单位，2010年为69402个羊单位，下降率达40%。

自2011年草原奖补政策实施之后，嘎查内部草场使用的合作机制受到干扰，牲畜数量控制机制也被破坏，公地悲剧随之产生。首先是外场失去控制。无畜户和少畜户牲畜数量少，不必为草原奖补政策执行付出多少代价，就能得到补贴，因此对这一政策非常欢迎。他们离开草原，迁到城镇，靠打零工和补贴维生。在监管不力的条件下，一些无畜户将草场租给外来户，造成对草场的过度利用。例如，一个抽样嘎查的包村干部一户一户清点牲畜时，发现外来畜已经占其嘎查牲畜总量的十分之一，这些草场租用户多来自周边农区。这样，在整个社区也形成草场保护的负面激励。其次是中等户和富裕户增加牲畜的能力大大增强。草原奖补政策发放的现金补贴，可以补贴家用，可以买草料，也可以给还贷提供保障，所有这些都促使有畜户减少牲畜出售，增加牲畜数量。每个牧户增加牲畜带来的收入是自己享有，而由此造成的草场过度利用的成本却由全社区甚至更大范围的人群承担，公地悲剧发生。一些牧民已经认识到这个问题，"贷款也得买畜增加牲畜数量，不讲理了，不顾后果"，但却无能为力。从抽样的40个禁牧户来看，户均贷款数量从2010年的1.8万元增加到2015年的

---

① 出租草场给村外人被称为外场。

6.5万元，而且这些增加的贡献主要来自于中等户和富裕户。

总之，草原奖补政策之所以没有实现预期的减畜目标，首先是因为该政策简单化了畜与草的复杂关系，认为减畜就是保护，但在实施过程中，减畜在实际操作中也很难实施；即使减了畜，但减了谁的畜，是不是这样草原的利用程度也能相应减轻，都有很大的疑问。其次，草原奖补政策还是要通过激励畜牧业生产中的草原保护行为，才能实现可持续的效果。否则，补贴还有可能导致贷款能力增强，从而使牧民维持较高的牲畜数量，进一步加剧草原的过度利用。最后就是草原保护的基层组织和管理能力受到干扰，导致公地悲剧的发生。

第六节 草原奖补政策的贫困影响评价

从以上分析可见，草原奖补政策实施给当地的贫困群体带来了重要影响，最直接的影响就是贫困群体因得到补贴而收入增加，他们有机会和能力脱离惨淡经营的畜牧业，迁入城镇，有条件的还违规把草场出租给外来户，从而得到另外一份收入。但是，这些迁入城镇的贫困人群只是维持着基本生活，很少能找到另一种替代产业来提高收入，还是依靠其草场赚钱。这与草原奖补政策只考虑第一阶段基本补偿，未考虑第二阶段产业结构调整补贴和第三阶段生态效益外溢补偿有关。因此，一旦补贴停止发放，这些贫困人群立刻返贫，并且很有可能再次回到草原依靠畜牧业。

对于有畜户来说，草原奖补政策虽然提供补偿，但多数牧户并没有按照要求减少牲畜，反而增加贷款扩大牲畜规模，如果遇到连续自然灾害，这些牧户无法偿还贷款，增加了畜牧业经营的风险。同时，无畜户的迁出和外来户的进入，也刺激了一些有畜户无理性地扩大牲畜数量，公地悲剧由此发生，再加上畜产品市场价格的大幅下降，更引发G苏木牲畜数量近五年来不降反升。

从长远来看，草原奖补政策实施五年后，G苏木牲畜数量增加，使得当地陷入一种不可持续的发展状态。由草—畜—人组成的牧业生态系统中，草畜关系被对立起来，要保护草就必须减少畜；人草关系被分离，牧民可以凭借草场承包证书的纸上面积得到补贴，而如何使用草场，无人问津，草场出租的情况出现，外来户在当地共用的放牧场上过度放牧，却无法得到有效的控制；人与人之间的关系也受到很大干扰，原有的嘎查内部牲畜数量控制机制失效，牧户共同看护打草场、合作放牧的机制也进一步被削弱，整个社区呈现离散和无人管理的状态。牧业生态系统的这种三重分离，首先受害的就是草原，过牧更加严重，草原退化无法控制，这种状态最终会导致当地社区因资源退化而陷入贫困。因此，如何有效控制过牧，促进牧业生态系统中三要素的良性互动，是草原补奖项目亟待考虑的问题。

参考文献

Asian Development Bank, *Poverty Impact Analysis: Selected Tools and Applications*, edited by Guntur Sugiyarto, 2007.

Behnke, R., Scoones, I., and Kerven C., Rethinking Range Ecology: Implication for Rangeland Management in Africa, *Range Ecology at Disquilibrium: New Models of Natural Variability and Pastoral Adaptation in African Savannas*, 1993, pp. 1–30.

Kosoy, N. and Corbera, E., Payments for Ecosystem Services as Commodity Fetishism, *Ecological Economics*, 2010, 69: 1228–1236.

Swallow, B. M., Kallesoe, M. F., Iftikhar, U. A., van Noordwijk, M., Bracer, C., Scherr, S. J., Raju, K. V., Poats, S. V., Duraiappah, A. K., Ochieng, B. O., Mallee, H., and Rumley, R., 2009, Compensation and Rewards for Environmental Services in the Developing World: Framing Pantropical Analysis and Comparison, *Ecological Economics*, 14: 225–251.

The World Bank, *Poverty and Social Impact Analysis (PSIA): Reviewing the Link with In-Country Policy and Planning Processes (Synthesis Report)*, 2009.

戴其文、赵雪雁：《生态补偿机制中若干关键科学问题——以甘南藏族自治州草地生态系统为例》，《地理学报》2010年第4期。

黄河：《论我国农业补贴法律制度的构建》，《法律科学》（《西北政法学院学报》）2007年第1期。

李文华、刘某承：《关于中国生态补偿机制建设的几点思考》，《资源科学》2010年第5期。

李文军、张倩：《解读草原困境——对干旱半干旱草原利用和管理若干问题的认识》，经济科学出版社2009年版。

李晓光、苗鸿、郑华、欧阳志云：《生态补偿标准确定的主要方法及其应用》，《生态学报》2009年第8期。

马爱慧、蔡银莺、张安录:《耕地生态补偿实践与研究进展》,《生态学报》2011年第8期。

农业部办公厅、财政部办公厅:《新一轮草原生态保护补助奖励政策实施指导意见（2016—2020年）》,农办财〔2016〕10号。

欧阳志云、郑华、岳平:《建立我国生态补偿机制的思路与措施》,《生态学报》2013年第3期。

秦艳红、康慕谊:《国内外生态补偿现状及其完善措施》,《自然资源学报》2007年第4期。

袁伟彦、周小柯:《生态补偿问题国外研究进展综述》,《中国人口·资源与环境》2014年第11期。

第五章　草原奖补政策的贫困影响评价——呼盟案例[①]

呼伦贝尔草原是内蒙古最有代表性的草原之一，总面积约10万平方公里，天然草原面积占80%。这里有3000多条纵横交错的河流，500多个星罗棋布的湖泊，一直延伸到大兴安岭。呼伦贝尔草原年平均温度在0℃左右，无霜期85—155天，温带大陆性气候，属于半干旱区，年降水量250—350毫米，年气候总特征为：冬季寒冷干燥，夏季炎热多雨。这里物种丰富，有碱草、针茅、苜蓿、冰草等120多种营养丰富的牧草，不仅出产肉、奶、皮、毛等畜产品，连牧草也大量出口日本等国家。基于这个地区的重要性，我们在2014年和2016年进行了两次调研，第一次调研本打算选择一个牧业旗直接进行问卷调查，来看草原生态补助奖励项目对贫困人群带来的影响，但发现草原奖补政策在各地的实施都有不同，仅仅一个旗的调查可能并不能反映全部情况。这样，第一次调研着重对呼伦贝尔四大牧业旗县如何实施草原奖补政策以及遇到的问题进行调研，主要是对当地农牧业局领导、乡镇领导、嘎查领导以及一些牧户进行访谈；第二次调研则针对新巴尔虎右旗一个苏木的三个嘎查进行抽样调查，每个嘎查抽取约20户牧民，了解他们在草原奖补政策实施前后的变化，这一项目带来的影响以及牧民对于这一项目的态度。

[①] 作者：张倩，中国社会科学院社会学研究所副研究员。

第一节　草原奖补政策和扶贫项目在
呼伦贝尔草原的实施情况

呼伦贝尔盟2001年经国务院批准撤盟设市，成立呼伦贝尔市，其东部与东北部接黑龙江省，南连兴安盟，北和西北以额尔古纳河与俄罗斯为界，西与西南同蒙古国接壤，1994年起辖6市、4旗和3个自治旗，其中新巴尔虎左旗、新巴尔虎右旗、鄂温克旗和陈巴尔虎旗就是2014年调研的四个旗。

一　陈巴尔虎旗

巴尔虎部落系蒙古族喀尔喀部之一部落名，是蒙古族最古老的部落。该部落于1732年和1734年到呼伦贝尔戍牧屯边，之后形成了现在的陈巴尔虎旗、新巴尔虎左旗和右旗。陈巴尔虎旗土地面积21192平方公里，2012年人口有5.9万。草原奖补政策实施后，禁牧506.92万亩，草畜平衡1626.44万亩，牧民生产资料补贴2495户，牧民管护员216人。禁牧区按照4∶3∶3的比例分三年完成减畜，其中争取有30%左右实现在当地转为舍饲圈养，2012年减畜7.56万个羊单位。减畜采取控牛减羊的措施，保留奶牛进行舍饲圈养，绵羊、山羊全部减掉。草畜平衡区全旗总体不超载，草畜总量达到平衡，局部地区超载，按照4∶3∶3的比例分三年完成超载牲畜减畜。以牧民专业合作社或嘎查为单位，建立舍饲养畜基地，同时跟进舍饲禁牧的配套措施，力争使70%左右的牲畜实现在当地转为舍饲圈养。2012年减畜4.04万个羊单位。通过建立100头奶牛以上饲养规模的规模化牧场（小区）140处，建立800个肉羊生产专业户，200个肉牛养殖专业户，加强基础设施建设，改善饲养管理，提高科技含量，配合减畜目标的实施。

陈巴尔虎旗辖3个镇、4个苏木、1个办事处和6个国营牧场。如表5-1所示，除了6个国有草牧场、巴彦库仁镇、宝日希勒镇和鄂温克苏木的阿尔山嘎查是单纯草畜平衡区以外，其他苏木（镇）的嘎查都是禁牧与草畜平衡并行实施。全旗3122户中，有1963户禁牧户，2805户草畜平衡户，由此可见多数牧户既是禁牧户也是草畜平衡户，即他们的草场一部分禁牧；另一部分草畜平衡。在《陈巴尔虎旗草原生态补助奖励机制实施方案》中规定：禁牧重点安排在我旗退化沙化较严重的地段及贫困户和少畜户；草原未退化、沙化、盐渍化，或中、轻度退化，以及轻度沙化、盐渍化的草地，采用草畜平衡措施，推行休牧、划区轮牧等合理利用制度，逐步达到草原可持续利用的目的。

表 5-1　陈巴尔虎旗各苏木乡镇嘎查补助奖励机制内容及规模

	禁牧区		草畜平衡区	
	面积（万亩）	百分比（%）	面积（万亩）	百分比（%）
合计	506.92	24	1626.44	76
各苏木镇合计	506.92	28	1326.4	72
呼和诺尔镇	104.8	35	196.84	65
哈日干图办事处	106.66	35	195.47	65
东乌珠尔苏木	59.83	31	132.73	69
西乌珠尔苏木	105.08	26	302.26	74
巴彦哈达苏木	62.08	15	355.09	85
鄂温克苏木	0	0	45.02	100
巴彦库仁镇	0	0	18.42	100
宝日希勒镇	0	0	300.04	100
哈达图牧场	0	0	109.88	100
特尼河牧场	0	0	125.83	100
陶海牧场	0	0	39.9	100
谢尔塔拉牧场	0	0	16.5	100
拉布达林牧场	0	0	5.15	100
国有草场	0	0	2.78	100

资料来源：陈巴尔虎旗农牧业局。

按照内蒙古自治区的扶贫标准，即农区农民人均纯收入2600元、牧区牧民人均纯收入3100元，陈巴尔虎旗的7个苏木镇下的29个嘎查和8个社区中，有5个苏木镇的27个牧业嘎查符合接受扶贫项目扶持的要求。2012年上报自治区的贫困牧户有495户，1284人，其中扶贫户407户，

1046 人；扶贫低保户 88 户，238 人。"十一五"以来，陈巴尔虎旗主要通过整村推进、产业化和移民扩镇等项目，累计投入各级各类扶贫资金 4000 余万元（陈巴尔虎扶贫办，2015）。2012 年在 3 个嘎查实施整村推进项目，每个嘎查投入 200 万元，其中自治区投入 150 万元，地方配套 50 万元，项目内容包括新建棚圈 30 处，新打机井 5 眼，购置拖拉机 14 台（套），购买奶牛 450 头，扶持牧户 183 户、584 人。产业化扶贫主要是投资企业扩大规模，发挥龙头企业带动作用，从而扶持周边牧民。移民扩镇项目整合自治区财政扶贫资金 300 万元，游牧民定居项目资金 391.5 万元，牧民进城项目资金 250 万元，牧民自筹 200 万元，在镇区建设两栋可容纳 100 户牧民的住宅楼。旨在将生活在沙化草场、生态环境恶化地区的牧民搬迁安置到生态环境好、交通运输便捷的镇区，同时考虑对移民牧户进行职业技能培训，安置就业。

二　新巴尔虎右旗

新巴尔虎右旗草场总面积 3461 万亩，其中可利用草场面积 3329 万亩，总人口 3.7 万人，其中牧业人口 1.6 万人，6379 个牧业户。全旗 2010 年牧业年度牲畜存栏 158.5 万头只，其中大畜 5.8 万头，小畜 152.7 万只。草原奖补政策实施后，禁牧 1000 万亩，按标准亩系数 1.59 折算为 9.54 元/亩/年，每年补助金额为 9540 万元；草畜平衡 2245.24 万亩，按标准亩系数 1.59 折算为 2.385 元/亩/年，每年奖励金额 5355 万元；生产资料补贴 5926 户，共补助金额为 296.3 万元，其中中央补助 210 万元，旗财政补助 86.3 万元；草原管护员 314 人，每人每年工资 4000 元，共 125.6 万元，其中自治区财政 62.8 万元，旗财政 62.8 万元。禁牧区牲畜总量为 32.5 万个羊单位，按 70% 需减畜 22.75 万个羊单位，根据 4∶3∶3 的比例分三年完成。草畜平衡区牲畜总量为 106 万个羊单位，需减畜 24.5 万个羊单位。通过采取在嘎查内部邻近牧户联合放牧整体达到草畜平衡或成立合作组织实行大划区、大轮牧达到草畜平衡，一部分实行舍饲圈养，实际按照超载牲畜的 30% 减畜。

新巴尔虎右旗辖 3 个镇、4 个苏木和 1 个国营牧场。如表 5-2 所示，除了国营牧场以及其他镇和苏木下有一到两个嘎查是全面草畜平衡外，其他嘎查均为禁牧和草畜平衡混合实施，但就牧户层面来讲，多数牧户只能选择禁牧或者草畜平衡，而不能一部分草场禁牧，一部分草场草畜平衡，这与陈巴尔虎旗是不同的。根据《新巴尔虎右旗草原生态补助奖励机制实施方案》，考虑到牧民居住分散的特点，为保护禁牧区牧户禁牧后有稳定良好的生活环境和就业环境，达到经济收入的稳定增长，制定以下建设模式：(1)单一禁牧模式，是在禁牧区域内，通过草场实际承载能力，以禁牧户的实际条件和意愿，仍生活在原地区，在禁牧期间不以草原畜牧业生产为主要生活来源，享受国家禁牧政策补贴，同时享受其他优惠政策补贴，为保证禁牧户生活需要，在草畜平衡前提下，允许每户饲养25个羊单位的自食家畜，同时可参与禁牧区草原的保护工作，作为牧民管护员配合草原监理部门搞好禁牧区草原管护与管理工作。(2)禁牧+集中饲养模式，选择地理条件优越，以入股、联户、牧民合作组织或大户牵头等形式，发展集中规模化饲养，优先享受国家有关饲草料种植、良种家畜、农机等一系列优惠政策补贴，该建设模式着重体现集约化饲养。(3)禁牧+转产模式，禁牧户根据当地社会发展状况，选择跟牧业生产相关产业或其他行业的生产方式，保障牧民的正常生活，如：就地办生态民俗旅游，旅游产品加工、销售等一系列生产经营活动，禁牧户可享受相关的优惠政策。根据禁牧户意愿，政府按移民每人8万元的标准进行安置。(1)单一草畜平衡区建设模式，项目家畜所需的饲草总量与饲草料供给总量达到动态平衡，享受国家草畜平衡政策奖励补贴。(2)草畜平衡+划区轮牧模式，认真核定草场实际载畜量的前提下，项目户可通过划区轮牧制度，提高草场载畜能力，达到增草、增畜增收的目的，该模式可享受国家基础设施建设有关优惠政策。(3)草畜平衡+集中养殖模式，项目以自愿联合或合作组织的形式，形成规模经营或小区养殖，提高劳动生产率，通过草原资源和劳动力资源整合，对草场进行分区轮牧，划大区轮牧或倒场放牧等，制定合理的放牧制度，达到草畜平衡。

新巴尔虎右旗的扶贫项目主要有三个："三到村三到户""金种子"和易地扶贫搬迁。"三到村三到户"是指规划到村到户、项目到村到户和干部到村到户。对列入扶贫范围的贫困嘎查、贫困户制定脱贫规划；因地制宜确定扶贫产业项目，整合各类涉农涉牧资金，集中扶持贫困嘎查和贫困户；每个嘎查确定1个帮扶单位，选派1支驻村工作队，确定帮扶人员，落实帮扶措施。目前宝格德乌拉苏木哈如拉嘎查、贝尔苏木布达图嘎查、额尔敦乌拉嘎查已经开始实施项目,购置 45 头牛,132 只基础母羊,建设 1000 平方米棚圈。"金种子"扶贫富民工程积极引导金融机构创新服务方式,通过农业银行的"贫困户+龙头企业"、信用社和邮政储蓄银行的"贫困户+合作社"和"贫困户+能人大户"这三种模式,努力解决合作社和贫困户担保难、贷款难的问题。2017 年发放 756 万元贷款,受益贫困户 120 户,覆盖全旗各苏木镇。在易地扶贫搬迁中,新右旗坚持"因地制宜、合理布局、就地就近、整体搬迁"的基本原则,2016 年易地扶贫搬迁 55 户 138 人,分布在 7 个苏木镇、26 个嘎查。

表 5-2　新巴尔虎右旗各苏木乡镇嘎查补助奖励机制内容及规模

	禁牧区		草畜平衡区	
	面积(万亩)	百分比(%)	面积(万亩)	百分比(%)
合计	1000	31	2245.63	69
呼伦镇	94.16	32	200.87	68
达赉苏木	122.38	23	405.50	77
贝尔苏木	100.97	37	169.92	63
宝东苏木	133.44	32	288	68
克尔伦苏木	318.73	37	546.27	63
阿日哈沙特镇	149.86	38	246.34	62
阿镇	80.46	19	349.7	81
敖尔金牧场	-	0	39.03	100

资料来源:新巴尔虎右旗农牧业局。

三　新巴尔虎左旗

新巴尔虎左旗禁牧总面积 750 万亩,草畜平衡面积 1377.8 万亩,生产资料补贴完成 6500 户。每年发放禁牧补助 7155 万元,草畜平衡奖励 3286 万元,生产资料补贴 530 万元。涉及 7 个苏木镇,54 个嘎查,每年有 7469 户、19411 名牧民享受草原奖补资金。两个苏木的两个嘎查的调查数据显示,新巴尔虎左旗也与陈巴尔虎旗类似,多数牧户是禁牧与草畜平衡并行实施,也就是说,多数牧户都是一部分草场禁牧;另一部分草场实施草畜平衡。

根据我们收集到的新巴尔虎左旗新宝力格苏木贡诺尔嘎查各牧户的禁牧面积数据,联系其牲畜数量(代表经济水平),得出表5-3,以分析禁牧是否偏向于选择贫困户,即无畜户和少畜户。不同经济水平牧户的划分标准是将牲畜数量折算成羊单位:牲畜数量为0就是无畜户,1—200个羊单位的为少畜户,201—500个羊单位的为中等户,501个羊单位以上则为富裕户。如表中所示,如果单看草场全部禁牧的牧户,那么确实无畜户的比例最高,占到22.9%,但是只比排在第二的富裕户高1.5%;如果将草场全禁牧和禁牧面积超50%的牧户数量加总来看,那排在第一位的又是中等户,占到83.4%,分别比少畜户和无畜户高出2.4%和6.2%。由此可见,表5-3的禁牧安排并没有体现出对贫困户的偏向。

表5-3　　　新巴尔虎左旗新宝力格苏木贡诺尔嘎查牧户
禁牧面积在不同经济水平牧户间的分布情况

牧户类型	总户数	草场全禁牧		禁牧面积占50%以上		禁牧面积≤50%	
		户数	占比(%)	户数	占比(%)	户数	占比(%)
富裕户	14	3	21.4	8	57.1	3	21.4
中等户	18	3	16.7	12	66.7	3	16.7
少畜户	21	0	0.0	17	81.0	4	19.0
无畜户	35	8	22.9	19	54.3	8	22.9

注:由于四舍五入,结果不为100%。

新巴尔虎左旗2011年定为区级贫困旗,按照新调整的贫困标准3453元/年,2013年统计有3000多户,7000多人在贫困线以下。贫困户比例大,占30%,目前奖补收入是贫困户的主要收入来源,要是没有这个收入,贫困率可能达到50%,贫困的最大原因就是连续的自然灾害。新巴尔虎左旗的扶贫工作也集中在三大项目上:"整村推进"、产业化和移民扩镇项目。在"整村推进"项目产业选择上注重养殖业和生产配套基础设施建设。在产业化项目产业选择上以市场为导向,重点扶持嘎查优势特色产业及主导产业基地建设。在移民扩镇项目产业选择上统筹考虑搬迁户的原先产业及迁入区域的产业,同时尊重搬迁户的意愿最终确定产业。我们调查的两个苏木中,甘珠尔苏木2012年实施了移民扩镇项目,将100户贫困牧户（其中白音查干煤矿居住户16户）搬迁至阿木古郎镇新区，新建两栋五层住宅楼，每栋楼五个单元，建筑总面积6369平方米。其中阿木古郎宝力格嘎查2013年实施了整村推进项目，主要内容包括：（1）新建标准化棚圈23座，2460平方米；扶持23户，其中贫困户15户，建设主体为旗扶贫办和财政局。（2）购置医疗设备10台，扶持115户，其中贫困户40户，建设主体为旗扶贫办。（3）打机电井10眼。其中8眼井为普通机电井，其余2眼井为带井房机电井，扶持10户，建设主体为旗水务局。（4）落实4户迁入牧民进城项目楼，16户迁入移民扩镇扶贫项目楼，每户70平方米，扶持20户，其中贫困户16户，建设主体为旗城建局和扶贫办。（5）新建游牧民定居项目房3座，187.2平方米，建设主体为旗农牧业局。（6）草场围封100千亩，扶持115户，其中贫困户40户，建设主体为旗农牧业局，项目建设地点选择在该嘎查的贫困户居住点。（7）购置基础母牛166头，扶持25户贫困户，建设主体为嘎查委员会。

四 鄂温克族自治旗

鄂温克族自治旗总面积19111平方公里，占呼伦贝尔市总面积的7.39%。2013年全旗总人口为14.3万人，户数约5.4万户，其中牧业人口2.9万。自2011年起，鄂温克旗开始实施草原奖补政策，其中禁牧面积200万亩，补助标准为9.54元/亩/年，补助金额为1908万元；草畜平衡面积1080万亩，奖励标准为2.385元/亩/年，奖励资金为2575.8万元；牧户生产资料补贴共4900户，补贴标准为500元/户/年，补贴资金总额为245万元。由于牧户数据是1998年的，目前牧户数量已经是7304户，并将补贴标准相应地调整为330元/户/年。减畜计划分五年完成。其中禁牧区减畜70%，保留30%的自食牲畜，数量不得超过4.14万只绵羊单位；草畜平衡区牲畜数量控制在115万个绵羊单位，整体达到草畜平衡。

鄂温克族自治旗辖4个苏木、1个民族乡、3个镇。如表5-4所示，除了国有牧场等其他用地、锡尼河西苏木西博嘎查和巴雁镇扎格达木丹嘎查是全面草畜平衡外，其他嘎查均为禁牧和草畜平衡混合实施。从牧户数据来看，全旗牧户总数7281户，禁牧户1616户，草畜平衡户5665户，由此可以看出，该旗与新巴尔虎右旗类似，牧户只能选择禁牧或者草畜平衡，而不能一部分草场禁牧，另一部分草畜平衡。禁牧减畜一方面要减少绝对数量，还要调整结构，主要减少放牧牲畜，保留自食畜种和生产性能优越、畜产品产出率高且适宜舍饲圈养的奶牛、肉牛和育肥肉羔等；另一方面增加饲草料供给和加强基础设施建设。计划增加饲草180万公斤，其中天然草原产草量120万公斤，其他60万公斤。新建畜舍650座，19.60万平方米；畜圈650座，39.2万平方米。草畜平衡主要减少老弱、淘汰、低产畜，加强设施畜牧业建设，通过牧民专业合作社，加强与龙头企业之间的畜产品销售对接。发展现代肉羊标准化核心区44个，增加饲草料供给8051万公斤，建设标准化畜舍1200座，55.14平方米，畜圈110.28万平方米等。

表5-4 鄂温克族自治旗各苏木乡镇嘎查补助奖励机制内容及规模

	禁牧区		草畜平衡区	
	面积（万亩）	百分比（%）	面积（万亩）	百分比（%）
合计	200.00	15	1173.84	85
锡尼河西苏木	11.10	4	260.10	96
锡尼河东苏木	25.90	8	283.14	92
辉苏木	75.00	24	235.89	76
伊敏苏木	42.73	21	164.03	79
巴彦塔拉乡	12.00	23	39.38	77
巴彦托海镇	12.27	24	38.50	76
巴雁镇	13.00	12	93.35	88
伊敏河镇	8.00	46	9.45	54
其他	0.00	0	50.00	100

资料来源：鄂温克族自治旗农牧业局。

根据2013年统计数据，按照牧区人均纯收入不足3100元扶贫标准测算，全旗还有贫困人口5354人，占牧业人口的29%，其中，鄂温克族贫困人口1877人，占总贫困人口的35.1%；蒙古族1868人，占总贫困人口的34.9%；达斡尔族1493人，占总贫困人口的27.9%；少数民族贫困人口占总贫困人口的99.4%。在39个贫困嘎查中，贫困人口比重大，收入水平低；贫困程度深，返贫致贫因素复杂；地区发展不平衡，不同社会群体收入差距仍在拉大，相对贫困问题日益凸显。扶贫开发项目多以实施养殖业项目为主，落实到贫困户，每户只能扶持2—3头奶牛。因此扶持效果不明显，贫困户收入增长缓慢。贫困户主要以畜牧业生产为主，无多种经营和其他收入来源，部分贫困户为牧业大户打工挣取微薄的收入。在"整村推进"工程、"产业化扶贫"工程、人口较少民族发展项目、贷款贴息项目、互助资金项目和劳动力转移培训等工作的支持下，三年来全旗投入各类扶贫资金达到4132万元（其中，上级财政扶贫资金2535万元，旗财政配套1597万元），发展牛1952头、羊2244只，建设牲畜棚圈17500平方米，扶持贫困户达1325户、贫困人口3940人，培训牧民775人次，解决了3800人的温饱问题。

五　对比小结

从以上介绍可以看到，四个牧业旗在实施草原奖补政策时，都结合当地具体情况，制订出具体的执行方案。总体来看，四个旗在执行该项目时有以下几个共同点。

（1）补偿标准高。由于呼伦贝尔市草场生产力较高，一亩被折算成1.59个标准亩。[①] 禁牧按标准亩系数折算为6元/亩/年×1.59＝9.54元/亩/年，草畜平衡按标准亩系数折算为1.5元/亩/年×1.59＝2.385元/亩/年。

（2）补偿标准统一。呼伦贝尔市草场承包大多在20世纪90年代完成，各地区牧户的草场承包面积虽然受牧户人口和牲畜数量的影响而不同，但相差不是很大，只要根据草原奖补政策的标准发放补偿，是比较公平的，不需要再具体制定上封顶、下保底的政策。

（3）禁牧区选择同时考虑草场退化情况和牧民贫困水平。贫困牧民本身牲畜数量少，实施禁牧要相对容易一些，而且较高的补贴对于这些牧户来说也是非常重要的。因此，即使其草场退化不是最严重的，也会被划

---

① 为科学分配补助奖励资金，内蒙古提出了"标准亩"的概念。根据天然草原的平均载畜能力，测算出平均饲养1个羊单位所需要的草地面积为1个标准亩（全区平均载畜能力为40亩养1个羊单位），其系数为1。大于这个载畜能力的草原，其标准亩系数就大于1；反之则小于1。利用标准亩系数，将禁牧实际面积换算为标准亩面积，再计算出1个标准亩的补助额。按照禁牧每标准亩6元、草畜平衡每标准亩1.5元给予补助奖励。

入禁牧区,如陈巴尔虎旗规定禁牧重点安排在该旗退化沙化较严重的地段及贫困户和少畜户。

(4) 减畜留有一定空间。尤其对于禁牧区来说,牧民世代从事畜牧业,短期内不可能顺利转产,从生活习惯来讲,牛羊肉和奶食也是牧民的必备食品。因此,四个旗都允许禁牧区牧户饲养一定数量的自食家畜,如新巴尔虎右旗允许每个禁牧户有25个羊单位的自食畜,鄂温克族自治旗允许留30%的自食畜。同时,通过基础设施建设和畜种改良实行舍饲圈养,建立牧民合作社实现大区轮牧,都可以保留更多牲畜。

四个牧业旗实施草原奖补政策最大的不同在于禁牧与草畜平衡在不同牧户间的划分,主要分为两大类,这里将其概括为单纯户和混合户。单纯户是指单个牧户的草场或者全部禁牧,或者全部草畜平衡,其主要分布在新巴尔虎右旗和鄂温克族自治旗。禁牧户可以选择彻底放弃牧业迁入城镇,也可以留在草原上,通过发展舍饲养殖或者转产,减少对天然草场的利用,从而达到禁牧保护草原的最终目标,如新巴尔虎右旗的"禁牧+集中饲养"模式和"禁牧+转产"模式;混合户则是指单个牧户的草场一部分禁牧,一部分草畜平衡,其主要分布在新巴尔虎左旗和陈巴尔虎旗。混合户的存在是必然的,因为按照草场退化程度划分禁牧与草畜平衡,那么必然有一些牧户的草场退化程度不同。但是如果混合户所占比例过大,就会严重影响政策的有效执行和监督。一方面牧户放牧牲畜时很难保证自家牲畜不进入禁牧区;另一方面管护员和草原监理也不可能记住每家牧户的禁牧区与草畜平衡区的比例和边界,因此很难准确核算和监督其牲畜数量是否得到了有效控制。

从草原奖补政策与扶贫项目的关系来看,前者发放的补贴使得四个旗的贫困人口数量大量减少,据呼伦贝尔市扶贫办的数据,牧民总体增收比例达到17%—20%。更重要的是,草原奖补政策的实施也推动了一些扶贫项目的顺利实施。例如,以前扶贫办给贫困户发放基础母畜,牧户不想要,因为没有钱给这些牲畜购买冬季饲料,万一遇到灾害,更是无法应对。但自从牧户得到草原奖补政策的补贴后,这部分钱起到了最关键的作用,冬季饲料的问题可以解决,因此一些贫困户也愿意得到基础母畜发展牧业提高收入了。

同时,扶贫项目的实施也在一定程度上弥补了草原奖补政策的不足。

四个旗的扶贫项目基本都集中在整村推进、产业化和移民扩镇项目，这些项目对于草原奖补政策的实施都起到了重要的辅助作用。2011年是草原奖补政策第一轮实施，目前只考虑到基本补偿，即对于牧户减畜进行补偿。对于牧民产业结构调整的补贴以及草原生态恢复后维持管理的补贴，都未考虑。因此多数迁入城镇的贫困人群只是维持着基本生活，很少能找到另一种替代产业来提高收入，甚至一些牧民还是依靠出租草场赚钱。在这样的条件下，产业化和移民扩镇项目无疑是一种有益的补充，为贫困人群提供了住房和替代生计的可能。而整村推进则着重发展养殖业和生产配套基础设施建设，给那些想留在草场的禁牧户和草畜平衡户提供了继续畜牧业经营的可能，同时推动了减畜目标的实现。

第二节　新巴尔虎右旗问卷调研和分析方法

为了深入了解草原奖补政策到底给贫困牧户带来什么影响，我们于2016年再次对呼伦贝尔市进行调研，这次调研选择新巴尔虎右旗作为案例研究地，对牧户展开抽样调查，评价草原奖补政策给当地贫困人群带来的影响。新巴尔虎右旗是呼伦贝尔市的边境牧区，北与俄罗斯接壤，西部、南部与蒙古国毗邻，边境线长515.5公里，东北部与满洲里市相邻，东南部与新巴尔虎左旗隔河相望，全旗土地总面积2.5万平方公里。这里全年降水240—280毫米，属于典型草原地区。全旗有62个嘎查，纯牧业嘎查51个；总人口3.7万人，其中牧业人口1.6万人，6379户，畜牧业是该旗的基础产业。2010年地方财政收入12.4亿元。牧民人均纯收入9057元。全旗2010年牧业年度牲畜存栏158.5万头只，其中大畜5.8万头，小畜152.7万只。截至2009年全旗退化草场面积达1765万亩，占可利用草场面积的65%，其中轻度退化草场面积占35%，重度退化面积占30%。受气候变化影响，这里降水量逐年下降，由20世纪70年代250—280毫米下降至200—240毫米，尤其是近几年一直在100—150毫米，十年九旱。

自2011年起，呼伦贝尔市开始实施草原生态保护补助奖励政策，实施地点包括呼伦镇、达来苏木、宝东苏木、贝尔苏木、克尔伦苏木、阿日哈沙特镇、阿拉坦额莫勒镇、敖尔金牧场，共4个苏木3个镇1个牧场，确定禁牧区 1000 万亩，草畜平衡区 2245.24 万亩，生产资料补贴 5926 户，草原管护员 314 人。禁牧区主要分布在呼伦湖沿岸和克尔伦河、乌尔逊河沿岸及南部严重退化沙化的区域，这些区域长期超载过牧，加上近几年连续干旱和鼠虫害频繁发生，饮水点周围湖、河沿岸严重退化。需要禁牧封育 5—10 年，使其休养生息，进行自我恢复。草畜平衡区分布在旗北部和邻近边境的边缘草场，这部分草场降水量相对高一些，腐殖质封厚度在 25—30 厘米，泉、河、井等水源相对集中，推行休牧、划区轮牧、舍饲等措施逐步恢复草畜平衡区域的草原生态。禁牧涉及 7 个苏木镇 39 个嘎查 1280 个牧户，草畜平衡区涉及 7 个苏木镇 1 个牧场 60 个嘎查，1966 户。在政策实施过程中，除了考虑以上的大原则之外，也尊重牧民自己的选择，因此与其他地区相比，呼伦贝尔市禁牧区和草畜平衡区除了以嘎查为单位划定外，还有一些嘎查既有禁牧又有草畜平衡（禁牧和草畜平衡区总共涉及 99 个嘎查，全旗有 62 个嘎查，说明有 37 个嘎查是禁牧与草畜平衡兼有），这就是考虑牧民自主选择的结果。因此，这次调查就在禁牧、草畜平衡和两种兼有的三种嘎查里各选一个，抽取牧户进行问卷调查。

一 调研数据采集

本文选取宝格德乌拉苏木的三个嘎查进行问卷调查，达赉嘎查是禁牧区，哈如拉嘎查是草畜平衡区，宝格德乌拉是一个禁牧与草畜平衡兼有的嘎查。每个嘎查选择约 20 个牧户，占各嘎查牧户总数的约四分之一。最后禁牧区嘎查回收 19 份问卷，草畜平衡区嘎查回收 19 份问卷，禁牧与草畜平衡兼有的嘎查回收 26 份问卷，总共 64 份问卷。问卷主要包括五个方面的问题：牧户基本情况、牲畜数量及历史变化、2014 年家庭收入支出、牧户贷款情况和牧户对于草原奖补政策实施效果的评价及建议。

在选取牧户时，尽量覆盖不同年龄水平（见表 5-5）和经济水平（见表 5-6）。从年龄分布来看，新巴尔虎右旗的牧民要比锡林郭勒盟的抽样牧户明显年轻，20 世纪 70 年代和 80 年代出生户主占抽样总人数的 63%，而后者则只有 28%。经济水平主要根据牲畜数量来划分，将抽样牧户分为无畜户、少畜户、中等户和富裕户，划分标准是将 2016 年基础母畜数量折算成羊单位：0 个羊单位为无畜户，1—200 个羊单位的为少畜户，201—500个羊单位的为中等户，501个羊单位以上则为富裕户。表5-6中禁牧户与草畜平衡户的分布情况与我们的预期似乎相反，在无畜户中，禁牧户为2户，比草畜平衡户多一户，但在中等户和富裕户中，禁牧户的数量反而比草畜平衡户多，这一方面当然与抽样牧户中禁牧户多有关，但同时也反映了禁牧户并没有按照草原奖补政策的要求减畜，反而还增加牲畜，这一现象背后的原因将在下文解释。

表5-5　　　　　　　抽样牧户年龄分布情况

户主出生年代	抽样户数（户）
1940s	2
1950s	8
1960s	13
1970s	25
1980s	15
1990s	1

表5-6　　　　　不同经济水平抽样牧户分布情况

牧户类型	牲畜数量（羊单位）	抽样户数（户）		
		小计	禁牧	草畜平衡
无畜户	0	3	2	1
少畜户	1—200	9	2	7
中等户	201—500	31	20	11
富裕户	501以上	21	12	9

由于表5-6中无畜户和少畜户比例较少，因此在问卷调查的基础上，我们还选择已经迁到镇里的贫困户进行调查，他们多数居住在移民楼里，对他们的收入情况、贫困原因进行调查。此外还访谈了村里一些关键人物，包括前任村干部和村里比较有威望的老牧民，主要了解村里近十多年有关草场利用与管理、水资源利用与管理和牧民生产生活变化，尤其是贫困人口的变化，以及草原奖补政策实施以来，牧民的看法和政策执行情况。

二 贫困影响评价方法

与锡林郭勒盟的案例分析相同，本文也将按照贫困影响评价的过程分析框架(见图5-1)分为以下三个部分。首先，对项目的执行情况进行简要分析，包括项目的投入、措施和产出；其次，分析项目结果即项目给目标群体带来的具体福利影响；最后，对项目最终产生的影响进行分析，主要从生态影响、经济影响和社会影响三个方面阐释。

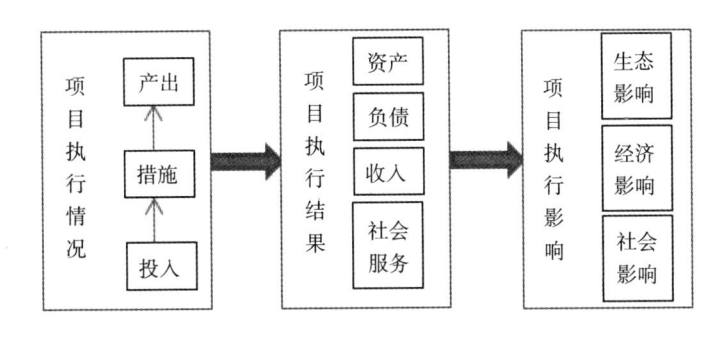

图 5-1 草原奖补政策的贫困影响评价分析框架

三 草原奖补政策的执行情况分析

草原奖补政策在新巴尔虎右旗每年的投入主要包括禁牧补助9540万元、草畜平衡奖励5355万元、生产资料补贴296.3万元和草原管护员314人的工资125.6万元。主要措施就是减畜，禁牧区牲畜总量为32.5万个羊单位，按70%需减畜22.73万个羊单位，根据4∶3∶3的比例分三年完成；草畜平衡区牲畜总量为106万个羊单位，需减畜24.5万个羊单位。结合当地具体条件，禁牧户有三种模式可以选择：单一禁牧模式、"禁牧+集中饲养"模式和"禁牧+转产"模式；草畜平衡户也有三种选择模式：单一草畜平衡区建设模式、"草畜平衡+划区轮牧"模式和"草畜平衡+集中养殖"模式。

草原奖补政策实施五年之后，宝格德乌拉苏木三个抽样的减畜目标也没有实现（见图5-2）。只有达赉嘎查的牲畜数量有所减少，从2011年的11415个羊单位减少到2015年的8553个羊单位，减少了25%，作为禁牧嘎查，离草原奖补政策执行方案减畜70%的要求还相距甚远。如果再考虑4∶3∶3的三年减畜计划，那前三年还是不降反增，只是2014—2015

年度受到灾害影响，牲畜急剧下降。其他两个嘎查牲畜数量都明显增加，哈如勒嘎查2015年的牲畜数量是2011年的近1.5倍，宝格德乌拉嘎查2015年的牲畜数量则是2011年的1.6倍。

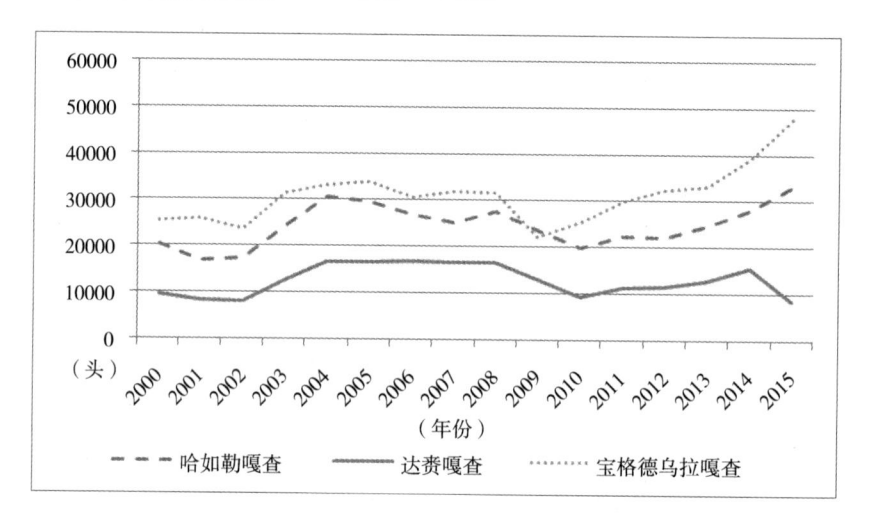

图5-2 宝格德乌拉苏木三个抽样嘎查的牲畜数量变化（2000—2015）

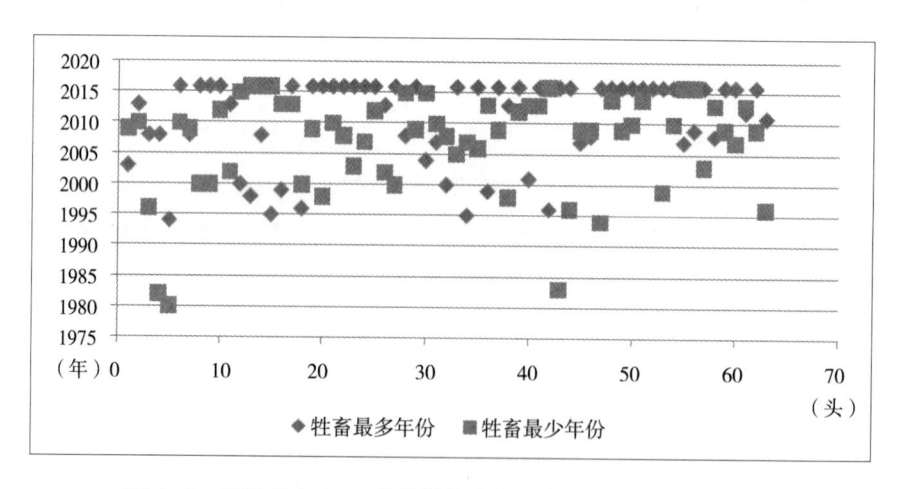

图5-3 呼伦贝尔市64个抽样牧户牲畜最多和最少的时间分布

如果再看64个抽样牧户经营畜牧业以来牲畜最多年份和牲畜最少年份的分布情况，如图5-3所示，有一半还多的牧户，其牲畜最多年份都集中在2016年；近四分之一的牧户牲畜数量最少是在2009年前后，而最多是在2016年，这说明其牲畜增长就是在最近这两年。由此可见，经过五年的草原奖补政策的实施，牲畜不但没有按照原计划减少，而且还在增加。究其原因，在监管低效的条件下，草原奖补政策发放的补贴没有激励牧民减少牲畜，而是给他们提供了资金购买草料，在灾害中进一步保持甚至增加牲畜数量。

第三节 草原奖补政策的执行结果分析

一 牧民近五年的固定资产变化

自 2011—2015 年，三个抽样嘎查的牧户的资产状况都发生了明显变化，尤其体现在住房和交通出行方面。在 64 个抽样牧户中，至少有 14 户最近五年里在城镇购买了楼房，价格从 2000 元/平方米到 3000 元/平方米不等，有的牧户住房贷款月供是 3700 元。这里移民扩镇项目也是重要的推动力量。很多禁牧户虽然购买了镇里楼房，但没有真正禁牧，家庭中老人搬到镇里居住，照顾孩子上学，青壮劳动力则继续留在草场上放牧。

此外，抽样牧户中有 15 户在近五年里购买了小汽车，其中有两户的买车成本超过 10 万元。这反映了牧民生活确实有所改善，但也不排除一些牧民得到补贴后，缺乏理财观念、过度消费的问题。在与当地嘎查领导和农牧业局领导的访谈中，有多人提到牧民不能很好地利用补贴资金，2011 年草原奖补政策的补贴第一次发放后，有一个苏木一下就增加了 200 辆车，有些牧民缺乏长远意识，一些家庭干脆出售所有牲畜，迁到城镇，完全依靠补贴过日子，如果补贴没有规划利用，反而比以前更加贫困。

二 牧民近五年的负债变化

2011—2015 年，抽样的 64 户牧民的负债情况发生了明显变化，其中有一半牧户在这五年里开始贷款。表 5-7 列出这些牧户贷款的主要原因，32 户里有 14 户是为了生活补贴，8 户是买草料（其中 3 户强调是因为灾害买草），另外还有看病、孩子上学、购置生产资料和租草场等。当然这里也有相互重合的情况，如看病、孩子上学与生活补贴是同时使用的，买草料和生活补贴也可以相互转换，这里就选择了访谈时牧民所说第一项统计在表中。可以看到，除了应对灾害和补贴家用，还有一些牧民通过买畜、租用草场和购置生产设备扩大畜牧业生产规模，这些牧户都是富裕户或者中等户。从图 5-4 和图 5-5 也能看出，近六年来抽样牧户的户均贷款数量都有明显增加。尤其是草畜平衡户中的富裕户和中等户，户均贷款数量分别从 2011 年的 3 万元和 5 万元增加到 2016 年的 9 万元和 19 万元。本次抽样的禁牧户中有两户无畜户，其中一户有高利贷 45 万元①，一直无法偿还，因此拉高了无畜户的贷款金额，其他各类禁牧户的户均贷款数额也在增加，但增长幅度低于草畜平衡户。

表 5-7　　　　　2011—2015 年开始贷款的主要用途分类

贷款用途	生活补贴	买草料	看病	孩子上学	租草场	还债	买畜	买打草机
户数	14	8	2	2	1	2	2	1

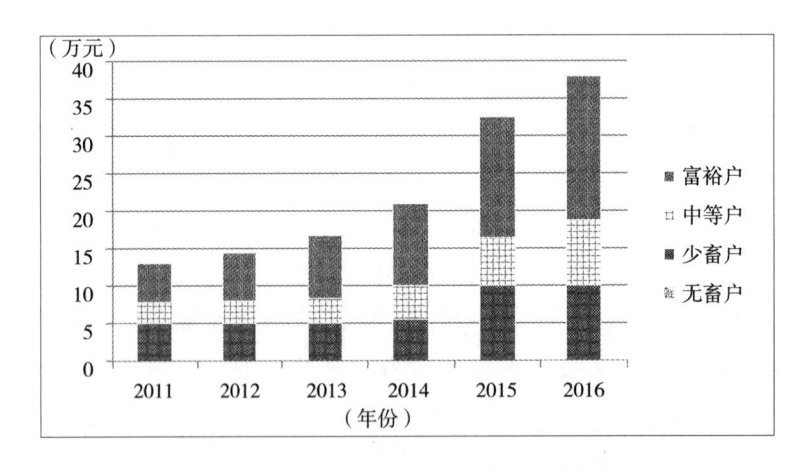

图 5-4　不同种类草畜平衡户的户均贷款数量变化

三　牧民近五年的收入变化

自 2011 年开始实施的草原奖补政策，主要以自上而下的政策制定和执行为主。中央政府首先确定政策执行区域和每年给各省的拨款总额，同

---

① 这个牧户在 2009 年之前，自己有 100 多只羊，同时放着 300 多只羊，这 300 多只羊来自十家牧民，他们把一定数量的母羊交给这个牧户看管，母羊所产羊羔按照主人 4 或 3、放牧者 6 或 7 的比例分成，如遇自然灾害，按照双方事先约定好的条件赔付。但是 2009 年的雪灾，使这个牧户损失了 332 只羊，现在已经赔付了 4 家的羊，还有 6 家的羊尚未赔付，而且他也没有能力赔付。

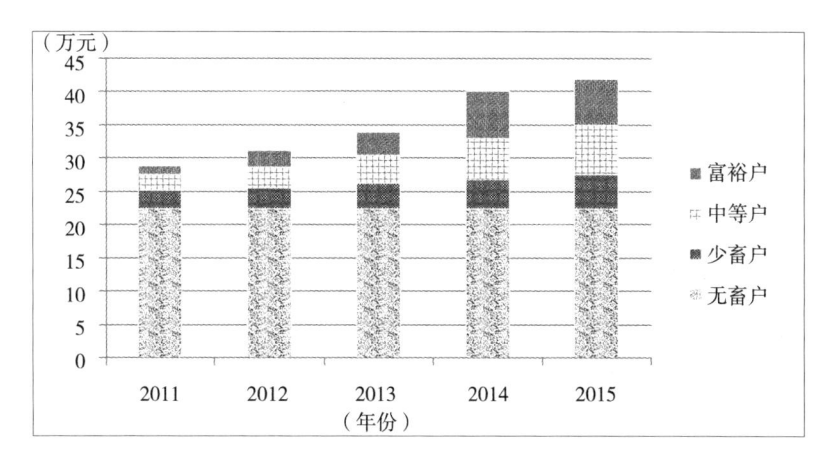

图 5-5　不同种类禁牧户的户均贷款数量变化

时制定了禁牧和草畜平衡两种补贴标准。到省一级政府再制定各自的执行方案，按折算比例和草场面积将资金再分给各盟市，各盟市再根据自身具体情况制定各自的执行方案。与锡林郭勒盟太仆寺旗的案例地相比，呼伦贝尔市的补贴标准高，而且草场面积也大，因此户均获得的补偿金额较高。草畜平衡户均补贴金额为 19556 元，禁牧户均补贴金额为 63144 元，分别是太仆寺旗牧户补贴的 6.5 倍和 7.2 倍。如此大的差距源于内蒙古在实施草原奖补政策时发明的标准亩这一折算系数，即将锡盟平均产量系数定为 1，称为标准亩，其他盟市根据草产量折算，如呼伦贝尔市的草产量相对较高，1 亩相当于 1.59 个标准亩，阿拉善盟 1 亩相当于 0.52 个标准亩。这样，呼伦贝尔市的禁牧补贴金额就是 9.54 元/亩（6 元/亩 × 1.59），草畜平衡补贴金额为 2.38 元/亩（1.5 元/亩 ×1.59）。标准亩这一系数产生的主要原因，就是为了在项目实施过程中尽量保证公平性和合理性。因为各地各户草场状况差异太大，如阿拉善盟北部一户可达 10 多万亩草场，锡林郭勒南部一户牧民才有几百亩草场。为了减少差距，有些旗县还制定了"上封顶、下保底"的政策，按人而不是按草场面积发放补贴，如另一个案例地锡林郭勒盟太仆寺旗的草畜平衡补贴标准定为 3000 元/人。

如此高的补贴对于牧民的生产生活来说是非常重要的，在访谈中，多位牧民提到补贴发放对脱贫的效果显著，牧民收入提高而且稳定，同时也能解应时之需，如看病、买草和补贴家用等。经过五年时间，每个嘎查都有几户无畜户变为有畜户,几十只羊变成两三百只,甚至有一户发展成富裕户,拥有 600 只羊。64 户抽样牧户中有 29 户强调希望这一项目继续实施,其中有 7 户还提出补贴标准如能提高就更好了。由于收入提高,原来在外打工或者给别人放羊的个别牧户开始回来自己发展畜牧业,如达赉嘎查的银龙,进城打工的收入很低,而且不稳定,草场也一直没有利用,有补贴这一稳定收入的支持后,回到草场发展畜牧业。还有同嘎查的郝毕斯哈拉图,1994 年牲畜数量最少,只有 50 只羊,从 1994 年到 2008 年一直给别人放牧,之后开始承包苏鲁克自己养畜,到 2016 年,已经发展到 200 只大羊,300 只小羊(含 150 只苏鲁克羊下的羔子);9 头牛和 2 匹马。如果没有每年 11.5 万元的禁牧补贴,能够给予充足的草料支持,他也不可能稳定地承包苏鲁克来发展自己的羊群。对于这些想要发展畜牧业的牧户,这些资金确实为他们脱离贫困起到了很大作用,并且给予了其可持续的发展机会。

四 牧民近五年享受的社会服务变化

与锡林郭勒盟的案例类似,这里的牧民近五年来所享受的社会服务也没有多少变化,因为草原奖补政策本身就没有考虑这一方面的内容,从而促进牧民更加自觉地退出牧业,有能力寻找其他产业。而且,这种产业的转移本身也需要较长时间,尤其对于牧民来讲,他们在语言沟通和技能方面需要更多的培训。但是结合各种扶贫项目,这几年牧民所享受的社会服务也发生了一些变化,尤其对于贫困户。最大的变化就是在易地扶贫搬迁和整村推进项目的支持下,一些贫困户在补贴的支持下可以拿出配套资金享受项目住房,迁到城镇后更有利于孩子上学和寻找打工机会。在医疗服务方面,如在新巴尔虎左旗的整村推进项目还包括了购置医疗设备,当地的医疗条件也得到一定程度的改善。最后就是牧民培训,包括牧业和其他产业的技能培训,陈巴尔虎旗和鄂温克旗都做了一些工作。

第四节 草原奖补政策的执行影响分析

一 草原奖补政策的生态影响:弱监管下牲畜增长

按照新巴尔虎右旗草原奖补政策的执行方案,2012 年 4 月该项目开始进入实施阶段，5月勘察核实禁牧区和草畜平衡区草场和面积，9—11月按减畜方案组织禁牧户实施牲畜出栏工作，核查草畜平衡区草场载畜量情况，11月发放奖补金，12月验收。但如前所述，五年之后三个抽样嘎查中有两个嘎查的牲畜数量不降反增；另一个嘎查的牲畜数量在2011—2014年也是一直增加，2015年的灾害才使得牲畜数量降到2010年的水平。由此可见，草原奖补政策的减畜效果并没有实现，草场恢复目标难以实现，这是由以下三个方面的原因导致的。

首先，政策设计没有把绩效和奖励关联起来。草原奖补政策的政策逻辑就是对牧民减畜保护生态的行为给予生态补偿。牧民减畜是通过设置管护员监督执行，生态补偿的发放则是国家自上而下拨款后，由当地的农牧业局直接将补偿款打到各个牧户的账户上。每年6—7月拨款后，要求15日内必须打到牧户的账面上，不管牧户是否达到了减畜要求，这些钱都必须发下去。因此，自草原奖补政策执行以来，当地的农牧业局就陷入矛盾之中，他们要督促牧民按规定减畜，但补贴资金又必须按时发给牧民。他们缺乏自主权，无法真正奖励和补贴那些达到减畜目标的牧户。在访谈中，当地农牧业局的工作人员提出现在的补偿资金像是"撒胡椒面，没效果，不监督，没激励，干不干都得给"。

其次，草原管护的执法力量弱。草原管护员管理的草场面积太大、工资太低、缺乏保障，也没有给其配备基本的摩托车等设备。每个管护员负责巡护10万亩的草原，在实际操作中根本无法做到，即使是雇用熟悉当地情况的嘎查领导，也不可能保证面面俱到。一年4000元的管护员工资也是很低的，访谈中多数牧民都提到这些钱都不够巡护的汽油成本。这些管护员的合同是一年一签，也没有配套的三险一金，临时工作的性质使得农牧业局对这些管护员本身也缺乏激励和监督能力。而摩托车和通信设备更没有相应的支持，只能靠管护员自己解决。同时，负责草原日常管护的草原监理部门，也面临人手少和执法难的问题，在公共部门用车受到控制后，又缺乏执法车辆，也难以发挥应有的作用。

最后，即使真正禁牧也不能恢复退化草场。正如锡林郭勒盟案例报告中所述，禁牧和草畜平衡的理论依据，即草场演替模型只是强调植被演替和牲畜放牧间的相互作用，将其简单描述为线性可逆的负相关关系，却忽视了两者间经过长期磨合形成的反馈机制,包括牲畜可以促进植被的补偿性生长,而植物对放牧也有多样的适应策略和恢复能力。因此,完全禁牧将草原畜牧业中的重要一环——牲畜——消除掉,短期内似乎没有牲畜啃食,植被生长肯定会好,但从长期来看,并不能保证草场的恢复,反而还会对草原保护起到负面作用。访谈中有5户牧民都提到禁牧对草场不好,动态的草畜平衡才是更适合当地的草场保护行为。另外,草场恢复也是一个长期的过程,在雨水好的条件下,先是一年生植被恢复多,多年生植被的恢复还需要更长的时间。

二 草原奖补政策的经济影响:收入增加和抗灾能力提高背后存在的问题

草原奖补政策最直接的经济影响就是牧民的收入增加,如前所述,64个抽样牧户中,草畜平衡户均补贴金额为19556元,禁牧户均补贴金额为63144元。根据呼伦贝尔市扶贫办的估算,草原奖补政策发放的补贴使牧民增收达17%—20%。对于牧民来说,奖补资金既可以补贴家用,也可以满足应急之需,但牧民认为最重要的功能,还是提高了牧民的抗灾能力。

据估算,在新巴尔虎右旗,如果遇到自然灾害,禁牧区现有的补偿可以弥补35%的潜在损失,草畜平衡区现有的补偿可以弥补18%的潜在损失(2014年访谈)。有了这些资金,牧民一方面在灾害中有能力购买更多草料,从而减少牲畜损失;另一方面灾害过后,能够有效缩短灾害恢复期,迅速恢复畜牧业生产能力。如2009年大雪灾,牲畜损失很大,如果没有这些资金支持,牲畜数量恢复可能至少需要五年时间,但有了这些资金,牲畜恢复期至少缩短两年。

但在这些好处的背后,也隐藏着一些让人担忧的问题。首先是牧民整体对补贴的依赖性很大,大部分牧户都反映这一政策要继续实施,现在物价高,畜产品价格却持续走低,如果没有这个补贴,则很难继续养畜。其次,草原奖补政策实施本来是想通过补偿让牧民减少牲畜甚至是放弃畜牧业,这背后的逻辑是如果牧民收入多了,就不养那么多牲畜了。但事实上却导致牲畜数量增加,而且一些本来已经放弃牧业的牧民又回来养畜,这样的结果反映了牧民的决策依据与政策逻辑完全相反,即现在有收入保证了，就可以养畜甚至多养畜了。最后，这些补贴投入如何形成"造血"能力，还是一个重要的问题。畜牧业今后还要继续发展，这就要考虑怎样在草原保护的前提下发展可持续的畜牧业。同时，对于那些转产的牧民，则需要考虑如何让他们能在新产业中坚持下来。

要想解决这些问题，就需要新的思路。如果草原保护投入政策换一种角度，从保护畜产品价格从而保护牧民收入的角度来想办法，只要畜产品生产符合草原保护的相关条件，那么作为生产者的牧民就能得到《WTO农业规则》"绿箱政策"中的"环境保护计划补贴"，可能是一种更有效的办法。这样，畜牧业生产不再只是数量的问题，而更多是看畜产品质量和草场质量，从而形成可持续的草原畜牧业。针对已经退出牧业的牧户，就不需要再给他们提供畜牧业损失的机会成本补贴，而是提供相应的产业结构调整补贴。

三 草原奖补政策的社会影响：新的社会问题和社会矛盾

虽然草原奖补政策提高了牧民收入，但也有一些牧民提出这些补贴养懒人的问题。在访谈中，有3户牧民提到这一问题，"禁牧不让放牧了，给得再多牧民也富不起来，可能让牧民越来越懒！他们没有长远意识，吃喝玩乐，有的家庭越发贫困了"，他们认为对于那些好逸恶劳的牧民，应该给羊而不给钱，当然这样的建议在实践中很难执行。还有买高级车过度消费的问题，前文已经讲过。根据当地农牧业局调查，有的苏木三分之二的牧民已经进城，在城里依靠补贴生活，一些年轻牧民本来还可以再谋职业，但也不去努力，如果不及时引导，可能出现社会问题。为了解决这些问题，当地政府只能是将补贴分两次发放，避免一些牧户无计划消费，但这一办法也只是杯水车薪，解决不了根本问题。

同时，这一项目实施后，也对当地的社会关系产生了多方面的影响。首先是家庭关系，家里兄弟多的，对于草场补贴的划分，出现了许多矛盾，如兄弟俩打架争夺草场补贴，导致补贴缓发，2013年一个旗有400万元补贴缓发，就是源于各种家庭矛盾。其次是邻里关系，两家的草场质量不同，一家是禁牧，另一家是草畜平衡，补贴金额相差很多，补贴少的牧户认为很不公平。再次是牧民与嘎查干部的关系，1990年代划分草场时，一些村干部多分了一些草场，这次草原奖补政策发放补贴时，牧民才知道他们多分草场，对他们过去的问题提出反对。最后是牧户与非牧户的关系，一些嘎查里居住着拥有城镇户口的社区居民，他们没有草场，因此完全享受不到补贴，感觉很不公平。

第六章 草原奖补政策的贫困影响评价——阿盟案例[①]

第一节 问题的提出

《中国农村扶贫开发纲要（2011—2020）》提出："对扶贫工作可能产生较大影响的重大政策和项目，要进行贫困影响评价。"在近年两会上，建议实施贫困影响评价的呼声渐高。有效的贫困影响评价可以在项目或政策的设计阶段将扶贫的目标引入，以减少这些项目和政策对减贫和贫困群体的负面影响。但是，相比于政策、项目或规划的贫困影响评价在国外较为蓬勃的发展，或者环境影响评价和社会影响评价在国内所取得的进展和效果，国内贫困影响评价尚处于起步阶段，围绕贫困影响评价的理论和方法的讨论刚刚开始（王晓毅、张浩等，1015）。虽然在一些行业和投资项目中已经实施了一些以贫困影响为重要内容的评价，如吴国宝等人对农村基础设施投资和粮食补贴政策的评价（吴国宝，2006；吴国宝、关冰、谭清香，2009），刘璨、李怒云、支玲等人对林业重点工程的社会影响评价（李怒云、洪家宜，2000；陈绍军、施国庆，2003；支玲等，2004；刘璨、张巍，2006；刘璨、梁丹等，2006；张晓静，2008；刘璨、武斌等，2009），于晓刚等人对澜沧江水电工程的参与式社会影响评价（郭家骥、于晓刚，2002；于晓刚，2004），庄天慧等人对农村教育政策的贫困影响评价（庄天慧、牛廷立、张卓颖，2010），等等，但是这些研究和评价大都采用社会经济影响评价的指标体系，在社会经济影响评价名义下进行，明确提出的贫困影响评价则付之阙如。

[①] 作者：张浩，中国社会科学院社会学研究所副研究员。

为加强草原生态保护、保障畜产品供给、促进牧民增收，从 2011 年开始，国家每年拨付一百多亿元专项资金，在内蒙古、新疆、西藏、青海、四川、甘肃、宁夏和云南 8 个主要草原牧区省（区）和新疆生产建设兵团，全面建立草原生态保护补助奖励机制（以下简称草原奖补政策）。政策措施主要包括如下内容：实施禁牧补助，对生存环境非常恶劣、草场严重退化、不宜放牧的草原，实行禁牧封育，中央财政按照每亩每年 6 元的测算标准对牧民给予补助，初步确定五年为一个补助周期；实施草畜平衡奖励，对禁牧区域以外的可利用草原，在核定合理载畜量的基础上，中央财政对未超载的牧民按照每亩每年 1.5 元的测算标准给予草畜平衡奖励；给予牧民生产性补贴，包括畜牧良种补贴、牧草良种补贴（每年每亩 10 元）和每户牧民每年 500 元的生产资料综合补贴。自 2012 年，草原奖补政策实施范围扩大到山西、河北、黑龙江、辽宁、吉林 5 省和黑龙江农垦总局的 36 个牧区半牧区县，全国 13 省（区）所有 268 个牧区半牧区县全部纳入政策实施范围。

作为中华人民共和国成立以来在我国草原牧区实施的投入规模最大、覆盖面最广、补贴内容最多的一项政策，草原奖补政策被视作草原政策的重大突破。该项政策的颁布实施也引起了学界的广泛关注。既有的研究主要集中在政策的实施过程、落实情况以及面临的问题，有部分研究涉及政策的实施效果，但主要着眼于政策设计初衷是否实现，而鲜有涉及政策实施的贫困影响评价。内蒙古自治区政府研究室组织的对阿拉善盟、巴彦淖尔市、鄂尔多斯市、包头市等地的专题调研结果显示，政策实施取得了良好的生态效益，牧民生产生活方式发生一定转变，多数牧民收入增加、生活水平得到提高；与此同时，也存在着草原确权颁证工作亟须完善、技术保障有待完善、牧民就业渠道有待拓宽、部分牧民禁牧积极性较小等问题（哈斯、周娜，2012）。额尔敦乌日图和花蕊（2013）的研究指出，政策在落实和执行过程中存在一些问题，牧民生产方式转变后的适应能力不足，牧民收入受政策影响大、浮动频繁，政策导向和延续性不明朗导致牧民保护生态和畜牧业经营的积极性不高，奖补的性质具有误导性（因为禁牧补助和草畜平衡奖励并非奖励，实质上是对因生态保护付出经济损失的一种经济补偿）且补偿额度远低于牧民损失。内蒙古自治区草原监督管理局一项涉及 58 个旗县 321 个嘎查

436 户的典型牧户调查也表明，畜牧业生产基础设施建设投入乏力、组织化程度低、生产经营粗放、补贴标准偏低、牧民草原管护员工资偏低、草原执法监管工作水平有待强化是政策实施过程中需要注意解决的问题（内蒙古自治区草原监督管理局，2014）。为促进和改善政策执行、减少上述问题，杨春、王明利（2014）尝试从生态效益、经济效益、社会效益三个方面构建起奖补政策的评价指标体系，认为建立科学、合理的草原奖补政策评价指标体系是跟踪项目实施进度效果和及时优化项目实施内容的重要保证。

截至目前，草原奖补政策实施已经进入第五个年头，第一轮政策周期接近结束。那么，政策实施究竟对牧区贫困有何影响？2015 年是全面总结第一轮草原奖补政策的经验教训的关键年，也是谋划新一轮政策实施的关键年。对第一轮草原奖补政策周期以来的实施成效进行贫困影响评价，深入分析牧区发展现状，提出有效的政策改进建议，不仅有助于新一轮的政策实施，进一步改善政策实施效果，促进牧民对政策实施的接受和拥护，而且有利于推动贫困影响评价在国内的发展，进而促进国家扶贫工作的开展和扶贫效果的改善。

借助于笔者所在学术团队于 2014 年 6 月在内蒙古阿拉善盟左旗的实地调研及对相关部门人员和普通牧民的深入访谈，本文尝试对草原奖补政策的实施进行贫困影响评价。

第二节 资料来源

调研访谈主要选择在内蒙古自治区阿拉善盟左旗。

拥有草原面积 11.38 亿亩、排在全国第二位的内蒙古，是最早实施草原奖补政策的地区，其在政策实施过程中所采取的做法和经验、取得的实效和面临的问题、对未来的规划和预期等，受到具体负责组织实施该项政策的国家农业部和财政部的格外重视。

依据降水量、草原类型等条件，内蒙古对草原奖补政策的实施范围进行了划分，位于西部荒漠地区的阿拉善盟，被划作主要的禁牧区之一。阿拉善盟地处内蒙古最西端，是内蒙古全区面积最大的盟市。

阿拉善左旗属于温带荒漠干旱区，典型的大陆型气候，以风沙大、干旱少雨、日照充足、蒸发强烈为主要特点；土地总面积 10656 万亩，天然草原面积 7635.32 万亩，天然森林面积 597.8 万亩，主要为荒漠、半荒漠草原。阿左旗下辖 7 个镇 4 个苏木 117 个嘎查村，总人口 14 万多人，占阿拉善盟总人口三分之二以上，其中农牧民人口 5.4 万人；2010 年全旗生产总值 103.55 亿元，农牧民人均纯收入 7090 元，牧业收入占农牧民收入的 58%。

阿拉善左旗的调研资料，主要通过实地访谈获得，并经征得被访谈部门和人员的同意，查阅了盟、旗、苏木镇和嘎查等相关层级和部门的档案与统计资料。访谈重点包括两部分：其一是对盟、旗和苏木镇相关部门和人员的访谈，主要了解政策在当地的具体实施情况及其各方面的影响；其二是对嘎查牧民的访谈，主要考察牧民对该项政策实施及其效应的认识、态度和接受程度。在嘎查和牧户层面，按照禁牧区、草畜平衡区、混合区的政策区域划分，分类选择三个嘎查实施调查。在每个嘎查之内，依据家庭经济状况的差异（较富裕户、中等户、较贫困户），选取四至五户牧民进行访谈，以获取相关信息和资料。考虑到有部分牧户因政策实施而转产转业，离开草场进入城镇，因而专门安排了对部分进入城镇的牧民的访谈，以了解其转产转业后的生计维持、其对草原奖补政策的态度等。

此外，鉴于县域之间的政策实施和具体做法有所差异，在阿拉善左旗之外，我们还特别选择了阿拉善右旗的一个嘎查进行调研访谈，以期通过比较加深对相关情况的了解。

调研访谈的主要部门和人员状况，参见表 6-1。

需要指出，我国地域辽阔，各地气候复杂，地形及海拔差别大，加上人文社会因素复杂多样，形成了草原类型的多样化。同一政策实施于不同的地域和草原类型，难免出现过程和效果上的差异。

第三节　政策实施情况

根据内蒙古自治区 2011 年颁布的实施方案和实施细则，在全区 11.38 亿亩草原面积中，10.20 亿亩被纳入奖补政策。各盟市的奖补任务和补贴标准由自治区统一下达，再由盟市分配下达至旗县，以旗县为单位

表 6-1　　　　　　　　　　访谈人员及内容

阿拉善左旗调研访谈部门与人员			
调研日期	2014 年 6 月 1—10 日		
访谈单位与地点	访谈人员	访谈内容	备注
盟、旗、苏木镇相关机构与部门	盟农牧局局长 盟农牧局总畜牧师 旗主管农牧业的副旗长 旗农牧局原局长 旗农牧局局长 旗农牧局奖补项目办人员 旗农牧局改良站书记 旗农牧局草原站站长 旗农牧局经管站站长 旗民政局低保和社会救助中心主任 旗林业局公益林项目办主任 旗扶贫办人员 巴彦浩特镇结婚与离婚登记处人员 巴润别立镇镇长及其在另一镇做镇党委委员的女儿 巴彦诺尔公苏木副苏木达	盟旗奖补政策的实施与效果、旗牧民牲畜与收入年度数字、查阅盟旗《奖补资料汇编》 低保标准与人数变化 公益林项目与奖补项目 贫困户数与人数 奖补政策与牧民离婚率变动 苏木镇奖补政策实施情况及其影响	
巴润别立镇巴音朝格图嘎查	四户牧民，包括： 富裕户 1 户（嘎查书记） 中等户 2 户 下等户 1 户	政策影响、家庭收支、对政策的态度	禁牧区

续表

阿拉善左旗调研访谈部门与人员			
调研日期	2014年6月1—10日		
访谈单位与地点	访谈人员	访谈内容	备注
敖伦布拉格镇图克木嘎查	五户牧民，包括： 富裕户1户 中等户2户（包括嘎查书记） 中下等户1户 下等户1户	政策影响、家庭收支、对政策的态度	草畜平衡区
巴彦诺尔公苏木陶力嘎查	四户牧民，包括： 富裕户1户（嘎查达） 中等户2户 下等户1户	政策影响、家庭收支、对政策的态度	混合区，6户为草畜平衡户，其余为禁牧户
巴彦浩特镇	五户进旗牧民	政策影响、家庭收支、对政策的态度	部分户转产转业
阿右旗阿拉腾敖包贡达来嘎查	四户牧民，包括： 富裕户1户（兼业开修理铺） 中等户2户（包括嘎查达） 下等户1户	政策影响、家庭收支、对政策的态度	禁牧区

编制实施方案并负责具体实施。禁牧区按照4:3:3的比例分三年完成减畜；草畜平衡区原则上按照4:3:3的比例分三年完成减畜，个别减畜数量大的旗县按照2:2:2:2:2的比例分五年完成减畜。

鉴于区域和牧户之间草场状况差异巨大，为了保证草原奖补政策落实的公平性和合理性，内蒙古自治区创造性地提出"标准亩"概念，以全区亩平均载畜能力为标准亩，测算各盟市标准亩系数，自治区按照标准亩系数分配各盟市奖补资金（禁牧每标准亩6元，草畜平衡每标准亩1.5元），再由各盟市确定每个旗县的奖补任务和资金。为避免农牧户获得国家奖补金额差距过大，自治区实行封顶和保底措施，各盟市封顶标准为本盟市上年农牧民人均纯收入的两倍，保底标准由各盟市自行确定（参见《内蒙古自治区草原生态保护补助奖励机制实施方案》《内蒙古自治区草原生态保护补助奖励资金管理实施细则》)。在阿拉善左旗，2011年纳入奖补政策的草原面积为7110.93万亩，其中禁牧5767.84万亩，草畜平衡1343.09万亩，依据阿拉善盟的标准亩折算系数0.52，折算出的阿拉善左旗2011年度奖补任务和资金数额，参见表6-2。据阿拉善左旗农牧局奖补项目办公室提供的数据，至2014年，左旗共计2.89615亿亩草场纳入奖补。

除了自治区一级"标准亩"的设计，在盟旗一级，对补助奖励的发放标准和方式进行了重大改造，改按亩数发放为按人头发放，且在不同年龄段按不同标准发放。政策改造的主要原因，同样是基于公平性和合理性的考虑，因为各地各户牧场状况差异太大。据阿拉善左旗农牧局奖补项目办人员介绍，奖补之所以改按人头，主要是考虑到南北部草场差异太大，各牧户拥有的草场数量和质量也有很大差别，北边拥有草场多的一户可达10多万亩，南边拥有草场最少的一户只有135亩。而且，考虑到草原奖补政策主要与生产相关，所以在不同年龄段按不同标准补贴，重点补贴成年人，小孩补贴标准低，老人则领退休金（每人每月900多元，资金另有来源）。此外，为了保证禁牧户的民族习惯、饮食习惯和生活需要，在盟旗制定的实施方案中，在单一禁牧区，允许牧户在其承包草场内放养30只以下的自食羊。在阿拉善左旗，2011年禁牧补贴标准为每人每年补贴9508.056元，草畜平衡奖励标准为每人每年3000元。考虑到奖补资金主要是生产性的，因而实行对成年人、小孩和老人的差别对待。从2013年开始，禁牧补贴和草畜平衡奖励标准分别调整为13000元、4000元。

由于牧民对禁牧政策有意见，抵触强烈，政策实施成本高而效果不够理想，从2013年开始，阿拉善左旗再对禁牧政策进行调整，实行禁牧区不全禁，即由全禁改为在两种政策中做选择：或者选择全禁，补贴标准为每人每年13000元，或者选择不全禁，可以按120亩一只羊的标准放牧，但补贴标准减至每人每年10000元。按照盟农牧局总畜牧师的说法：拥有全盟人口大多数的左旗往往更倾向于根据当地实际和民众需要大胆突破上面的政策限制。

在调研中，当地政府对政策的"改造"和"再设计"令人印象深刻。在政府部门访谈中，被访人员一再强调，各地区各户之间草场面积和质量

表 6-2 阿拉善左旗奖补任务与资金表

	涉及户数及人口						牲畜情况								任务					资金						
	合计		禁牧		草畜平衡		合计		禁牧区			草畜平衡区								禁牧			草畜平衡			牧民生产资料补贴
	户数	人口	户数	人口	户数	人口	减畜总量	当年应减畜	禁牧区现有	需减畜	当年减畜	现超载	需减畜	当年减畜	任务总计	禁牧	草畜平衡	生产资料补贴户数	中央资金合计	盟市标准(草原禁牧区/农半牧禁牧区)	禁牧补贴人数	中央资金	盟市标准	草畜平衡补贴人数	中央资金	
嘎查	万户	万人	万户	万人	万户	万人	万羊单位	万羊单位	万羊单位	万羊单位	万羊单位	万羊单位	万羊单位	万羊单位	万亩	万亩	万亩	万户	万元	元/人	万人	万元	元/人	万人	万元	万元
个																										
94	1.3410	3.9065	1.1474	3.3741	0.1936	0.5324	78.3650	31.3400	95.5500	66.8850	26.7500	38.2500	11.4750	4.5900	7110.93	5767.84	1343.09	1.3410	28962.01	9508.056/3500	3.37	26694.31	3000.00	0.5324	1597.20	670.50

差别巨大,是促使奖补资金改为按人头发放的主要原因。这固然是事实,但此项调整的另外一些意图也是明显的,首先,经由此一资金发放方式的转换,政府就大大增强了对奖补资金的调配和管控权。相应地,政策设计中按地亩发放的受益人群与实际执行中按人头发放的受益人群就产生了偏差,为了实行按人补贴,相关部门人员在牧户中做了大量的调研和宣传说服工作。其次,便于与毗邻和相关的政策保持一致和衔接,如与公益林项目的协调,以及将奖补资金、公益林补偿金与牧民养老保险相结合。最后,是基层民众的反映和呼吁,不同民众对政策的态度差异和不同应对导致政策执行中出现问题,也是促使政策出现调整的一个重要原因。基层社会情况复杂,政策实施需要与基层情况相结合,需要回应民众的反映和呼吁。禁牧导致相当一部分牧户的收入降低,因而招致反对和抵制,部分牧户拒绝严格执行,偷偷放牧。这一状况导致另一些户的不满:自家执行政策吃了亏,别家不执行政策占了便宜,而上边的人竟也不管!以阿拉善左旗巴彦诺日公苏木陶力嘎查为例,在全部128户中,6户是草畜平衡户,其余是禁牧户。禁牧户不让养畜,发放的补偿多,但有不少禁牧户都在养羊,也没受罚,这就令草畜平衡户感觉不平衡,后悔自己的选择,想要改成禁牧户,却又变不了,因而心存不满。遂有2013年5月嘎查8户牧民被人以超载放牧为由举报至盟纪检委、盟旗纪检部门派人连夜突击检查的事件,时值盟里集中开展为期3个月的以"整建树"为主要内容的严肃工作纪律整顿工作作风专项活动,此事被作为典型案例予以处置并被当地媒体曝光,这对左旗2013年调整禁牧政策多少产生了促进作用。

第四节 贫困影响评价

基于阿拉善实地调研材料,我们首先针对照草原奖补政策的设计初衷和基本目标,简要讨论政策实施的实际效果和影响,然后重点评价该项政策的贫困影响。

根据国家农业部和财政部共同颁布的指导意见,草原奖补政策的基本目标是:草原禁牧休牧轮牧和草畜平衡制度全面推行,全国草原生态总体恶化的趋势得到遏制。牧区畜牧业发展方式加快转变,牧区经济可持续发展能力稳步增强。牧民增收渠道不断拓宽,牧民收入水平稳定提高。草原生态安全屏障初步建立，牧区人与自然和谐发展的局面基本形成。简单讲包括三点：保护草原生态环境，转变畜牧业发展方式，促进牧民增收。①

从了解到的情况看，实际的政策效果和影响，主要包括如下几个方面。

首先，草原生态总体上有所恢复。在2000年代，当地牲畜超载情况比较严重，草场受到很大破坏，植被减少，风沙肆虐；自实行草原奖补政策以来，这一状况已有改观，部分牧户转产转业，牲畜总量控制在一定范围内，草场生态恢复明显。

值得注意的是，完全禁牧对草场恢复和生态保护并不全是正面作用，草原禁牧的效果具有一定时效性。草原自有一套生态系统，在短时期（两三年）内，禁牧有利于草场长势和生态恢复，但是一旦超过一定年限，禁牧反而可能打破草场生态链条系统，导致草场质量的下降和生态状况的恶化。盟畜牧局总畜牧师提到，特别是禾本科的草，一年一长，不利用就浪费了，灌木这块，年年都在，但是不利用也有退化，禁牧时间长了就发黑了。比如，当地一些灌木和小灌木草种，具有"平茬复壮"的生物学特性，在牲畜的啃踩下能够刺激新枝再生，从而持续生长，而若缺乏牲畜的啃踩，过两三年就自行枯死。又比如，若草场上有骆驼，就没有老鼠了，而一旦禁牧，就有老鼠出没，鼠害横行，生态链条断裂，草场反而遭到破坏。所以，禁牧政策在经过几年较严格执行之后，从2015年开始予以微调，允许在禁牧区以120亩一只羊的标准放养一些羊，从经验上讲，这在增加牧民收入的同时，对草原生态也有好处。

在访谈中，大多数部门人员和牧民都认为草原奖补政策对恢复草原生态有帮助，而另有部分牧民则表示没什么用，这一判断上的差异值得留意。

其次，草原奖补政策对于促进牧区畜牧业发展方式转变具有一定作用。奖补促使一部分牧户尤其年轻人离开草场转产转业，另行开辟生活和就业门路，一定程度上为草场的经营权流转和规模经营提供了条件。如阿

---

① 参见农业部、财政部关于印发《2011年草原生态保护补助奖励机制政策实施指导意见》的通知。

拉善右旗阿拉腾敖包贡达来嘎查的1979年生、现在在镇上开汽车修理铺的冈帖，在2005年年底嘎查禁牧的当年，外出到左旗学习汽修，在镇上买了房子，开了个汽修铺，家里33000亩草场，每年补贴7万多元，现在家里还有90只羊、20头骆驼，修理铺一年能收入四五万块钱。尽管其认为禁牧并没有导致草场生态好转，而且一户50只的自食羊限额太低、保持100只羊才能保证每年的自食羊（羊轮换三四岁后才适合吃）、200只的限额再加上补贴才能维持先前的收入水平，但不可否认其转产转业还是拓展了其工作机会。类似冈帖这样转产转业在外立住脚的人员，笔者在访谈中时有碰到。

与此同时，任何政策的实际影响都是复杂的，草原奖补政策在减少牧民对草场的依赖、促进牧民转产转业的同时，也产生了一些反面效果。因为本来很多人已经离开牧场了，现在眼见实行草原奖补政策，为了获取补贴，又希望回到草场，这样反而增加了对草场的依赖。如巴彦诺尔公苏木陶力嘎查1956年生人的路德贡，年轻时参军，转业后分配到苏木计生办做计生专干，当时为了免交借读费而把两个孩子转成了城镇户口，后来眼见实行双承包，想把两个孩子户口转回来，却不被同意，这几年实行草原奖补政策，又想尝试转回户口，结果再次被拒绝，他对此一直耿耿于怀。

最后，从牧民收入看，草原奖补政策导致大部分牧户收入的下降。

禁牧区和草畜平衡区的分设，对牧户收入有着不同程度的影响。草畜平衡区的影响相对有限，奖励资金纵然无法提高牧户收入，但大体上被划入的牧户的收入基本维持推行该项目前的同等水平；禁牧区对牧民收入的影响则大得多，禁牧补贴的发放远不能抵消减少牲畜导致的牧户收入损失。实现禁牧所需的减畜是分年分批实施的，所以在不同年份对牧户收入的影响也不同，在禁牧的前几年，由于减畜和出栏力度加大，牧户陆续出售自家牲畜获得收入，再加上政府的补贴，家庭总体收入大幅增加，但是在后几年，由于饲养牲畜数量减少，牲畜基本售完，牧民基本依靠国家补贴，家庭收入锐减。禁牧导致收入的显著下降，是被访牧民反映最为集中的问题，提高奖补资金标准，则是他们最集中表达的意愿。巴润别立镇巴音朝格图嘎查的书记认为，草畜平衡政策大体上能令牧户维持以往收入，而禁牧导致了嘎查中90%的牧户收入的显著下降。敖伦布拉格镇图克木嘎查的巴图巴根，一个家境基本处于嘎查中下水平但自认处于嘎查中等水平的牧民，给出如下估计：禁牧减畜使得大多数嘎查牧民收入减少，年收入20万元以上的得减少有七八万元，年收入10万元以上的得减少四五万元，年收入四五万元的得减少一两万元；相形之下，较穷的户则因补助而得以令收入有所增加。在阿拉善右旗阿拉腾敖包镇贡达来嘎查，据嘎查达介绍，在实行草原奖补政策后，90%牧户收入都下降了，原来嘎查里有两三户贫困户，现在则增加到了五六户。尽管这样的估计不免夸大，但是大部分接受访谈的部门人员和牧户都认为，禁牧政策不如草畜平衡政策，而总体上草原奖补政策导致了牧户收入的下降。

既然草原奖补政策尤其禁牧政策的推行直接影响到很多牧户的收入，那会不会导致贫困户的增多，对扶贫工作产生不利影响呢？

就本文主要关注的贫困影响而言，草原奖补政策一方面提高和保障了低收入牧户的收入水平，对减少贫困户具有一定正面作用；另一方面虽则对很多牧户的收入构成负面影响，但因受到影响的这些牧户大多自身条件不错，因而除了极少数牧户，基本尚不致因此陷于贫困。事实上，根据旗经管站近几年对各苏木镇各嘎查人口和牲畜数量的普查监测数据，草原奖补政策推行后，牧民的总收入并未下降，全旗牧户总收入反倒以年均12%—15%的增速增加。综合奖补项目办公室人员、经管站站长等人的意见，第一，草原奖补政策本身提供的补贴和奖励就有所增加；第二，在当地实施的农牧民补贴项目很多，包括公益林项目、农业补贴、农机牧机补贴、良种补贴、燃油补贴、扶贫补贴等多种，一定程度上保证了牧民的收入；第三，尽管草原奖补政策要求牧民减少牲畜，但是不少地方的政策执行打了折扣，牲畜数量并没有真正严格按照规定减下去。

草原奖补政策一定程度上有助于减少贫困户数量、缩小贫富差距、抑制牧区两极分化。草原奖补政策对不同状况的家庭有着不同的影响。收入受负面影响较大的主要是那些条件好能养很多牲畜的家庭，拥有的牲畜（在当地主要是牛羊，骆驼除外）越多，受到的影响越大。而对于那些没有多少牲畜的家庭、生计门路主要不靠放牧的家庭、年纪大缺劳力的家庭、兄弟姊妹多需要转移劳动力的家庭、原有发展基础和经济条件不太好的家庭（包括贫困家庭）等，草原奖补政策具有提高和稳定收入的正面作用。在实行草原奖补之前，牲畜多的牧户收入高，没有牲畜又没有其他生计门路就意味着没有收入；实施奖补后，有无牲畜都有收入保障，尤其对于老年人，可以获得持续稳固的养老收入。旗农牧局奖补项目办公室的人员非常肯定地表示，政策实施减少了贫困户和低保户，一旦政策停止，贫困户户数会立马增加。因为受到的影响不同，相应地，处于嘎查村不同阶层和具有不同经济条件的牧户，对草原奖补政策有着不同的态度。例如，在巴润别立镇巴音朝格图嘎查，家庭生计状况显然处于村庄前列的嘎查书记就指出，草原奖补政策不是个好政策，虽然它对草原生态有着不小的正面影响，但是禁牧政策的执行降低了嘎查大部分牧户的收入，且降低幅度达一两倍之多。而同村一个自认处于嘎查收入中下层的村民（该户每年能获得生态奖补资金3万—4万元，而这正是其一年能攒下的钱数）则对草原奖补政策持完全正面的态度，他再三重申：草原奖补政策非常好，能提高牧户收入，应该继续实行下去，而倘若能够再提高一下补偿标准，那就更好了。总体上，保底封顶的政策在一定程度上减少了贫困家庭数量，缩小了牧区贫富差距，抑制了两极分化加剧的趋势。

值得注意的是，部分离开草场转产转业的牧户，因相关配套扶持政策不足，在转产转业过程中面临生产和生活上的困难，存在陷入贫困的可能和危险。在阿拉善左旗民政局城乡社会救助管理服务中心，笔者查阅了2005—2013年左旗民政系统民生资金发放统计数据，内容包括医疗救助、五保户、临时救助、大学生补贴等项的人数、标准、金额等，其中也包括城乡低保数据。中心主任提到，城乡低保的标准，系根据农牧业局经管站的年度牧户普查数据，结合恩格尔系数计算得出，今年的标准是年均收入5436元以下。根据这一标准，那些实行草畜平衡、领取奖励金的户，视其人均收入，可以选择性地纳入低保；而那些实行禁牧、领取补助金的户，则显然不符合低保标准。但正是这些禁牧户，有一部分转产转业到城里，面临谋生和居住的困难，却因不符合牧区和城镇的低保条件，成了夹心层。在旗农牧局前局长那老的引领下，笔者先后访谈了五户离开草场转入巴彦浩特镇（盟旗政府所在地）的牧户，这些分别来自禁牧区+公益林区、公益林区、禁牧区的牧户，他们大多蜗居于空间促狭、条件简陋的租屋，或者在草场、旗里两边跑，或者开出租或做买卖石头的生意，或者干脆处于无业状态。旗农牧局前局长那老认为，转产转业的老年人有养老金，关键是青壮年人的安置，而政府人员现在都是往上看，对民众的问题不重视不关心。旗农牧局现任局长也指出，如何妥善安置转产转业后的牧民，是一项有待解决的问题，作为草原奖补政策的衔接与补充，应有切实的配套政策予以推出和落实。而由于旗搬迁转移安置资金缺乏，产业安置渠道狭窄，如受水资源限制，从事种植业的人员基本饱和，农业安置受限；转移牧民教育培训和生产技能培训工作滞后，整体文化水平较低，在二、三产业就业难度大。这些限制因素的存在使得移民安置工作进展缓慢。

政策未来延续性的不明朗以及由此带来的对未来预期的不确定性有可能导致牧民因无所适从或判断失误而陷于贫困。政策会对民众行为产生重要影响，民众会因应政策而规划和调整自己的行为，而民众生计的安排（如养多少牲畜的种类和数量的搭配）需要一定周期，政策设计应该考虑到民众的这一需要。如若政策未来走向不明朗，预期的不确定性会使得民众无所适从，无法有效规划和安排自己的行为。2011年启动的奖补机制明确实施期限是到2015年，2015年之后是否继续实行下去？旗农牧局前局长那老提到，在一个政策咨询会上，有牧民询问草原奖补政策五年之后怎么办，干部回答：上面没说，不知道咋办。陶力嘎查的牧民巴特尔表示，不知道2015年后会如何，希望能继续有这个政策；现在不敢卖羊，担心一旦政策取消，到时候羊贵，买不回来，就陷入困境。巴彦诺尔公苏木主管农牧业的副苏木阿斯巴贡就提到，与草原奖补政策平行，公益林项目一直单独推行，其项目期限明确到2027年（草场承包30年到期之年），政策和项目的期限明确能够给予牧民确定的预期。

禁牧政策的实施也产生了其他一些社会后果，对老人、妇女和儿童等特殊社会群体产生一定影响。第一，草原奖补政策的推行一定程度上促成了当地牧户养老保险问题的解决。当地从2006年开始实施公益林项目，涉及12个（全旗13个）苏木镇、58个嘎查、1697户、6915人，覆盖面积818万多亩，国家按照一定标准（2006年5元/亩、2010年10元/亩、2013年15元/亩）划拨公益林生态效益补偿资金。据林业局公益林办公室张主任介绍，项目从一开始实施即与牧民养老保险相结合，当时解决办法是：60岁以上牧民直接领取养老金，不足60岁的按岁差从补偿金中扣除养老保险费（比如58岁的，交两年费用），即得以领取养老金。2011年开始实施的草原奖补政策也延续了与养老保险相结合的办法。这种项目与养老保险相挂钩的办法虽不免强制之嫌，却也在一定程度上解决了牧民养老保险问题，使得当地老人的晚年生活具有了一定保障。第二，草原奖补政策可能导致部分转产转业的牧户家庭矛盾的增多和离婚率的升高。被访的部门人员和牧民大都提到，草场禁牧后，部分牧户转出牧场，离婚的牧民显著增加。旗民政局计生专干表示，确实不时会听到这样的说法。旗农牧局前局长那老指出，禁牧后，一些牧户进了城，很多都离婚了。巴润别立镇镇长的女儿现任另外一个镇的党委委员，称在她工作的镇里，牧民家庭闹矛盾和离婚的的确增多了。阿拉善右旗阿拉腾敖包贡达来嘎查的嘎查达提供了一个嘎查的证据：实行禁牧后，嘎查有30多户去城里或镇上了，其中有4户在外出后离婚了。而那些没出去的就没有离婚。该嘎查的大学生村干部（本嘎查人）认为，草原奖补政策在缩小了嘎查贫富差距的同时，的确也导致家庭闹矛盾和离婚的增多，她举出一个实例：她的舅舅和舅妈夫妇两人原先一直在草场上放牧牲畜，实行禁牧以后，一家人转到镇上做事，舅妈在一家小餐馆工作，小镇上人来人往，舅妈很快就与一个食客好上，经过连番吵架打骂，二人最终离婚。但这些个体的观感和零散的案例无法提供总体的情况。笔者从盟旗所在地巴彦浩特镇婚姻登记处获得了2000—2013年全旗人口的离婚统计数据，并经查阅人口统计年鉴，计算出相应年度的离婚率（见表6-3）。数据显示，自从推行草原奖补政策以来，阿拉善左旗的离婚率确有逐年升高的趋势，从2010年的1.82‰提高至2013年的2.29‰。由于这一数字涵盖的是全旗人口，无从获得牧民的离婚率数字，我们只能粗略推断：草原奖补政策可能导致了牧民离婚率的升高。耐人寻味的是，数据显示全旗离婚率从2003年有一个突然的升高并在后面的年份大体呈现升高趋势，而正是从2003年，国家全面启动了退牧还草工程，部分牧民离开草场转产转业。一个合理推测是，退牧还草工程导致部分牧民生产生活方式的改变，进而推高了离婚率。而这正可作为与退牧还草政策相接续的草原奖补政策可能推高了离婚率的一个佐证。

表6-3　　　　阿拉善左旗离婚对数与离婚率（2000—2013）

年份	2000	2001	2002	2003	2004	2005	2006	2007	2008	2009	2010	2011	2012	2013
离婚数（对）	123	141	131	110	210	206	230	259	291	283	259	261	282	327
离婚率（‰）	0.92	1.03	0.94	0.79	1.49	1.47	1.63	1.82	2.03	1.98	1.82	1.83	1.98	2.29

数据来源：离婚对数查阅自左旗婚姻登记处，计算离婚率所需左旗人口数源于历年统计年鉴。

第五节　小结与讨论

草原奖补政策的实施，一定程度上有利于草原生态的恢复，促进了牧区畜牧业发展方式转变，与此同时，草原奖补政策对不同状况的家庭有着不同的影响，禁牧导致大多牧户的收入下降，但草原奖补政策提高和保障了低收入牧户的收入水平，总体上有助于减少贫困户数量、缩小牧户贫富差距、抑制牧区两极分化。此外，由于相关配套扶持政策不足，部分离开草场转产转业的牧户面临生产和生活上的困难，政策未来延续性的不明朗以及由此带来的对未来预期的不确定性也有可能导致牧民因应对失据而陷于贫困。

基于调研材料，本文提出如下具体建议：加大政府财政支持力度，适当提高奖补标准尤其是禁牧补贴标准，并确保补贴的及时发放；加快推进饲草料基地和牲畜棚圈等方面建设，帮助发展舍饲圈养；重视禁牧后的牧民安置工作，落实相关扶持措施，加强牧民就业、创业培训，帮助牧民增强离开草场后的生产生活适应能力。

此外，做如下几点简短讨论。

第一，适度保持政策弹性。中央推行一项政策下去，为保证有效执行，自然是越具体明确越好，但是政策到了基层，就要面对各地情况各有不同的问题，因而需要与基层实际相结合，实行差别化对待，这样政策在基层的调整和变形就在所难免。与此同时，基层政府和部门或者基于自己的利益和目标考虑，或者为了掌握主动权，在政策执行过程中也有动力和冲动去调整乃至逆转政策。这样，一项政策在设计和制定的过程中，如何在兼顾原则性和统一性的同时，保持一定弹性和灵活性，给基层留出灵活掌握的空间，就成为一个重要的课题。

第二，保持政策的延续性，给予民众稳定预期。政策会对民众行为产生重要指引和影响，民众会因应政策而规划和调整自己的行为，民众生计安排（如养多少牲畜的种类和数量的搭配）需要一定周期。政策设计应考虑到民众的这一需要，在实施时限上应有较为清晰的考虑给予民众较为稳定的预期。

第三，保持不同政策间的协调与衔接。各项政策与项目，由中央各部委办基于各自职责和职权，基于一定目标，分别制定颁布实施，相互之间难免有缺乏协调、不一致乃至冲突的地方。"上面千条线，下面一根针"，各项政策实施到基层，都需要基层政府和部门去直接面对和执行。只有保持各相关政策间的协调和衔接，才能保证政策的权威性和可实施性，利于基层政府和部门不折不扣去执行，利于作为受众的社会民众对政策的接纳。

参考文献

《阿拉善盟草原生态保护补助奖励机制实施方案》。

《阿拉善左旗草原生态保护补助奖励机制实施办法》。

白爽、何晨曦、赵霞：《草原奖补政策实施效果——基于生产性补贴政策的实证分析》，《草业科学》2015 年第 2 期。

包扫都毕力格：《牧户对草原生态奖补机制满意度的分析》，《内蒙古科技与经济》2015 年第 6 期。

陈阿江：《社会评价：社会学在项目中的应用》，《学海》2002 年第 6 期。

陈绍军、施国庆：《中国非自愿移民的贫困分析》，《甘肃社会科学》2003 年第 5 期。

陈永泉、刘永利、阿穆拉：《内蒙古草原生态保护补助奖励机制典型牧户调查报告》，《内蒙古草业》2013 年第 1 期。

财政部、农业部《关于做好建立草原生态保护补助奖励机制前期工作的通知》（财农〔2010〕568 号）。

董恒宇、王国钟：《天然草场恢复的政策研究——草原生态保护补助奖励机制的调查与思考》，《草业与草业》2014 年第 3 期。

郭家骥、于晓刚：《澜沧江漫湾电站社会影响报告（五种移民村寨类型的个案调研报告）》，2002年未刊稿。

H. 哈斯、周娜：《草原生态保护补助奖励政策落实情况调研报告》，《北方经济》2012年第7期。

何晨曦、白爽、赵霞：《内蒙古地区草畜平衡奖励政策满意度及影响因素的实证分析》，《中国草地学报》2015年第2期。

姜冬梅、萨茹拉、王璐：《牧民参与草原生态保护补助奖励机制的意愿研究》，《内蒙古农业大学学报》（社会科学版）2014年第3期。

李玉新、魏同洋、靳乐山：《牧民对草原生态补偿政策评价及其影响因素研究》，《资源科学》2014年第11期。

李怒云、洪家宜：《天然林保护工程的社会影响评价——贵州省黔东南州天保工程评价》，《林业经济》2000年第6期。

刘璨、张巍：《退耕还林政策选择对农户收入的影响——以我国京津风沙治理工程为例》，《经济学》（季刊）2006年第6卷第1期。

刘璨、梁丹等：《林业重点工程对农民收入影响的测度与分析》，《林业经济》2006年第10期。

刘璨、武斌等：《中国退耕还林工程及其所产生的影响》，《林业经济》2009年第10期。

路冠军、刘永功：《草原奖补政策实施效应——基于政治社会学视角的实证分析》，《干旱区资源与环境》2015年第7期。

农业部畜牧业司：《2014年全国草原监测报告》，参见农业部网站：http://www.moa.gov.cn/sjzz/scs/yjfx/201504/t20150414_4526567.htm。

农业部办公厅、财政部办公厅：《关于2011年草原生态保护补助奖励机制政策实施指导意见》（农财发〔2011〕85号）。

农业部办公厅、财政部办公厅：《关于进一步推进草原生态保护补助奖励机制落实工作的通知》（农办财〔2012〕60号）。

农业部办公厅、财政部办公厅：《关于做好2013年草原生态保护补助奖励机制政策实施工作的通知》（农办财〔2013〕50号）。

农业部办公厅、财政部办公厅：《关于深入推进草原生态保护补助奖励机制政策落实工作的通知》（农办财〔2014〕42号）。

《内蒙古草原生态保护补助奖励机制实施方案》。

内蒙古农牧业厅、财政厅：《关于下达2011年草原生态保护补助奖励机制任务的通知》（内农牧草发〔2011〕174号）。

内蒙古自治区草原监督管理局：《草原生态保护补助奖励机制典型牧户调查报

告》,《草原与草业》2014年第2期。

谭仲春、张巧云、谭淑豪等:《典型草原牧区"生态奖补"政策落实及牧户偏好研究》,《生态科学》2014年第10期。

吴国宝:《农村公路基础设施对减缓贫困的影响研究》,载中国社会科学院农村发展研究所编《中国农村发展研究报告》,No.5聚焦"三农",社会科学文献出版社2006年版。

吴国宝、关冰、谭清香:《贫困地区国家粮食补贴政策实施有效性及减贫影响评价》,载国家统计局农村社会经济调查司编《中国农村贫困监测报告(2008)》,中国统计出版社2009年版,第141—159页。

王晓毅:《环境压力下的草原社区:内蒙古六个嘎查村的调查》,社会科学文献出版社2009年版。

王晓毅:《农村发展进程中的环境问题》,《江苏行政学院学报》2014年第2期。

王晓毅、张浩等:《发展中的贫困与贫困影响评价》,《国家行政学院学报》2015年第1期。

文明、图雅等:《内蒙古部分地区草原生态保护补助奖励机制实施情况的调查研究》,《内蒙古农业大学学报》(社会科学版)2013年第1期。

于晓刚:《新的发展观呼吁参与式社会影响评估——漫湾电站的案例研究》。

张倩:《贫困陷阱与精英捕获:气候变化下内蒙古牧区的贫富分化》,《学海》2014年第5期。

张晓静:《中国天然林资源保护工程对林区贫困的影响研究》,博士学位论文,北京林业大学,2008年。

张新跃、唐川江、张绪校等:《四川省草原生态保护补助奖励机制草原监测与生态效果评价方法》,《草业与畜牧》2015年第1期。

支玲等:《西部退耕还林工程社会影响评价》,《林业科学》2004年第40卷第3期。

庄天慧、牛廷立、张卓颖:《"两免一补"政策实施对民族地区贫困农户反贫困的影响评价——以四川少数民族地区为例》,《改革与开放》2010年第10期。

第七章　农地流转政策的贫困影响评价——河南案例[①]

第一节　导论

本文主要讨论农地流转的贫困影响。这里的农地流转指的是农村承包土地的承包经营权流转。

农地流转始于20世纪80年代实行家庭联产承包责任制之后。中华人民共和国成立以来，中国农村土地制度经历了剧烈的变迁过程，大体上可以划分为私有私营的土地改革时期（1949—1952年）、公有公营的农业合作化与人民公社时期（1953—1977年）、公有私营的家庭承包制时期（1978年至今）三个历史阶段。改革开放初期，我国建立分包到户的家庭联产承包责任制，农民家庭承包经营权从农民集体土地所有权中分离出来。家庭承包制极大地激发了农民的生产积极性，迅速改善了农村的生产与生活状况，与此同时也面临一些问题：家户分散经营，土地细碎化，机械化程度低，难以实现规模经营和规模效益；基于村组成员权的土地均分以及广泛存在的土地调整吸引了农户的大部分关注和精力，使得其局限于促狭的土地上难以解脱出来和转务他业；不同家庭生命周期和家庭状况对应着不同的土地经营能力，却与实际的土地经营规模不相匹配；随着市场化、工业化和城市化的推进和农村经济发展尤其是乡镇企业兴起，非农就业机会增加，部分村民外出务工经商或者在当地从事非农职业。为解决无人种田、弃耕抛荒问题，农户之间开始自发出现了承包地的转让。

[①] 作者：张浩，中国社会科学院社会学研究所副研究员。

因应这一形势,1984年中央一号文件《关于1984年农村工作的通知》在规定土地承包期十五年不变的同时,指出:"鼓励土地逐步向种田能手集中。社员在承包期内,因无力耕种或转营他业而要求不包或少包土地的,可以将土地交给集体统一安排,也可以经集体同意,由社员自找对象协商转包,但不能擅自改变向集体承包合同的内容。""自留地、承包地均不准买卖,不准出租,不准转作宅基地和其他非农业用地。"这一文件为农村土地承包经营权流转奠定了政策依据。在之后的三十多年中,各地农地流转日益普遍化,为了对日益增多的农地流转行为进行规范和指导,一系列关于农村土地流转和规模经营发展的政策法律被颁布实施。例如2001年中共中央下发的《中共中央关于做好农户承包地使用权流转工作的通知》、2003年全国人大常委会颁布实施的《中华人民共和国农村土地承包法》、2005年农业部制定下发的《农村土地承包经营权流转管理办法》,对农地流转的主体、方式、期限、合同等方面做出了明确规定。2014年,因应农地经营权流转明显加快、发展适度规模经营蔚然成为趋势的新形势,中办、国办专门发布《关于引导农村土地经营权有序流转发展农业适度规模经营的意见》,提出在稳定完善农村土地承包关系的基础上,规范引导农村土地经营权有序流转,促进农业适度规模经营,加快培育新型农业经营主体。

全国农地流转在经历了缓慢起步之后,近年来呈现加速发展的趋势。20世纪80年代后期以来,农户自发进行的土地流转,基本保持在1%—3%之间,沿海部分发达地区和城郊地区比例稍高。全国农村固定观察点的调查资料显示,1984—1992年,在调查的7012个农户中,完全没有转让过耕地的农户比重达93.8%,转让一部分耕地的农户比重仅1.99%。据农业部农村合作经济研究课题组的调查,1990年全国转包、转让农村土地的农户数达208万户,占农户总数的0.9%,转包、转让的农村土地为637.9万亩,占全国总耕地面积的比重为0.44%(农业部农村合作经济研究课题组,1991)。农业部1993年进行的抽样调查结果显示,1992年全国共有473.3万承包农户转让农地1161万亩,分别占承包农户总数的2.3%和承包耕地总面积的0.9%。1998年参与流转的耕地占总耕地的比例为3%—4%(陈锡文、韩俊,2002)。进入21世纪以来,由于农地经营收益不高,农民工外出务工经商,加上地方政府推动,农地流转速度加快。根据农业部数据①,截至2014年底,全国30个省、区、市(不含西藏)家庭承包耕地流转面积达到4.03亿亩,占家庭承包经营耕地面积的30.4%;流转出承包耕地的农户达5833万户,占家庭承包农户数的25.3%。有8个省市家庭承包耕地流转比重超过35%,分别是:上海71.5%、江苏58.4%、北京52.0%、黑龙江50.3%、浙江48.0%、安徽41.0%、重庆39.7%、河南37.1%。近年来全国农地流转面积及占比参见表7-1。

表7-1 全国承包耕地流转基本状况

年份	流转农户数(万户)	占比(%)	流转面积(亿亩)	占比(%)
1990	208	0.9	0.0638	0.44
1992	473.3	2.3	0.1161	0.9
1997	316	1.2	0.1535	1.2
2007	0	0	0.6372	5.2
2008	0	0	1.09	8.9
2009	0	0	1.51	12.0
2010	0	0	1.87	14.7
2011	3877	16.9	2.28	17.8
2012	0	0	2.78	21.7
2013	0	0	3.41	25.7
2014	5833	25.3	4.03	30.4
2015			4.47	33.3
2016				约35

全国范围内超过三分之一的承包农地参与流转,这一仍在持续进行中的状况不仅极大地改变了既往的农业经营模式,而且对农民生产生活和农村社会结构产生了深远影响。本文的问题是:农地流转对农民家庭和农村社会的生计与贫困状况,产生了怎样的影响?产生影响的机制是什么?

---

① 全国家庭承包耕地流转面积统计具体由农业部农村经济体制与经营管理司经营体制处负责。据农业部农村经济研究中心一位研究人员介绍,2015年底经相关部门开会决定,为防止地方政府相互攀比土地流转面积和规模,今后相关数据不再对外公布。

第二节 既有研究述略

近年来农地流转快速发展的状况和趋势引起了学界的极大关注。在关于农村土地制度改革的讨论之后，最初是经济学者，继而是包括社会学者在内的其他社会科学研究者，竞相参与到关于农地流转的讨论中来。大体上，既有的讨论和研究可以归入四个方面。

第一个方面，是关于农地流转的进程、状况和特征（陈和午、聂斌，2006；史清华、徐翠萍，2007；黎霆、赵阳、辛贤，2009；叶剑平、田晨光，2013；张淑萍，2013；郜亮亮，2014；张兰、冯淑怡、曲福田，2014；国家农业部农村经济体制与经营管理司，2015）。农地流转在不同时期和不同地域有着不同的状况和特征，研究者基于各自掌握的实证材料对此进行了讨论。例如，黎霆、赵阳、辛贤（2009）基于山东、江苏、重庆三省市3个县（市）6个乡镇12个行政村617份农户抽样调查数据的分析结果表明，农地流转总体上呈现出流转比例逐渐上升、流转形式和对象日趋多样的局面。第一，流转形式日趋多样，并且租赁、股份合作等高级形式已有不小的比例。在实际发生农地流转的样本户中，转包、转让、互换、出租和股份合作这几种形式都存在，其中比例最大的仍为转包，占52.51%，而较新的股份合作形式也占到了6.56%。第二，农地转出对象仍以本村农户为主，但转给工商企业的比重也较高，同时还出现了转给土地合作社的情况。具体来看，样本中流转给本村村民的占52.36%，流转给外地农民的占15.03%，流转给工商企业的占20.35%，流转给土地合作社的占5.33%，其他情况占6.93%。第三，土地流转前后经营结构有着较明显的变化，呈现出了"去粮化"的趋势。在参与流转的土地中，流转前种植粮食的比例为76.25%，经济作物的比例为22.6%，其他作物的比例仅为1.15%。而流转后，用于种植粮食的土地比例降至45.83%，种植经济作物的比例增至25.83%。而在新出现的经营种类的用地中，果树占9.18%，其他林木占10%，养殖占4.58%。此外，设施农业等其他用途的用地也占了4.58%。叶剑平、田晨光（2013）使用中国人民大学土地管理系与美国农村发展研究所（RDI）于2011年6—8月进行的覆盖中国17个省区299个县662个乡镇1956户农民的农村土地权利情况调查数据，考察了农地确权、农地流转、农地征收等方面的具体情况，其中重点关注了工商企业农村包地情况，以及农地流转后存在的"非农化""非粮化"现象。结果显示，外地工商企业在农村包租土地的比例达39.5%，较2008年调查数据（29.7%）上升了近10个百分点，包租土地平均规模达560亩且69%的土地连片，包租土地的大户或工商企业给予农民的补助形式以现金补偿为主，有12.4%的农民没有得到任何补偿，值得留意的是14.1%的包地大户或工商企业侵占了属于农户的农业补贴。基层行政权力对于农地流转的干预程度不可小觑，11.1%的农地流转直接由村干部以"上面的命令"为名义促成，13.3%的流转经由干部对农民进行说服工作或施加压力后实现，40.0%的农地流转是干部和大户一起找农户协商后促成，总体上村干部参与了60%以上的农地流转。土地流转后，30.7%被用于粮食生产，47.4%被用于养殖、蔬果种植等副业，20%被开发为工厂用地或其他商业用地，3.97%被用于建"小产权房"。

又如，国家农业部农村经济体制与经营管理司（2015）根据对全国30个省、区、市（不含西藏）农村经营管理情况统计年报数据汇总，指出2014年农村家庭承包耕地流转情况有如下特征：第一，耕地流转比重突破30%。第二，以出租方式流转比重持续上升。流转方式仍以转包和出租为主，转包、出租、互换、股份合作、转让流转的比重分别为46.6%、33.1%、5.8%、6.7%和3.0%；另有4.8%的耕地通过临时代耕等其他方式流转，以出租方式流转的面积持续较快增长，比2013年增长23.8%，占流转总面积的比重提高1.5个百分点。第三，流转入农民专业合作社的比重持续提升。在全部流转耕地中，流转入农户的占58.4%，流转入农民专业合作社的占21.9%（其中以入股形式流转入合作社的比重占18.1%），流转入企业的占9.6%（0.39亿亩），流转入其他主体的占10.1%。第四，土地流转合同签订率稳步提高。耕地流转双方签订流转合同4235.3万份，涉及流转耕地面积为2.69亿亩，流转合同涉及耕地占流转总面积的66.7%。第五，流转耕地用于种植粮食作物的比重接近六成。农户流转出的承包耕地中，用于种植粮食作物面积为2.29亿亩，占流转总面积的56.8%。第六，规模经营农户数量持续缓慢增加。经营耕地规模在30亩以下的农户达2.55亿户，占汇总农户数比重的 96.1%。虽然小规模分散经营仍是农业经营方式的主体，但经营规模 30 亩以上的农户数量呈小幅增长态势，且经营规模 50 亩以上的农户数增加较快，达到 341.4 万户，比 2013 年增加近 24 万户，增长 7.5%，占总农户数的 1.3%，比 2013 年提高 0.07 个百分点，其中经营规模 50—100 亩、100—200 亩、200 亩以上的农户数分别占 50 亩以上农户数的 69.0%、21.9%、9.1%。

第二个方面，是关于农地流转的影响因素（赵阳，2007；黎霆、赵阳、辛贤，2009；孔祥智、徐珍源，2010；马瑞、柳海燕、徐志刚，2011；许恒周、郭玉燕、石淑芹，2012；谢琳、罗必良，2013；郜亮亮、黄季焜、冀县卿，2014；包宗顺、伊藤顺一、倪镜，2015；王杰、句芳，2015；马贤磊、仇童伟、钱忠好，2015）。这些影响因素基本上可以归入如下几类：第一，劳动力市场与非农就业状况。随着农户劳动力非农就业机会的增加，他们外出就业将获得更多的收入，用来耕作土地的劳动力的机会成本将越来越大，这种由经济发展带来的对劳动力流动的需求将刺激农地流转市场的发展。第二，农地产权特点。研究者强调清晰的产权是土地流转交易的前提，农户对土地产权的认知和土地承包经营权的稳定性就成为决定土地流转的重要因素。第三，交易成本。农地流转本质上是农地使用权的交易，在交易过程中交易双方面临信息搜寻、合约谈判以及执行等方面的交易成本。第四，农户特征。几乎所有关于农地流转决定因素的研究都会涉及农户特征变量——户主性别、年龄、受教育水平、能力，家庭人口、劳动力数量、财产等。例如，孔祥智、徐珍源（2010）基于安徽合肥 7 个县区 207 份农户的问卷调查资料，指出户主年龄越小、受教育年限越少，越缺乏从事非农工作的特殊职业技能，越倾向于将农地流转给与自己有亲缘或地缘关系的农户；不同类型农地的流向出现了分化，高价值的农地多流向熟人，流转收益更多地体现为保障收益，低价值的农地则多在社会层面流转，流转收益主要体现为经济收益。

第三个方面，是关于农地流转的经济效应与影响（罗伊·普罗斯特曼、李平、蒂姆·汉斯达德，1996；罗必良，2000；刘凤芹，2006；Gao 等，2010；郜亮亮、黄季焜等，2011；曹瑞芬、张安录，2015）。农地流转是促进农地规模经营的必经之路，也是提高农地生产效率的重要途径，研究者大多对此表示肯定；但也有部分研究对此提出质疑，认为家庭小规模经营才是最适合目前中国状况的经营模式（罗伊·普罗斯特曼、李平、蒂姆·汉斯达德，1996；罗必良，2000；刘凤芹，2006）。有研究注意到农地流转对农户长期投资的消极影响（Gao et al.，2010），郜亮亮、黄季焜等（2011）比较了流转农地与非流转农地上的投资差异，研究发现，当农户面对转入农地和自家地时更愿意在自家地上施用有机肥，农户在转入地上的有机肥施用概率和用量要比自家地上的少，转入农地的使用权稳定性差导致了农户在转入农地上有较少的长期投资；随着农地租赁土地的稳定性提高，这种投资差异在缩小。郜亮亮、黄季焜（2011）的进一步研究表明，即使都是流转农地，由于在使用权稳定性上有差异，农户在投资上也有差异。他们利用2000年和2008年全国6省的随机抽样农户调查数据，考察了农户面对不同类型（从亲属转入和非亲属转入）的流入农地时的投资行为。两类转入农地在使用权稳定性上有显著差异：从亲属转入的农地的已使用年限和合同年限都要比从非亲属转入的农地的相应年限长，几乎都要长一倍；农户在从非亲属转入的农地上的有机肥施用概率和施用量显著低于从亲属转入的农地。因此，进一步促进流转农地使用权的稳定性，能够激励农户对转入农地的长期投资。此外，曹瑞芬、张安录（2015）基于对湖北省27个村313户农户的调查，指出了农地流转对转入户和转入户收入的不同影响，认为农地流转促进了转入户收入的增长，而且随着农地流转规模的扩大，其对转入农户收入增长的影响程度也越大，但与此同时，农地流转对转出户的收入并不产生显著影响，可能的原因在于转出户多为常年外出务工的青壮年，其家庭收入主要来源于非农收入。

第四个方面，是关于农地流转的社会政治影响和后果（陈锡文、韩俊，2002；吴晓燕、李赐平，2009；陈柏峰，2009；林旭，2009；郭晓鸣、徐薇，2011；贺雪峰，2011；王德福、桂华，2011；王德福，2012；杨华，2011，2012，2013；刘锐，2013；田先红、陈玲，2013；谢小芹、简小鹰，2014；何思好，2014；常伟、李梦，2015）。如果说，关于前三个方面的讨论主要是经济学者在参与，那么在这第四个方面，其他社会科学研究者得以充分参与进来，因为农地流转不仅仅是经济行为，也是社会行为，不仅仅产生经济影响和后果，也会产生社会影响和后果。在经济视角之外，研究者引入了考察农地流转的社会视角，围绕农地流转的社会政治后果和影响进行了讨论。

一些研究指出了资本下乡和大规模农地流转可能产生的社会政治风险。早在大规模农地流转开始增多的21世纪初，陈锡文、韩俊（2002）即有针对性地提出：农地流转应当主要在农户间进行，不提倡工商企业长时间、大面积租赁经营农户的承包地，"在农业剩余劳动力尚未能大规模转移之前，必须避免农村出现大资本排挤小农户，避免出现土地的大规模兼并，避免大批农户丧失经营主体地位、不得不沦为雇农的现象"。郭晓鸣、徐薇（2011），郭亮阳、云云（2011）认为权力或资本推动的农地规模化流转忽视了土地流转与其嵌入的社会系统之间的关联性，挤压农民的就业空间，损害农民的土地权益，对农民生计带来较大风险，此外还可能加剧耕地的非农化非粮化趋向，加重对耕地质量的破坏程度，不利于农业和粮食安全，因而容易引发一系列的社会风险和不良后果。

另外一些研究讨论了农地流转对基层社会治理产生的影响。吴晓燕、李赐平（2009）、何思妤（2014）认为农地流转从深层次上改变了乡村社会固有的传统模式，通过控制土地、政治动员等来影响、组织或调动农民的传统治理方式变得越来越难以奏效。治理主体与内容都面临着新的改变，村庄内部出现了新的分化，而且村庄内部与外部之间的交流日益频繁，乡村治理的目标与内容已经不仅仅是完成上级任务、协调内部冲突所能涵盖了，在这样的背景下，如何重新理顺村庄治理中的各类秩序，就成为一个非常重要的问题。

在关于农地流转的社会政治后果的研究中，最值得注意的是，贺雪峰、陈柏峰等华中村治学者围绕土地流转与农村社会阶层尤其是中农阶层的关系进行的有益探索和讨论（陈柏峰，2009；贺雪峰，2011；王德福、桂华，2011；王德福，2012；杨华，2011、2013；刘锐，2013；谢小芹、简小鹰，2014）。在一项颇具开拓性的研究中，陈柏峰（2009）基于对湖北省京山县数个村庄的调研资料，指出土地流转对农民的阶层分化有着重要影响。农村土地流转可分为主动长期限流转、被动长期限流转、短期限流转三种具体形式，土地流转形式影响到农民的土地占有状况，而土地占有状况很大程度上决定了农民的阶层状况，当下的乡村大体上存在外出经商阶层、半工半农阶层、小农兼业阶层、举家务工阶层、村庄贫弱阶层五个阶层。不同阶层之间存在转化的可能，除了少数完全不依赖土地、凭借在外努力获得成功的农户外，占有土地多的农户可以轻松成为半工半农阶层或小农兼业阶层，进入村庄的"中间阶层"，而占有土地少的农户只能成为举家务工阶层，如果境遇恶化，则可能落入村庄贫弱阶层。不同阶层的农民对现行土地制度有着不同的态度。作者认为，现有的土地制度安排在保护广大"中农阶层"的利益上颇为有力，但是难以保障村庄贫弱阶层的利益需求，难以满足外出经商阶层失败时的利益需要，也难以保障举家务工阶层因家庭境遇变化或经济环境变化而回迁农村的"迁徙自由"，因此，应该在继续坚守当前稳健的土地制度安排的同时，以合适方式保障贫弱农户的地权。

在贺雪峰看来，陈柏峰的研究有两点值得关注，一是引入时间变量，指出不同阶层之间存在着转化的可能性，如以外出打工为主、在村耕作为辅的半工半农阶层的经济形态就需要"不完全家庭模式"的支持，如果缺乏这种支持（比如家里的老人无力从事耕作），他们既可能变成小农兼业阶层，更可能变成举家务工阶层；二是提出小农兼业阶层属于"村庄中的'中农'阶层"，"这个阶层以从事农业为主，以在县城和镇上务工为兼业，对农村土地有着高度依赖"，"是村民进行'面子'竞争和攀比的基本标准，是贫弱农户追求的目标"。不过，陈柏峰的研究忽视了农民流动所造成的农户之间的土地流转及由此产生的对农户收入与就业的影响，即外出务工农户的离土，使得务农农民可能扩大耕作规模，从而成为农业经营收入增加的"中农"这一重大问题，这部分农民的状况和态度将影响农村基本秩序状况，因而应该给予特别关注。贺雪峰认为，实行家庭承包制以来，随着农业税费的取消、土地流转的加速，农村社会阶层分化的确出现了新状况。依据农户与土地的关系，可以对农村阶层作如下划分：脱离土地的农民阶层（主要指离土进城务工经商的农民）、半工半农阶层（家庭收入中既有务工收入又有务农收入，家庭成员中有人务工有人务农，主要包括"男工女耕"和"子工父耕"两种模式）、在乡兼业农民阶层（未离开乡村但主要收入并非来自农业和土地）、普通农业经营者阶层（主要依靠农业收入，对土地最为敏感）、农村贫弱阶层。不同阶层的农民对土地收入依赖程度、对土地流转的态度、对待乡村秩序的态度也不尽相同，只有深入对分化的农民进行研究，理解不同阶层农民的政治、社会、文化态度，理解中央政策对不同阶层的不同影响，才能真正出台好的农村政策，而不至于顾此失彼（贺雪峰，2011）。

王德福等人（王德福、桂华，2011；王德福，2012；杨华，2012；刘锐，2013；谢小芹、简小鹰，2014）的研究更进一步指出了大规模土地流转对中农阶层和乡村社会的重大负面影响。这些研究认为，农村土地流转存在分散式和集中式两种类型，分散式流转即发生于村社内部和农户之间的小规模自发流转，集中式流转是在地方政府和基层组织推动下发生的成百上千亩土地的集中连片流转，近年来农地流转呈现从分散式向集中式转变。流转方式的改变不仅改变了农村自生的农地流转逻辑和规则，推动农业经营方式由家庭经营模式向雇工经营模式转变，而且正在重组农村社会的阶层结构，进而影响农村社会稳定。农地分散式流转基于自愿互利的乡土伦理逻辑，有利于催生"新中农"阶层，该阶层构成当前农村社会生活和乡村治理的中坚力量，发挥着维护村社共同体等重要作用，是农村社会稳定的基础。农地集中大规模流转则在资本逐利的驱使下，持续瓦解和替代村庄中间阶层，挤压其生存空间，进一步加速农村精英流失，使社区公共事务和村庄治理丧失积极分子，农村社会秩序维系及其接应国家政策的能力面临困境，农村社会稳定受到影响。研究者提出，政府应正视分散式流转的合理性和积极意义，通过农业基础设施建设为农业生产创造更有利的条件，支持、保护和引导"新中农"阶层在农村社会稳定中发挥积极作用。

总体上，既有研究讨论了农地流转对农民收入和生计的影响，也注意到农地流转对农村不同阶层和群体有着不同影响。这些研究为我们进一步认识和理解农地流转对农村贫困的影响提供了基础。

第三节 研究对象与方法

本文主要采用深度访谈与案例研究的方法。

本文研究资料来自于笔者于2016年3—5月对中部X县及其所属J乡和P村、C村等的实地调查。在田野调研期间，笔者先后访谈了县农业局、土地局等相关部门工作人员，一个乡镇的党委书记、常务副乡长、包村干部等人，该乡镇所辖三个村的村支书或村主任，以及参与流入或流出土地的三十多名村民，以分别了解县、乡、村的农地流转基本情况，并较深入地考察一些具代表性的农地流转类型和案例。

X县位于黄淮平原西缘，辖8乡8镇，441个行政村，人口83.5万人，其中农业人口约73.3万人，农户数18.7万户，耕地面积91万亩，人均耕地1.24亩。当地是小麦主产区之一，农作物一年两熟，一季冬小麦，一季玉米、大豆等秋庄稼。在20世纪50—80年代，烟叶种植曾经是当地的重要经济来源。

该县农地流转的历史大体与全国的基本趋势和情况一致。作为一个农业大县，在过去数十年里，绝大多数人口以农为生，因而形成了珍惜耕地的基本认识，即便在税费负担最为严重的年份，也基本没有撂荒的情况出现。正因为高度依赖耕地，所以在很长时间里，只有零星的农地流转。直到20世纪90年代以后，尤其进入21世纪以来，大量劳动力外出务工经商，农地流转的数量和规模才有所增加。

2013年年初，该县县委、县政府根据市委农村工作会议精神，专门组成考察组赴长三角地区就土地流转、家庭农场发展情况进行考察学习，随即于年中制定出台了产业扶持政策《关于大力培育示范性家庭农场的实施意见（试行）的通知》《关于加快农村土地承包经营权流转的实施意见（试行）的通知》及《X县示范性家庭农场认定标准及补助办法》等，加大政策引导力度，积极推行土地流转。自2013年起至2015年止，对经工商注册为农业公司、农民专业合作社或家庭农场的，连片承租土地200亩以上（不连片则每块土地须在50亩以上）、租期五年及以上、承租土地用途符合现代农业发展规划的，每亩奖励100元；连片承租土地1000亩以上（不连片则每块土地须在50亩以上）、租期五年及以上、承租土地用途符合现代农业发展规划的，每亩奖励150元。2014年，该县拿出支农资金650多万元用于补助扶持农业新型经营主体培育和产业发展；2015年该项资金达到970万元。

根据该县农业局提供的数据①，截至2014年8月，全县农村土地流

---

① 据县农业局农经股股长的介绍，全县与各乡镇的土地流转数据，只做过一次统计，其中流转规模50亩以上土地有具体数字，其余小规模流转情况依靠大致估计。此后土地流转数据年年变动，基本依靠推估，没有再做统计。对于合作社、家庭农场和农业公司数量，也都是大体掌握。

转面积 32 万亩，比 2010 年增加 9 万亩，占耕地面积的 35.2%。① 农业企业达 150 多家，年产值上 15 亿元；农民专业合作社达 698 家，其中全国农民专业合作社示范社 1 家、省级 4 家、市级 28 家；经工商注册的家庭农场有 89 家，面积超 3.2 万亩，产值达 4.4 亿元。县农业局农经股股长提到，当地的家庭农场做得不错，有规模有效益，是市里的示范点；而农民专业合作社则大多是空壳，基本还是家庭农场形式，真正合作的不多，办合作社要求二十多个人，但是有五个人就可以登记。在一份由农业局起草供主管农业的副县长讲话使用的报告材料中，给出了各种流转方式所占比重，其中占比最大的是转包 12.2 万亩，占全部流转面积的 38.1%；其次是出租 11 万亩，占比 34.4%（见表 7-2）。流转土地主要用于种植小麦、大豆和玉米等粮食作物，部分种植烟叶、大棚瓜果、花卉苗木等经济作物，另有少部分用于养殖。

表 7-2　　　　　　　　X 县农地各种流转方式所占比重

流转方式	流转面积（万亩）	占全部流转面积比重（%）
转包（集体内流转）	12.2	38.1
出租（集体外流转）	11	34.4
转让	1	3.1
互换	2.2	6.9
其他（入股托管股份合作等）	5.6	17.5

J 乡位于县城东南 30 公里处，地处 3 个地级市的交界处，下辖 37 个行政村（46 个自然村），拥有人口 4.5 万人，耕地 6.79 万亩，是典型的农业大乡。据主管农业的常务副乡长介绍，该乡目前流转 50 亩以上规模的有近万亩，小规模流转土地也有近万亩，合计近 2 万亩。

需要提到的是，乡村干部对当地小规模流转土地数量的估计可能有误。在接受访谈之初，J 乡 P 村、C 村、G 村 3 个村庄的村干部大都表示村里土地流转只限于三两户，流转面积不多，而且各村情况都差不多。但

---

① 据该县所属省份农业厅统计数据显示，全省土地流转截至 2015 年 2 月流转总面积 3393 万亩，占家庭承包经营土地的 34.8%。自 2011 年至 2013 年的监测显示，流转总面积年均增长率达 5%。

是通过进一步的访谈得知，发生在家人亲戚之间的土地流转并不在这些村干部所理解的流转范围之内。而根据对该乡 P 村更深入的调查了解，农户之间的小规模自发流转面积大致占到村庄全部耕地的 30%。

在当地，绝大多数的农地流转是发生在农户之间的小规模自发流转。这里以 J 乡 P 村为例来做说明。P 村是 J 乡一个中等村，拥有人口约 280 户、1090 人，土地约 2000 亩，其中耕地 1577 亩，村庄占地的 300 亩。村庄分四个村民小组（1 组 68 户 266 人、2 组 65 户 262 人、3 组 73 户 280 人、4 组 74 户 284 人），农地所有权确权到组，各组人均耕地在 1.75—1.9 亩。①

根据不完全统计（通过对村干部及每个村民小组了解情况的农户的访谈），该村约有 50 户农户流转出承包耕地近 500 亩，分别占全村承包农户总数的 20% 和全村耕地总面积的 30%。流转土地类型除了一块 10 亩地系第一村民小组的机动地，以竞价承包的形式给了本组一位村民外，其余全部为农户承包地，包括耕地和打场地；从流转主体看，无论转入还是转出，绝大多数系农户之间自发流转，且流转主体之间大部分具有亲友关系；流转规模通常不大，基本限于小规模流转，全村转入 20 亩地以上的仅有五户，转入 30 亩以上的有两户，转入 50 亩以上的只有一户，村里转入土地最多的一户，也不过转入了 75 亩土地；流转农地依然维持着当地的农业经营结构，主要用来种植粮食作物和经济作物，只有少数土地被用来搞养殖或者秸秆加工；从流转价格看，每亩农地每年流转价格主要集中在 500—700 元，这一价格明显低于当地大户流转的 800—1000 元价格。亩均价格最高的一宗流转系 2016 年年初 C 村的一个人来村以每分地每年 100 元价格租用了五六户的打场地合计 2 亩，用来做秸秆饲料加工（由于

---

① 据该村支书和会计介绍，该村属于省定贫困村，名义上有对接帮扶单位，但似乎没见帮扶干部来过。而之所以被列为贫困村，主要缘于村干部听说入选了贫困村会有一些项目和资金下来，于是紧急动员，编列贫困户名单，提出申请并成功入选，很快上面下来一个 30 万元的项目，硬化了村庄主路。村里有 4 户五保户，三十多个享有低保的名额，按人员而非户发放。在当地，低保被分成了一、二、三档，为避免矛盾，三十多个低保名额统一按二档发放，每月 105 元，不过这样虽则避免了享有低保的人之间的分配矛盾，却招致其他一些没有机会享有的村民的不满，因为他们自认生计境况与这些享有低保的人差不多。在该村支书看来，目前的低保制度根本不起其应有作用，纯粹制造村民矛盾，不如不要，或者把"撒胡椒面"的资金集中起来，用作村里的公共事业。

污染太大,遭到附近村民强烈反对,很快就停掉)。耕地最高流转价格发生在村内两户之间,以 750 元的年价流转了 10 亩地,转出者已在五十公里外的某市购房落户并有固定工作,转入者是本村也是本乡最早购置了大型联合收割机做生意的一户。

表 7-3　　　　　　　　J 乡 P 村农村流转基本情况统计表

序号	流转面积（亩）	流转用途	最初签订合同时间	合同期限（年）	流转方式
1	110	烟叶	201406	5	租赁
2	160	粮食	201406	5	租赁
3	230	粮食	201406	5	租赁
4	130	粮食	201410	5	租赁
5	180	粮食	201410	5	租赁
6	170	粮食	201410	5	租赁
7	110	粮食	201410	5	租赁
8	130	粮食	201410	5	租赁
9	110	粮食果木	201410	5	租赁
10	170	粮食	201410	5	租赁
11	110	粮食	201410	5	租赁
12	110	粮食	201410	5	租赁
13	100	粮食	201410	5	租赁
14	110	粮食	201410	5	租赁
15	130	粮食	201410	5	租赁
16	150	粮食	201410	5	租赁
17	170	粮食	201409	5	租赁
18	100	粮食	201409	5	租赁

近年来,受当地政策激励影响,在农地流转呈现加速发展的同时,大规模农地流转显著增多。下表是 J 乡 2014—2015 年出现的数十家较具规模的土地流转情况统计,流转主体跨村乃至跨乡。

表 7-4　　J 乡 2014—2015 年百亩以上土地流转情况统计

序号	流转面积（亩）	流转用途	最初签订合同时间	合同期限（年）	流转方式
1	210	粮食烟叶	20110922	5	租赁
2	270	粮食	20120923	5	租赁
3	460	粮食蔬菜	20120925	5	租赁
4	1200	粮食	20130916	5	租赁
5	430	林木	20110920	5	租赁
6	320	粮食蔬菜	20130922	5	租赁
7	140	粮食	20120920	5	租赁
8	280	粮食	20140610	5	租赁
9	150	粮食烟叶	20110925	5	租赁
10	210	粮食蔬菜	20110920	5	租赁
11	200	粮食烟叶	20110922	5	租赁
12	160	粮食烟叶	20110922	5	租赁
13	370	粮食蔬菜	20120923	5	租赁
14	220	粮食	20120922	5	租赁
15	160	粮食	20120922	5	租赁
16	240	粮食烟叶	20110926	5	租赁
17	1130	粮食烟叶	20110920	5	租赁
18	150	粮食蔬菜	20120920	5	租赁

此外,据 J 乡主管农业的常务副乡长介绍,过去几年,通过工商资本下乡来尝试流转土地的事例骤然增多。最新的两例,一例是去年秋收时节

某市一家公司，派人来来往往磋商了好几回，终因流转价格问题未能达成一致而破局（该案例具体情况参见下一节）；另一例是省会城市一家房地产集团公司，因为产业发展面临瓶颈，今年年初通过政府人脉关系找到乡里来，要流转万亩土地，常务副乡长看对方连个可行性报告都没有，对土地流转之后的用途也没有明确规划，最后事情不了了之。这些外来工商资本，不仅财大气粗，而且拥有过硬的人脉关系，往往通过市县政府的领导介绍而来，不易甄别，不好推辞。常务副乡长自觉虽人微言轻，却也负有守土之责，有责任替村民把关，有必要弄清对方真实意图。"现在外来公司来洽谈流转土地的很多，年年都有。……不过大多不托底，不能哪个公司来了就给他流转。得看看他究竟是啥意图，到底中不中。"（2016年3月13日，J乡常务副乡长访谈）也因此，该乡迄今为止尚未有落地的外来资本来乡大规模流转土地的实例。不过在这位常务副乡长看来，如他这般为当地民众考虑的人不多，周围几个乡镇都有工商资本下乡圈地的例子，但是真正做成功的基本没有，大多做一两年就做不下去了，有的甚至只是为了套取国家补贴。县农业局农经股股长提到前年发生的一个例子，在城北一个乡镇，在当地干部的动员和运作下，平整集中了两千亩耕地，租赁给一个外来公司，租赁合同签了12年，但是只种了一年，赔了不少钱，公司的人一夕之间就失踪了，乡村两级干部火速灭火，对转出农户反复做安抚工作，又紧急动员当地几个有经济实力的人续包了一年土地，才避免了事态进一步恶化（2016年5月12日，县农业局农经股股长访谈）。

第四节 贫困影响

不同类型的农地流转，有着不同的贫困影响。农地流转，因流转主体、流转方式、流转规模、流转用途、流转期限、流转发生时期等的不同，产生了不同影响。本文主要依据转入主体的不同，分别讨论不同类型流转的贫困影响。

从前述导论部分回顾的过去几十年农地流转的历史过程，我们可以看到如下演化轨迹：农村实行家庭联产承包责任制之后，基于现实需要，自发的小规模农地流转开始出现，家家户户都经营着小块土地的情况逐渐出现变化，在大部分农户维持原有的耕种规模和模式的同时，少部分农户转入部分土地，另有少部分农户则因故转出部分或全部土地，村庄从原来纯农户（当然当时还有社队企业即后来乡镇企业的从业者）的格局，逐步过渡到纯农户、兼业户和非农户并存的状况。随着工业化和城镇化进程的加快，部分原来的农户完全脱离农业经营成为非农户（非农户还包括城镇干部工人退休人员、小工商户等），其他大部分农户则从完全依赖小农经营逐渐过渡到在小农经营之外增添其他产业，这部分群体规模越来越大，其中有部分农户，尤其是纯农户和兼业户依靠自身慢慢积累，逐步扩大转入土地规模，成为现在所谓的家庭农场，成为自发农地流转的代表者、支持者和受益者。后来随着农业产业化和规模经营主张的兴起，一时之间大规模经营有益的论调泛起，加上公布各地土地流转数据客观上加剧了地方政府之间的比较心理，不少地方视高流转率和大规模经营为政绩，竭力推动，这样促使部分农户抱着"博一把"的想法涉入土地规模流转，也吸引了一部分工商资本下乡圈地，从而对原有自发流转格局产生影响。

目前的农地流转大体上呈现如下的类型和格局：第一，自发的小规模流转（几亩到十几亩、二十亩，分散）；第二，从前者中慢慢发展出来的较成规模较成功的流转（所谓家庭农场包括在内，几十亩至上百亩，有较坚实的基础，包括人力、资金、技术和经验的积累。地块分散或半整合）；第三，流转大户（集中式大规模流转，集中），具体又可分成两种情况，一种是通过外出打工或创业的成功，获得资本积累，然后回到村庄涉入土地的流转经营；另一种则是在本乡本土成长起来、家庭条件一般但在某些方面拥有一定资源（为村干部或拥有一定人脉）的人，试图利用政策扶持或依赖贷款，通过流转规模土地获得巨利，实现翻身；第四，资本下乡大规模圈地（集中）。后两者往往为外力（或资本或权力或二者结合），其虽然为不少村民接受，但通常风险较大（资金缺乏、还贷困难或管理不善），且会严重影响到依靠自发流转慢慢积累起来的第二种户。

现依照上述分类，各自选取一两个案例，分述其贫困影响。

一 类型一：农户间自发的小规模流转

农户间自发的小规模流转具有以下特征：流转大部分发生在亲友、邻居或者熟识的农户之间（参见方框一），流转双方有着较强的血缘、地缘关系。流转基本在村庄内部，少数的跨村流转也基本限于亲友之间。流转通常采取转包方式。流转的程序往往十分简单，通常采用口头约定形式，绝少出现正式的纸质合同。流转价格通常较低，有些流转具有非货币化特征，即租金以小麦、稻谷等实物形式交易。流转期限通常较短，一年一定或者灵活决定，流入方负有照管土地之责，流出方亦可根据自身需要即时要回土地。

这种流转，因为通常发生在熟人之间，大多具有亲友关系，基于彼此情面，流转价格较低，因而对流入农户较为有利，而对流出农户多少是个损失，对其收入会有一定影响。同样碍于情面，有些流出农户在农忙时节还会在自家地上为流入户帮忙。尤其是代际亲友之间的流转，如年迈体衰的老人将土地交给子侄耕种，或者守家照料老小的留守妇女将土地让给熟识亲友，因社会角色或生活境况的不对等，除了流转价格低、流出方需要承担一定义务劳动之外，有时流转本身都会超出流出方意愿，带有某种程度上的强迫性，从而可能对老年人或妇女产生不利影响。因此，也确有些流出农户，希望能有政府、外来公司或外部陌生人来村租地或组织租地，这样自身既可增加流转收入，又可免受农活之累。

此外，由于流转地块狭小分散，无法进行整治，不利于农业设施的投入和改善，耕种不便，规模效益受到限制。

不过，虽然流转价格较低使得流出农户的收入受到一定影响，但由于流转发生在熟人乃至亲戚之间，彼此知根知底而深具信任基础，相互之间在土地租金之外多多少少还有一些相互的责任和义务，因而可以大大降低农地流转成本，使得流转具有高度的弹性和灵活性，流入农户对流入土地具有保护之责，不会滥用或毁坏土地，在流出农户需要的时候随时可以归还土地，等等，这种自发的流转在某种意义上对流出农户具有一种保护机制。因外出务工而转出土地的农户从事的行业主要集中在建筑业、加工制造业等技术含量较低的工种，工资收入较低，且易受宏观经济形势波动的影响，因而这些外出农户更希望保持一种较具弹性的农地流转时间与方式，以便根据自身条件和需要随时收回土地。在很多时候，与土地流转的价格和方式相比，这部分农户更多的是在关心土地流转给谁的问题，以尽可能地减少土地交易的不确定性和风险性。

农户间自发的小规模农地流转的关键，在于其建立在农户自愿自发的基础上。虽然表面上看不规范不健全，但是这种流转具有灵活性和弹性，且多少带有互惠互助性质，因而流转双方均可接受。相形之下，这一类型的流转通常对转入农户更为有利；不过，熟人社会中的地方性规范基本保障了流转双方的需求和权益。因此，流转总体上对于农户和村庄增加收入、减少贫困具有正面作用。

方框一：农户自发小规模流转案例

案例1

P村村民ZXA今年60岁，他的妻子在生下小儿子一年后患病去世，遗下一女两男三个年幼的孩子。在老母亲的帮助下，他含辛茹苦地拉扯三个孩子，还要照管精神异常的弟弟。

由于家里实在顾不过来，加上缺乏耕种的农具和机械，在勉强支撑几年之后，ZXA于20世纪90年代初把家里全部7个人的耕地（包括老母亲和弟弟两人的耕地）12亩转给同在一村的妻妹家耕种。最初几年地租为每亩地每年2袋（200斤）小麦，随后提高到4袋（400斤）小麦，之后多年妻妹一家始终按每年每亩地4袋小麦支付。虽然嫌对方给得少，但是碍于亲戚关系，他一直没有吭声。而且，每年的农忙季节，他都会去给妻妹一家帮忙，直到他离开村庄去县城做街道清洁工。大女儿和大儿子都在北京打工，所以在县城干了几年之后，他又转到北京做社区清洁工。只念到小学毕业的小儿子长大了，却变得孤僻暴戾又好吃懒做，威胁父兄给他在村里盖房以便他能讨个媳妇，他不得已，于2014年回到村里张罗盖房。盖房子花去不小一笔钱，2015年，颇感压力的ZXA终于借故把耕地要了回来，以每亩地每年600元租金转包给同一家族的一个堂弟耕种。

案例2

42岁的P村村民ZF一家五口，有三个孩子，大女儿赶上了村里最后一次调地，因此家里得以种着三个人的地合计5亩多一点。平时妻子在家照顾孩子，ZF则农忙时在家，农闲时外出去干建筑工。ZF的父母在村里单独居住，他还有两个弟弟，通过考学走出了村庄，毕业后依靠自身打拼，安顿在大城市。考虑到父母年纪大了，身体也不好，而ZF有三个孩子，负担重，2014年，他的两个弟弟经与父母商量，把本来由父母耕种的四个人的7亩耕地转给了哥哥耕种，由哥哥每年象征性地拿3000元钱给父母（实际上两个弟弟每年都补贴给哥哥几千元钱）。农忙时节，父亲下地帮着干农活，母亲则在家烧水做饭，一如之前父母自己耕种的时候；平日里，由于大儿子大多外出务工，大儿媳在本地一个加油站打短工，父母免不得要帮忙照顾孙子孙女。而除了每月每人60元的"退休金"外，父母自身没有什么收入，3000元钱"地租"根本不够用，主要依靠两个小儿子往家里拿钱。一直帮的是大儿子，依靠的却是另外两个儿子，父母虽然衣食无忧，内心却难免有些想法。

资料来源：村民 ZXA、ZF 访谈（注：后面的案例资料，亦来自对各自当事人的访谈，不再一一列出）。

二 类型二：农户通过流转土地力农致富

这一类型是从前一类型之中冒出来的佼佼者和引领者，通过转入土地力农致富（参见方框二）。这一类型流转的特点是：转入农户通常拥有较强的劳动力，或者具备一定技术和经营能力，基本采取家庭自营模式，主要依靠家庭劳动力配合农业机械完成农业生产，或者部分环节雇用一定劳动力完成，因此能够获得小康及以上水平的收入；转入农户有能力支付较高的地租，因而农地流转价格能够随行就市，较普通农户分散流转的价格为高，也因此，转出农户非常乐意将土地流转给这样的农户；通常具备一定流转规模，大体上从三四十亩到百亩不等；流转土地除了少数仍用于种植粮食作物外，相当一部分土地转向种植经济作物；流转采取转包或租赁方式；流转预期较为明确，虽然双方基本上一年一订，但是通常都能持续流转数年；不过，尽管流转达到一定规模，但大多仍为分散流转，地块零散不连片，基础设施缺乏，不太方便耕种。此一类型的流转，是基于农户小规模自发流转基础上的进一步发展的形态，不具风险，对流转双方皆非常有利。

P 村村民 ZJT 是普通农户依靠自身体力通过流转农地力农致富的一个典型（参见方框二案例3）。作为普通农户，不使用贷款，不雇用人工，完全依靠自身一人力量，独立种地经营，种植传统的粮食或经济作物，农闲时外出打工或加入乡村建筑队干活，通过自身的自强不息和点滴积累，逐渐扩大租地规模，成功实现力农致富。

C 村村民 LWC 则是普通农户借助自身种植技术通过转入土地实现力农致富的成功案例（参见方框二案例4）。在前一案例中，ZJT 凭借的是自身体力和勤俭节约，只身耕种转入土地，以此闯出名堂，吸引有意转出土地的农户主动找上门来，与此同时，他不仅支持子女在外务工，在农闲时自己亦尽力外出打短工。而在 LWC 案例中，在辛勤劳作之外，依靠的是自身过硬的烟叶种植技术，基于烟叶种植需要好地以及对自身种植技术的信心，主动寻找好地，宁可提高租地价格，这样一来容易转入高质量地块，二来对转出土地的农户也更有利（ZJT 基本是租种普通分散地块，基本与前一类型农户小规模自发流转的情形类似）。此外，通过流转土地扩大烟叶种植，需要大量的人工劳动，LWC 不仅有意为家人找寻外出打工的替代选择，而且提供不少的务工机会，让闲置在村的其他村民获得一定的雇工劳务收入。所以，LWC 案例还颇具改变农业生产经营结构和农村社会结构的意义。

总体上，这一类型的流转，流转预期稳定，流转价格适中，流转主体双方均可获益，也为村庄闲置劳动力提供了雇工机会和劳务收入。这一类型的流转，无论于流转双方，还是于其他村民，于整个村庄，增加收入、减少贫困的效应明显，而且对其他小规模自发流转具有良好的示范效应，对具有外部力量涉入的大规模流转则具有一定的抗拒和抵御作用，因此具有强大的生命力，应予支持和提倡。

方框二：普通农户流转土地力农致富案例

案例 3

　　1970 年生人的 ZJT，念书到初二下学期，开始外出打工，先去了广东东莞清溪进厂干了两三年，接着北上辽宁干建筑队，再接着在河南灵宝制卖豆芽，因妻子要生产，回到村里，搞养殖喂猪，多的时候喂到二三十头，喂成了拉到几十里外的某市肉联厂。从 2005 年开始包地，后来因移民村建设占了其所包土地，短期带妻儿去上海打工做装卸工。之后大儿子结婚生子，出不去了，从 2012 年开始又在村里包地。目前家里有妻子和两个儿子，大儿子已结婚生子，全家一起生活。

　　ZJT 包地算是村里最早的，缘起于在乡镇政府工作的妻兄，包了付庄八亩地种葡萄，没工夫管理，就转给了他种。当时签了合同，交了十五年的钱，每亩每年 200 元。这样种了六年，那时候每年都能挣五六万元钱。2011 年葡萄地被划给因南水北调中线工程移民过来的移民村盖房子了，就没法种了。人家把地钱退了，一亩地又补偿了一万块钱。之后 ZJT 带妻子和儿子去上海打工，把自己十多亩地给了关系不错的一户农户种，自己出钱出工具，收一季麦，由对方收一季秋庄稼。后来大儿子娶媳妇了，一家人就不去了，想着在家里找个事做，从 2012 年开始，在村里包地种。

由于在村里包地最早又最多，且过去几年持续包地，名声都出去了，村里有人不想种地了，就找上门来问他包不包。这样包的地块不断增加，有三个村的土地，加上自家的地，合计十来块地，七八十亩。主要就是小规模一块一块地包，一般都是四五亩地，最少一块地也得一亩多，地块太小了种着不划算。他说到一件趣事，村里有人找上门来，说村北老北坡有块地三四分地，问他包不包，他说没法包，要是地块有大有小一起让包，那还凑合着种了，单单几分地没法种，耕种不方便。

除了所租隔壁村一块大队的地签了两年合同，租地一般是一年一租，口头约定不签协议，租金每亩每年500—700元不等，通常是在"六一"收完麦子或"十一"开始种麦子时现钱支付下一年的租金。地包过来还是种粮食。一亩地成本包地费加地里投入合计得1300元。收麦一亩地60元，收秋30元，150斤肥料折合200多元，种子，农药，加总得500元，地钱700元，总投入得1300元。收入呢，秋季合三袋多大豆，三百斤，一斤一块八九元，也就500多元钱，麦季顺当的话收1200斤，按1.1元一斤，这样算，实打实地，一亩地下来也就能弄三五百块钱。一年下来，包地收入合计也就三几万块钱。这还是天顺当。

全部土地都由ZJT一人耕种，工具只是一台小型拖拉机。他说现在的地好种，犁地自己犁，就用自己的小型拖拉机挂个犁去犁，一天犁出来十来亩，因为旋耕耙把地弄得太深太虚，对庄稼不好，所以通常不使用；耩地（播种）自己耩；打药自己打，使用卖农药的免费提供使用的电喷雾器，一天工夫可以喷打三十亩地；收割小麦大豆自己收，有人家用联合收割机来收，自己备一个拖拉机斗子，麦子豆子直接从收割机倒进斗子，然后直接拉到村面粉厂里或者屯在院子里，价格合适了就拉出去卖。只是在最农忙季节，亲戚过来搭把手，帮着犁耙几块地。不仅种地由他一人全包，他还在家里自己照顾喂养了几头猪，农闲季节还随着建筑队干日工，一年能有一百个工。妻子要照顾小孙子和打理家里其他事务，大儿子大儿媳在上海青浦区一家手机厂里打工，小儿子在郑州一家酒店里做厨师。

在ZJT看来，自家是小本经营，目前粮价又上不去，且小儿子已经十六七岁，马上面临盖房结婚，因此地里不敢投入太多。不过他也考虑，包地增加到一百亩以上时候，就需要添置农具，购置旋耕耙、联合收割机，毕竟不能指靠别人，亲戚帮忙也是有时间的。他表示，有机会的话，会继续扩大包地规模，最好能够弄到200亩地，因为这样的话，就可以考虑雇人，比较划算，自己也能更轻松一些。地太少的话，雇人不划算，挣不到钱，全由自己种又太累。

2008年，ZJT花了15万元盖起两层小楼，给大儿子结婚。他规划着后面一两年再给小儿子盖栋小楼。他说："做人不就是好好干，让下辈负担小点，是不是？我反正是不怕下劲儿，睁眼看看咱庄里，比我下力大的不多。村里包地最早最多的是我，村里最先开始养猪的是我，我是啥都想翻腾，不过没少翻腾可也没弄到啥路数上，马马虎虎一般般，混个大钱没有小钱不断都中了。"

案例 4

1961 年生人的 LWC 是 C 村人，是方圆十里八村小有名气的种烟大户。LWC 从生产队时候就开始种烟，到现在至少有三十年了。分田到户后，进入 20 世纪 90 年代，大多农户都不再种烟了，LWC 却坚持年年种。刚开始种烟时候是马马虎虎，跟着别人混，你种我也种，你咋种我咋种，后来就慢慢琢磨，上心了，所以，"凡是跟种烟炕烟有关的理儿，都想得差不多了"。种烟不仅是体力活，更是技术活，从育苗、栽秧、打杈、掐顶，到打烟、编杆、装炕、烧炕、出炕、分拣、捆装、出售，工序多要求高。凡是关键程序都是 LWC 一家人自己完成，忙不过来需要雇人，也只是干技术要求不太高的活计，而要求最高最复杂的部分比如烧炕，都由 LWC 一个人包了。"我自己炕，别人炕我不放心。我炕这么多烟，从没找过人，黑天白夜都是我自己。就这我还有打牌的时间。" 他说，现在全国控烟，烟叶种植面积也控制，但因为烟叶税收高，当地鼓励农户种烟，凡是连片 50 亩以上的春烟，提供化肥和烟炕里需要的东西，此外还有直接补贴，因此过去几年乡里有四五十户农户重新尝试种烟，种植面积达两千亩，但是几年捣鼓下来，大多不挣钱，就连 H 庄村既能干又有人脉（乡烟站占用了该村的地皮）的前支书种烟炕烟也比不过他，这两年只好放弃种烟转而搞大棚瓜果。因为他弄的烟叶好，每逢上面检查，烟站主任就来找他让他赶紧弄点烟过去，放着应付检查。有人愿意花一天两三百块钱请他，他表示还是不如自己种。而且，他不仅懂技术，也舍得下本钱，比如说他今年往烟地弄了几百斤"连吃都不舍得吃"的芝麻当肥料，以提高烟叶档次。

过去一些年，LWC 只种自己的地，一年种三亩五亩烟；从 2011 年开始包地，扩大种植面积，每年能种到十亩八亩地，凑够一炕。从 2015 年 10 月，LWC 再次扩大种植面积，从五六家村民那儿包了 28 亩地，加上自家的 8 亩地，合计 36 亩，其中 14 亩继续用来种植粮食，其余 22 亩全部用来种植烟叶。之所以种这么多，除了受上面下达的种植指标控制的原因（2016 年最初给 18 亩的指标，后来又降到 14 亩），主要是受烟炕数量、烟叶放置场地和家里劳力限制。一个炕一次可以管 10 亩地，他自家有个土炕，又借用了 H 村前支书一个闲置的电子炕；打下的生烟叶和出炕烟叶都需要地方存放，出炕烟叶又是易燃品，存放要求高，一个普通农家院落是不够的；每年忙烟季节有三四个月，需要不少人工，在外打工的儿子儿媳偶尔回来帮忙，忙不过来时候就得雇人。

从开始包地，就是每亩地每年出 1000 元的租金，一直到现在。因为种烟需要好地，对土壤要求高，所以包的都是村里最好的地，而种烟效益也不错，所以租金给得高。包地期限按一年一包一给钱，因为不知国家收购政策如何（是否压缩种植面积指标），再一个，同一块地只能连续种两年烟叶，之后需要倒茬，不然烟就坏了，所以土地不敢长包。

烟叶种植工序繁多，劳动量大，从种烟、掰杈、掐顶、浇水，到打烟、运送、装车、上烟、装炕，再到出炕、下烟、分拣等，除了自家劳动力，繁忙的时候还需要雇用不少的人工劳动。单单计算打烟、上烟和装烟的费用，每一炕烟需要支付1400—1600元的雇工费用，而一季下来，大致有七八炕之多。据LWC估计，包括雇工费用，每亩地的成本在3000元钱左右，扒掉这个成本，一亩地大致纯赚3000元钱。

"除了地钱（租金）一亩地1000元，这烟工老大啊，每一炕烟，自家人干活不算，抽烟、吃饭等小钱不算，都得1400元到一千五六百元工钱给人家，这还只是把烟装到炕里头（打烟、上烟、装炕）的费用。装一个炕得十个人，妇女们给开70元钱，男的得给人家开100元吧。在地里没法用车，得人工掐（抱着运）烟，天那么热，掐着那也老累啊，人家坐树荫下还得打扇子呢，那得给人家开个价格差不多吧。另外得用两三个小拖去拉，拉回来一杆一杆地上烟，上一杆烟，别人出0.6元钱，我出1元钱，这样他干活儿就可负责了，不瞎胡干。然后装炕。烧炕是关键，都是我自己炕，因为一点点掌握不好一炕烟就全毁了。烟地上化肥也很关键，上化肥也不用外人，（用外人的话）这一块儿他给你上一大把，那一块儿他给你上一小把，这烟出来就有大有小的，成熟的时候不一块儿成熟，到烤的时间就有难度了，变色程度也不一样，那就炕不好。烧完炕之后，还得出炕，分拣，还得用人。今年栽烟的时候，本来需要六七个人，结果一下去了十几个，你既然来了，那我多花几百块钱也不叫你走，一人给100元，这样下回再找人就好找了。你自己挣钱，你坑别人，谁给你干啊。另外烟叶怕旱，得浇水，种一季烟得浇四次到五次水。我自己忙于烧炕，浇水都是雇人，而且还得雇用男的，按一天一人100元钱计算，下来又是一笔费用。"

儿子儿媳在外打工，烟忙时候偶尔回来帮忙。LWC鼓励他们出去打工，因为在家种烟可以雇人，而雇工价格比外面的工价低很多，"因为雇的都是无法外出打工的，工价肯定跟外面不一样，但是咱让他比在家闲着强，两下凑合，都愿意都能接受就行，咱们这边又没有什么厂矿企业，他没技术没钱又没有其他机会，闲着也是闲着"。在农闲季节，LWC自己也掂着工具随着村里建筑队干活，在周围几个村盖房子，一个冬季能干五六十个工，一天一个工，合100多块钱。不过，LWC深知在外打工的不易，他虽然鼓励子媳外出，但却也考虑着，种烟虽然活计重些，但倒

> 也提供了一个可能的替代外出的生计，毕竟可以一家人守在一起，守在村里。
>
> 　　不计儿子儿媳打工收入，LWC 通过种植烟叶和其他作物，加上自己打零工的收入，一年下来就有小 10 万元。
>
> 　　关于未来打算，LWC 说，按他的想法，还要再包地扩大烟叶种植面积，种到 30—50 亩，不过不能再多，再多就弄不了了。

三　类型三：本土人员进行大规模集中式农地流转

农地大规模集中流转，改变了熟人社会自生自发式小规模流转的逻辑和规则，与前面两种类型有着极大的不同。其特征是：第一，虽然转入农地者都是本乡本土人员，但是流转双方基本脱出了乡村熟人社会的人情关系，而更接近于市场交易主体。第二，流转价格随行就市，甚至抬得较高，因为集中式流转的实现有赖于说服诸多农户同时让渡其农地经营权。第三，双方通常签署有正式流转合同。第四，流转通常采取租赁方式。第五，农地流转规模大，超出了家庭经营模式，推动土地经营方式发生转变，转而以雇工经营为主、家庭经营为辅。第六，雇工成本成为一项重要支出，对人员组织和监管的要求大大提高。第七，经营管理的重要性凸显。第八，由于农业生产的投入和产出规模巨大，使得经营活动更容易受到市场因素的影响，更需要对市场和相关信息的充分了解、适应和驾驭。第九，这一类型流转的出现有不少是受到当地政府和政策的刺激和促动，而这类地方政策的出台和实施，具有不确定性。接受访谈的县农业局主管农地流转事务的人员承认，2013 年县里出台的激励政策的确有跑偏，真正需要扶持鼓励的却没有扶持鼓励，因而该项政策事实上只在 2014 年执行了一年。

农地集中规模流转克服了零星分散流转的一些缺陷和不足，实现了地块的连片集中，方便进行农地整治、农田改造和基础设施建设，规模经营的客观条件好。但是除了这有限的便利，农地规模集中流转对资金体量、雇工成本与人员监管、管理能力、市场掌控等各项内容的要求都大大超过分散式流转。也因此，调查发现，这一类型的农地流转虽然在近年来出现了不少，但由于转入主体很难同时具备上述几项条件，所以实践中鲜少有成功的案例，绝大部分要么因资金短缺或还贷困难，要么因疏于管理或管理不善,要么因不熟悉市场,而终归于失败。其结果是不仅转入方赚不到钱乃至血本无归,而且因流转无法持续而对转出方不利,因无法及时支付劳务而殃及帮忙亲友和大量雇工。

在案例5中,作为一个曾经的大村村支书,WHL跨村流转土地,规模达七八百亩地,经营基本依靠雇用人工,雇工价格昂贵,且因缺乏监管和协调而出工不出力,效率不彰,资金缺乏,无法及时支付相关支出,期望中的政策补贴没有领到,终因无法持续下去而以失败告终。由于自顾尚且不暇,无力支付雇用费用,土地流出方农户和为其打工或代为帮管的农户亦受其累。

案例6是一个年轻农户借助贷款跨村包地、违规使用土地的例子。自身缺乏积累,试图以小博大,借助贷款(信用社贷款和私人高利贷)租入大面积农地,面临财务危机,寄望于更多贷款,抱持赌徒心理,为图翻盘铤而走险,进行违规操作,私自更改农地用途,修建大型餐饮设施,干起承担婚庆宴请的营生,终被查处而陷于困局。

上述两个案例具有共同特征:流转规模大,重要意图在于获取政策补贴;经营资金缺乏或不足;疏于管理,经营不善;结果难以为继。

拿LPF的例子(参见方框三案例7)作比较,就更见上述两个案例中转入土地者自身的缺陷、不足和面临的风险。

改革以来快速推进的工业化和城镇化,造就了数以亿计的农民工离乡进城。绝大多数的农民工始终处于城镇职业链条的底层,为了自身和家庭的生存而挣扎度日,干着繁重机械的工作,换取微不足道的收入。只有少数佼佼者,得以通过务工、经商或创业,获得可观的资本、过硬的技术、娴熟的管理经验、开阔的视野、丰富的阅历和见识,从而实现个体的成功。这其中的一部分人,回到家乡,置产兴业,有人就投入农地流转大潮,立志实现与其父辈不同的"大"农业经营。35岁的LPF就是这样一个例子(参见案例5)。作为一个农家子弟,在外打拼发家,回乡流转规模土地,依靠自身财力,安排熟悉农事的专人负责经营管理,有意通过经济作物种植,吸纳乡村剩余劳力,探路支持村庄发展。

其特点是,外出务工经商的成功者,自有资金充足,流转土地不差钱;安排了熟悉农村和农事的人员专营打理,管理经验丰富;流转农地的目的明确,重视技术,熟悉市场和营销;主观上有为乡村农业经营探路以及带动农户经营和增加农户就业之意,从未考虑利用所流转的土地获取政策资金补贴(其与乡党委书记关系熟识,但并未意图利用这一便利换取政策补贴)。

总体上,主要由本乡人员进行的农地大规模集中式流转,虽然一时可以提供一定务工机会,增加务工收入,但是由于其对资金投入、经营管理、雇工使用、市场了解与适应的要求高,难度大,风险多,面临高度不确定性,极易陷于困境,对流转双方和大量雇工农户产生不利影响,因而对村庄和农户减贫有负面影响。

方框三:本土人员流转规模农地案例

案例 5

D 村算得上 J 乡一个大村,曾任村支书的 WHL,与人合伙租赁了移民村的近 800 亩耕地,经营了三年。第一年(2013 年)一亩地 800 元。后来有郑州和平顶山的公司要来包地,据说一亩地给 1000 多元,要把包括移民村在内三四个村的地都包下,尽管没弄成,但是经过这一哄抬,移民村的人就要求提高价格,第二年(2014 年)一亩地 900 元了。头一年都没赚钱,WHL 萌生退意。但是听说从 2014 年开始包地两百亩以上有补贴,就续包下去了。结果并没有领到补贴,因为上面布置禁烧,县乡就把执行禁烧与领取补贴挂钩了,只有不折不扣执行禁烧才能领取补贴,而当地村民因为麦茬会影响到耩种秋庄稼,往往习惯一把火把麦茬点了,WHL 也随着点了。

种植种子小麦,收成还不错。普通小麦 1.12 元一斤,种子小麦 1.22 元一斤,收完直接拉到许昌种子公司。2013—2014 年秋季种秋秋,结果种子不行,秸秆倒伏。成熟后雇人打穗,雇工敷衍塞责,出工不出力甚至私拉偷带,又浪费了不少,所以基本没收多少。

WHL 基本是自己经营,农忙了雇人。自己有个大拖拉机,犁耙耕种都是自己来。但是很多农活还都得雇人,光秋季拔草就给了一两万工钱。每一季都由妻弟、P 村村民张某去帮忙照顾,光打药一季就得打三遍。与 WHL 合伙的人对他许诺打药一亩地该给多少钱就给多少钱,结果到现在都没给。由于麦子太深,药不好打,得找几个人拉着管子打,一人一天给 60 元。不仅工钱没给,张某垫付的 3000 元农药钱至今也没给。都是亲戚帮忙,欠了好几家亲戚,合起来几万块钱。

去年麦子被烧掉 80 多亩,折合 10 万元钱。三年下来赔了 10 多万元钱。要是麦子不被烧的话还不赔。张某劝说 WHL 不要再包了。WHL 听劝,于 2015 年秋收后不再续包。适值平顶山一个公司来与乡里干部洽谈租赁该地块,未能谈成,后该地块于 10 月份被附近几个村庄中的四五个人分包，每亩年租金依然为 900 元。

案例 6

35 岁的 Y 村村民 MXP 从 2012 年下半年开始包地。借助于手头的 10 多万元钱，MXP 从村里流转了七八十亩土地，搞了个蔬菜基地。土地租期五年，每年每亩地 1000 元。由于不熟悉市场，蔬菜卖不出去，两年间赔了几十万。

"赔了之后收不住手了，只能往前冲，包更多的地种更好的经济作物，运气好了一下子可以全部回来，赌哩。"加上听说县里出了政策，包地 200 亩以上者有补助，于是从 2014 年下半年开始，MXP 从亲戚朋友处借了些钱，扩大租地规模。他在本村以专业合作社名义租入的土地达到 320 亩地，租期依然五年，每年每亩地 1000 元；他在表姐所在的村庄以家庭农场名义租地 230 亩，当时通过村干部跟四十多个农户一户户地做工作，租期三十年，一年一给，每年每亩 1100 元。MXP 特意从网上找了租赁合同模板，修改下载使用，合同中写明，每年麦收后 7 月 15 日之前支付租金，支付不了就把地退给人家。

租来的土地，主要是小麦地里套辣椒，另有几十亩地准备种萝卜。种粮食作物，粮食有保护价，也不愁销路，但是不挣钱，一亩地风调雨顺的话也就挣到三百多元钱；要是种别的，技术在其次，市场始终是个绕不过去的问题。"想着这两年多流转点地，搁地里下点功夫，比方说今年的辣椒我种了三四百亩，辣椒行情只要一好我就能稍微好点，咱这儿的辣椒有人收，但是得看当时的情况，高与低现在谁也不能控制，就看成熟时候的价钱，它不跟小麦玉米那样有保护价。"

MXP 需要支付的除了土地租金和种地投入，还有雇工费用。种地需要人手，MXP 雇了 6 名"长工"，本村 4 人，袁庄 2 人，都是亲戚或同家族的"自己人"，不用天天下地，根据季节和农活需要，该打药了组织打药，该浇水了就浇浇水，工资有一年 1500 元的，也有一年 2 万元的，半年发一次，通常在麦收后和春节前。6 个人一年工资近 8 万元钱。此外，农忙时节，他还有雇一些临时工。

为了尽快挣到钱，也考虑反正自己有蔬菜供应，MXP 干脆在所租土地临了公路的地方，辟出 8 亩地建起一个饭庄，主要承接婚宴等。饭店院子投资 320 万元，从亲戚朋友处借了 40 万元，其余全部靠贷款，以年息八厘从乡信用社贷出 200 万元，以月息一分五从私人手里贷了 80 万元。目前贷款 400 万元出头。一年下来利息 40 多万元。他说，贷款这东西，走进去就回不了头了，塌进去了。饭店营业差不多有一整年了，除了"五一""十一"和春节生意好，平时去吃饭的也就是固定要赊账的几个人，一年下来赊账 37 万多元，而不赊账就没有生意。

每年几十万元钱的贷款利息压得 MXP 喘不过气来，资金短缺成了他最头痛的事。

"最大问题就是资金。比方说你地弄好了，该买化肥了你赊不来，这不是十亩八亩地三两千块钱就买住了，几百亩地化肥得需要一二十万，你要一赊几十万，他这店总共才值多少钱呀，你弄不来就种不成。主要是资金，最头疼的就是资金。"

MXP 知道，他利用一部分农用地建设饭庄是一步险棋，因为擅自更改土地用途是违反土地法规的。不幸的是，他的饭庄被查到了。今年年初，国家和省一级层面进行土地执法大检查，他的饭庄和其他几户商家被航拍抓到，被勒令限期整改恢复。他去县里乡里活动，被告知一时躲不过去，于是就自己找机器把饭庄门口和院子里的水泥地给掀了，营造出正在拆除的样子。"本身我要不开饭店就没有啥事。我刚开始弄的是家庭农场，签合同啥的都是走的家庭农场，私下我自己把土地变性弄饭店了，主要想着利润创造得高点。这完全怨我自己。政策就是这，你现在必须紧跟着共产党的政策走，跟它作对是一点好下场都没有。"

获取更多贷款以流转更多土地，成了 MXP 认为的唯一翻盘机会。要摆脱困境，就要租入更多的地，以便有更多产出，而要扩大租地规模，就需要更多贷款。MXP 说，信用社的第一笔贷款没花钱送礼，很容易就贷出来了，因为当时政府鼓励包地，而他确实包了不少地。他刚刚走完了从信用社再次贷款的手续，但是这次不知道能否贷出来及能贷多少出来，因为现在贷款太难了，不是送送礼就能弄出来的，好在他还算信誉户，月月及时清偿利息。倘能贷出来的话，他打算用这笔钱先把借私人的高利贷给还了，然后去包更多的地。问起未来打算，他依然表示，土地流转是趋势，国家政策肯定要往这方面倾斜，要流转更多的地，拿着租地合同就可以去使贷款，然后多在土地上下功夫、做文章。他说："现在做的只是前期工作，如果后面几年流转到三四千亩地，最好到 1 万亩，那以后肯定得中（能行）。"

35 岁的 MXP 在家里排行老大，父亲很早就去世了，现在家里有爷爷、母亲以及三个弟弟。他时时告诫自己：你 MXP 现在没有退路，也绝不能倒。你面前就一条路，必须扛，无条件扛。你不是给自己活的，你必须得为更多人坚持。你现在完全不属于自己了，你得挣钱还债，你得支付本息、支付租金、支付工资，否则他们就没法吃饭没法过日子，他们的钱也是一毛一块辛辛苦苦弄的。他说，实在难受的时候，他就半夜三四点去老父亲的坟前，大哭一场，坐上一夜。有一次，债主上门要账，MXP 回答："我现在实在没钱，有钱一定给。不要逼我太紧，把我逼急逼死了，要哭的可不只是我的家人。对于你们来说，我活着比死了强，活着总还会有个还钱的希望。"

案例 7

35 岁的 LPF 是 C 村人，初中没毕业就外出打工，先是在南京一家房地产公司当门卫,后被老板看中改做地产销售,一路做到销售经理,再之后被派到海南三亚分公司做老总,目前是大型品牌房产经纪公司我爱我家河南分公司的总经理,在多个大中城市置有房产,年纪轻轻而事业有成。2015年10月1日,他回村包下268亩地。

这是村里最好的一块地。不过他已是三年来第三个包这块地的人,前两个承包人都赔了。第一个来包这块地的是部庄的同兴,贷款30万元,一季种小麦,一季种辣椒、西瓜和大豆,一年半下来全赔了。第二个来包的是村里金秀家的儿子彭振,种植甜玉米,只干了一个秋季就赔得倾家荡产,媳妇也因此离婚了。前两任赔钱的原因,据LPF请来负责打理这块地的LZW分析,一个是粮食价格下跌得厉害;再一个是人工太贵,而最主要的因素则是经营管理跟不上。也因此,LPF的回乡包地行为,遭到其父母自始至终的竭力反对,他们担心儿子会重蹈前面两位的覆辙。

承租地块涉及村里二队的所有户和七队的六七户,租期五年,每年每亩租金1000元,租赁合同是一家家签的,一式三份,并经过了公证。LPF本想一租十年,但是大多农户不同意,认为几年后地价会升,他只好作罢。

LPF包地的目的很明确,那就是搞一个香葱种植基地。因为香葱种植需要大量人工,其经济效益也不错,一旦能将香葱种植推广开来,即可吸收大量的农村闲余劳动力。通过土地流转和规模种植,给村里的闲散劳动力找条出路,根据LPF的说法,这是他的主要考虑,自己能否赚钱倒在其次。他经朋友推荐从湖北引进了香葱良种,不过,引进需要一个过程,一个是要先试种,看是否适应本地的气候和土壤;再一个是需要通过分葱一点点扩展种植面积,目前已从三垄六丈一沟发展到2亩。其余的大片土地一时不知道该种什么,他自己不谙农事,于是去找村里最会种烟的LWC,提议合伙种植烟草,但是LWC自家已有安排。LPF只好另做打算,他干脆把地全权交由55岁的近门叔叔LZW夫妻俩打理。

LZW高中毕业,曾做过七年小学教师和三年校长,去新疆养了十三年的鸡,又回村里养鸡七年,走南闯北见多识广,也正想验证一下国家提出的规模集约经营究竟是否可行,抱着一种闯路子的想法愿意尝试一下。LPF一个月支付他们夫妻俩4000块钱工资,另以年终盈利的5%作为奖金,若是赔钱则没他们的事。LPF只是要求他们把收支的账目记清楚。

LZW决定头一年搞小麦和辣椒套种,麦季提前留出垄来,种三垄留三垄。目前看来,小麦长势不错,尽管留有空垄,但1亩地应该可以收1000斤。LZW算了一笔账,麦季1亩地投入约1500元,主要包括租金1000元,旋耕耙耕耙地费用40元,化肥140元,20斤种子130元(从县种子公司拉的好种子),播种15元,打药10元,预期收割50元,以及其他零星费用。秋季辣椒预期各种费用2000元。从收入看，1亩地小麦折合1000元，辣椒收入3000元。这样算下来，1亩地当有500元收益。

由于地多，除了LZW夫妻二人之外，需要10人左右的人手经常过来帮忙，浇水、打药、除草等。另外需要二三十人偶尔临时干一下。麦季不大需要人手，秋季需要大量人工。

一年下来算账，LPF的承包地基本不赔不赚。至2017年10月，LPF的流转农地缩减至40亩。

四 类型四：工商资本下乡大规模流转土地

近年来，工商资本下乡流转农地的情况越来越多。据农业部统计，过去三年流入企业的承包地面积年均增速超过20%，截至2014年年底，流入企业的承包地面积已达3882.5万亩，约占全国农户承包地流转总面积的10%（陈晓华等，2015）。

工商资本下乡流转土地具有如下特点：第一，转入主体为外来企业，与乡村社会没有关联，投资农地的主要乃至唯一目的在于获得投资收益。与此有所区别，前面几类流转，转入主体或者为农户，或者与乡村社会存在千丝万缕的联系。第二，前面几类流转，或者完全依靠家庭经营，或者至少以家庭经营为辅，工商资本流转农地则完全依赖雇工经营。第三，流转规模大，动辄数百上千亩，对乡村既往耕作方式改变巨大。第四，流转价格高，一方面流转涉及众多农户，要得到村庄和所有农户的同意，需要支付较高地租；另一方面，转入主体往往财力雄厚，投入资金体量大，有能力支付较高租金。也因此，工商资本下乡往往影响农户流转价格预期，推高租地价格，进而对前述几种农地流转类型产生影响。第五，流转时间长，前面几种类型流转往往限于一年一订，最多以五年为限，此一类型流转期限则至少在五年以上。流转时间长，则自然削弱作为流出方的村庄和农户对土地的掌控权力。第六，企业与村庄或农户通常签署正式流转合同，明确双方各自的权利与义务。

工商资本下乡，存在不少风险隐患。城市资本到农村来，是要投资回报的，而如何在不损害土地资源和农民利益的前提下，通过正当投资和合法经营实现自身合理收益，是个不小的挑战。不少工商资本往往转而铤而走险，步入歧途，大搞圈地和非农建设，终致变成对农民的又一次掠夺，导致农民失地失业、流离失所。不少学界研究和公众媒体一再对此提出警示（陈锡文、韩俊，2002；郭亮阳、云云，2011；贺雪峰，2014；王晓毅，2015；张晓山，2015；蒋永穆、鲜荣生、张尊帅，2015），本文无须再增述这样一个案例。

涉农决策者也始终对工商资本下乡采取非常谨慎的态度，中央政策一再明确要求，为了防止工商资本长时间大面积租赁农地、挤占农民就业空间、加剧耕地"非粮化""非农化"倾向，在农村土地流转中不能搞"大跃进"、强迫命令和行政瞎指挥，要加强对工商资本流转农村土地的监管和风险防范，设立严格门槛，严禁租赁耕地改变用途。最新的一例，是农业部、中央农办、国土资源部、国家工商总局于2015年专门联合下发《关于加强对工商资本租赁农地监管和风险防范的意见》，就引导工商资本发展适合企业化经营的现代种养业、加强工商资本租赁农地规范管理、健全风险防范机制和强化事中事后监管等问题进行了明确规定。

尽管如此，从实践中看，还是有相当一部分农户基于现实考虑，比如不太依赖土地，或限于自身条件无力无法耕种，愿意将土地流转给外来工商资本，因为虽然存在很大的风险，但是工商资本提供的流转价格高，是所有流转类型中最高的，而且流转期限预期长。再有，在尊重农民权益的前提下，工商资本确实能够带去乡村所需要的资金、技术、市场信息和管理经验。比如笔者在重庆九龙坡区千秋村调研到的案例，一家民营农业公司在当地建设生态农业园区项目，帮助村庄完成全市第一个村庄规划、土地利用规划和产业发展规划"三规叠合"的村民参与式村庄规划体系，通过专业合作社实现农地流转，通过农民新型社区建设改善村民的居住条件，推动建设用地开发，获得较好效果（张浩，2015）。

的确，工商资本下乡，是把双刃剑，既能带去村庄和农户缺乏的技术、资金、市场信息和管理经验，促进传统农业的改造，增加农户就业机会，却也可能导致农业经营失败与非农化、非粮化，乃至对农民土地的剥夺。问题的关键，在于工商资本流转农地，是否尊重乡村基层民众意愿，是否经由双方自由平等协商，以及流转后是否真正经营农业，是否尊重和保障农民农地权益。这就需要政府审时度势提高自身的监督管理能力，充分利用其有利的一面，抑制其不利的一面。方框四中选取的案例显示，基层政府官员和村庄领导人会采取一定行动，对工商资本下乡做出甄别、选择和限制，进行防御。比如案例中的常务副乡长要求对方提交可研报告、明确流转农地的目的和打算，几个村支书对流转价格的坚持，等等，都是如此。

方框四：工商资本下乡流转土地案例

案例8

2015年秋天，附近某市一家公司通过关系联系一位县里领导，提出想做土地流转，搞一种特殊的小麦种植，加工绿色食品供应连锁超市。J乡是农业大乡，但是还没有千亩以上的流转案例，县领导就给乡党委书记打了招呼，乡党委书记组织召开协调会，由主管农业和移民工作的常务副乡长和两个包片副科级干部负责办理此事。选了挨着省道的一片地方，动员了移民村、P村、L庄、C村四个村庄，拿出1100亩地，其中移民村（因南水北调中线工程移民搬迁过来）的土地800亩是整块地（在常务副乡长建议下没有分包到户）。公司老总颇有决心，当时就送来5万元钱订金，并派了人员前来接洽。前后商谈了近一个月时间，结果因为租金问题没有谈成。三个村庄的村支书，为了各自村民利益，也为了自己好做工作，竭力拉抬流转价格。乡党委书记与几个村支书最后拍板敲定，每亩耕地每年租金950斤小麦，折合1100多元钱，负责此事的常务副乡长认为价格抬得太高，但是也不好强加反对。结果公司不认同这个价格，就撤走了。

"因为我是主管农业的，又是负责移民村，移民村就有七八百亩地，就以我为主来推这件事。我接手这件事，心里比较有底，因为移民村就有七八百亩地没有分下去，一整块地。移民村有七百四十五人，搬迁来国家给每人1.05亩地，当初我建议他们不要把地分到一家一户去，整块地搁这儿，将来流转有助于提高价格，要是地一分各家各户就得买种地的家伙，买齐了得好几万块钱，而种地的利润很少，还不如把地租了，出去打工。从一开始移民工作就是我负责，他们比较听我的，尊重我的建议。……当时这事没弄成，因为有点地方保护主义的思想。书记跟几个支书商量，最后拍板一亩地一年950斤麦子。这个价太高了，当时我反对但是没有效果，我认为合适的价格是800斤或者850斤麦子，最多不超过900斤麦子，比较合适。书记跟支书拍板，要我说，就是人的劣根性，地方保护，对当地那肯定价格越高越好，那要5000元钱一亩的话老百姓肯定都给了，问题是这不中嘛，这必须得双赢的。结果人家嫌地价高，不弄了。"（J乡常务副乡长访谈，2016年3月13日）

这次不成功的土地流转，当时还留下一个尾巴，一度令负责此事的常务副乡长倍感压力。

> "当时土地都给腾出来了。别的地麦苗都长出来了，这边地还没种呢，种麦季节都错过去了，农时都耽误了，结果人家最后不干了，这个压力一下子就扣到我头上了。老百姓会说：都是你们政府主导的！他们会要告状要不稳定啊。移民村的人围攻得我受不了，因为我从开始就管移民村，我过去给他们开会解释，我说我的出发点是好的，如果是 950 斤麦能弄成，合 1100 多元钱，那不是很好吗？政府的出发点是好的，不是为了害你们，你要因为这个没弄成不原谅的话，你要告就告我吧，要求把我免职，我就不再管你们了。我考虑这几年了我管他们的事，跟他们感情关系比较好，他们也不会因为这个告你去。他们说：俺们好不容易来这几年了，你还不少给我们办实事，那就算了。一个村的支书还过来问：要是说不住（搞不定）了可咋弄呀？我说：我负责这事的，我是主管农业的，土地撂荒，大不了把我免了算了，大不了把我这 100 多斤撂出去，还能怎样？！我就扛着把这事处理了，拿了订金钱给老百姓推下去了，推下去时候也得考虑到当初推荐公司过来流转的县领导说的话，是不是？他说你不能把订金都给扣完吧。我当时就压了压，花了三万多元钱把这 1000 多亩地补种了，由各村支书配合着回去做做工作，C 村是把钱给人家，P 村、L 村是把地犁好了，由各户自己去种，移民村是临时找了两个人把地种了。……因为这件事我'十一'都没有休息。"

需要指出的是，在上述几种农地流转类型中，调研区域近年来较具规模的集中流转（类型三和类型四），大多与政府的刻意推动有关。前几年土地流转政府行为大轰大嗡，当地也不可避免地参与其中。前面提到，调研地所在县于 2013 年前往长三角考察学习，并于当年出台文件，对流转规模超过 200 亩以上的流转主体进行补助。该文件提出，每年年底对乡镇政府土地流转工作进行考核，实行以奖代补。该份文件定下 2013—2015 年每年每个乡镇的流转任务，要求到 2015 年全县土地流转面积力争达到 45 万亩，占家庭承包面积比重达到 55% 以上。政府功利性地刻意地作为，直接导致两个方面的负面后果：一个是弄虚作假套取补贴，如县农业局某位领导的弟弟就虚报称流转土地 1000 多亩，后被查出；另一个是部分大户片面追求流转规模，结果凡是流转规模比较大的（几百亩乃至更多的），基本都是赔钱，前述案例 5 和案例 6 中两户转入主体由于使用了贷款流转土地，迄今四处躲避追债，陷于破产境地。而实际上根据当地干部和民众的估计，适当的规模经营面积在五六十亩，最多不过百亩。县农业局相关主管人员也承认，2013 年出台的政策的确有跑偏，真正该扶持鼓励的没有扶持鼓励，因而该项政策事实上只在 2014 年执行了一年。

现在流转多少，不再作为一项政绩。前两年大力提倡流转，出了文件，那时候有一种偏见，认为流转越多越好、规模越大越好，一哄而上，成千亩上万亩，结果出了不少事，有些赔了，弄不下去，人半道上跑了，有的土地费用都没有给。县里去年出了点事，租赁土地合同十二年，种了一年，赔了，不干了。有地方就推土地保证金，推行土地保证金也不好弄，本来很多大户就缺资金，再交土地保证金，更不好弄了。现在理智了，提倡适度规模。适度规模的规模，要看种植什么，种植粮食百八十亩，蔬菜三五十亩就可以了。一般是自己种，要是雇人就不好弄了，流转多了，雇人也管不好，现在流转面积大的，大多管理都跟不上，种植管理、财务管理都跟不上，所以好多种植大户都赔钱。

2013 年出台的文件有时限，三年时间，到 2015 年年底到期。现在要是出台文件肯定不会这样了，绝对不会再奖补流转 200 亩以上或 1000 亩以上。奖补政策也不好做，老费劲儿，不好弄，得下去量，村里、乡里把关，报到县里，县里再下去核实。即便这样还是有问题。（县农业局农经股股长访谈，2016 年 5 月 12 日）

第五节 小 结

本文基于对中部某县的实地调研材料，讨论农地流转对村庄和农户的贫困影响。伴随着工业化和城镇化的持续推进，在历经三十多年的农地流转之后，不同农户与农地形成了不同的关联，乡村社会阶层结构出现重大变化。农地流转对乡村社会产生了重要影响，而不同类型的农地流转对乡村不同阶层和群体的农户亦有着不同的贫困影响。从这一基本判断出发，本文有如下基本观点：

第一，占有最大比重的农户间自生自发的小规模农地流转，内生于乡村社会，受熟人社会规范约束，不会造成土地破坏，不会导致土地剥夺，不会导致非粮化非农化，不会产生社会风险，有利于土地利用，基本能够保证流转双方的权益，有利于村庄和农户增加收入和减少贫困。

第二，部分农户经由自生自发的小规模农地流转，依靠自身体力或种养技术，逐渐扩大转入土地规模，脱颖而出，力农致富，形成一种新的具有生命力的流转类型。这一类型的流转一方面依然内生于乡村熟人社会，仍受熟人社会规范约束；另一方面注重市场和经营，转入农户收入有保障，有能力支付较高流转价格，乃至能够提供一定雇工机会和劳务。流转无论对涉及农户还是对整个村庄发展都有利，对村庄和农户减少贫困有正面作用，所以应予充分肯定、鼓励和大力提倡。

第三，农地大规模集中流转，无论流转主体是本土人员，还是外来工商资本，都存在极大的社会风险和不确定性，应予关注和加以规范。目前学界和决策层对工商资本下乡的风险，已有充分的留意和关注，而对本土人员所推动的大规模集中流转的风险，似乎尚留意不多。这一类型的流转，通常受到地方政策刺激，与下乡的工商资本一样，脱离乡村社会的规范约束，雇工经营，对资金、技术、市场、管理的要求高，迄今为止成功案例少，对村庄和涉入农户来讲存在较大风险，稍有不慎即有陷农户于生存困境的危险。

第四，应防止地方政策的跑偏，防止改革举措在基层实践中被扭曲利用。政策鼓励农地集中和发展新型农业经营主体，就对基层民众提供了一个结构性的发展机会和条件，那么究竟什么算是适度规模，究竟要鼓励什么样的新型农业经营主体，不同的政策取向和举措会产生不同的指向作用。要防止政策在基层的跑偏和被基层利益团体利用。应该在充分的因地制宜和尊重各地方差异的前提下，对究竟什么算是适度规模、究竟要鼓励什么样的新型农业经营主体这样的问题，经过审慎思考，形成符合事实的认知。

总之，对农户间自生自发的农地流转中的佼佼者和中坚力量要予以大力支持和倡导，对本土人员大规模集中流转农地的风险要予以充分留意，对工商资本下乡大规模流转农地要予以严格监管和规范，对于何为适度规模经营、培育何种新型经营主体应予审慎考虑，对于改革举措在基层实践中被利益团体挟持和扭曲的现象应予严加防范。

当然，不同的农地流转类型之间，并没有明显的界限和明确的标识，本文中所做的类型划分，更多是具有理想型的意义。

这里还需特别指出的是，本文的判断和结论仅仅基于对一个县的实地调研，因而只能代表特定区域内的情况。中国乡村社会区域差异巨大，情况千差万别，需要基于对各个不同区域的扎实调研和比较研究，才有可能获得更确实的知识，得出更具代表性、更具说服力的判断和结论。

参考文献

包宗顺、伊藤顺一、倪镜：《土地股份合作制能否降低农地流转交易成本？——来自江苏 300 个村的样本调查》，《中国农村观察》2015 年第 1 期。

曹瑞芬、张安录：《中部地区农地流转经济效益分析——基于湖北省 27 个村 313 户农户的调查》，《中国土地科学》2015 年第 9 期。

常伟、李梦：《农地大规模流转中的风险及其防范化解》，《湖南社会科学》2015 年第 2 期。

陈柏峰：《土地流转对农民阶层分化的影响——基于湖北省京山县调研的分析》，《中国农村观察》2009 年第 4 期。

陈和午、聂斌：《农户土地租赁行为分析——基于福建省和黑龙江省的农户调查》，《中国农村经济》2006 年第 2 期。

陈锡文、韩俊：《如何推进农民土地使用权合理流转》，《中国改革》（农村版）2002 年第 9 期。

陈晓华等：《四部门发文规范工商资本下乡，防范耕地"非农化"》，《人民日报》2015 年 4 月 26 日第 2 版。

费丹旦：《发达地区农村土地外部流转状况调查——兼论农户流转方式选择逆预期性》，《农村经济》2013 年第 1 期。

郜亮亮：《中国农地流转发展及特点：1996—2008》，《农村经济》2014 年第 4 期。

郜亮亮、黄季焜：《不同类型流转农地与农户投资的关系分析》，《中国农村经济》2011 年第 4 期。

郜亮亮、黄季焜、冀县卿：《村级流转管制对农地流转的影响及其变迁》，《中国农村经济》2014 年第 12 期。

郜亮亮、黄季焜、Scott Rozelle、徐志刚：《中国农地流转市场的发展及其对农户投资的影响》，《经济学》（季刊）第 10 卷 2011 年第 4 期。

郜亮亮、冀县卿、黄季焜：《中国农户农地使用权预期对农地长期投资的影响分析》，《中国农村经济》2013 年第 11 期。

Gao, L.; Huang, J. and Rozelle, S., 2010, *Cultivate Land Rental Market and Investment in China*, Center for Chinese Agricultural Policy, Chinese Academy of Sciences Working Paper.

谷彬：《多元官方数据看农村土地流转》，《经济导刊》2015 年第 5 期。

郭亮阳、云云：《当前农地流转的特征、风险与政策选择》，《理论视野》2011年第4期。

郭晓鸣、徐薇：《农地规模化流转：潜在风险及对策选择》，《农村经济》2011年第9期。

何思妤：《农地流转对乡村社会治理的影响以及改革建议》，《农村经济》2014年第5期。

贺雪峰：《取消农业税后农村的阶层及其分析》，《社会科学》2011年第3期。

贺雪峰：《工商资本下乡的隐患分析》，《中国乡村发现》2014年第3期。

蒋永穆、鲜荣生、张尊帅等：《工商资本投资农业的现状、问题及对策建议——一个基于四川省省际调研的样本分析》，《农村经济》2015年第4期。

孔祥智、徐珍源：《转出土地农户选择流转对象的影响因素分析——基于综合视角的实证分析》，《中国农村经济》2010年第12期。

黎霆、赵阳、辛贤：《当前农地流转的基本特征及影响因素分析》，《中国农村经济》2009年第10期。

林旭：《论农地流转的社会风险及其防范机制》，《西南民族大学学报》（人文社科版）2009年第8期。

刘凤芹：《农业土地规模经营的条件与效果研究：以东北农村为例》，《管理世界》2006年第9期。

刘锐：《土地流转、阶层分化与乡村治理转型——基于湖北省京山J村的调查》，《南京农业大学学报》（社会科学版）2013年第2期。

罗必良：《农地规模经营的效率决定》，《中国农村观察》2000年第5期。

[美]罗伊·普罗斯特曼、李平、[美]蒂姆·汉斯达德：《中国农业的规模经营：政策适当吗？》，《中国农村观察》1996年第6期。

马瑞、柳海燕、徐志刚：《农地流转滞缓：经济激励不足还是外部市场条件约束？——对4省600户农户2005—2008年期间农地转入行为的分析》，《中国农村经济》2011年第11期。

马贤磊、仇童伟、钱忠好：《农地产权安全性与农地流转市场的农户参与——基于江苏、湖北、广西、黑龙江四省区调查数据的实证分析》，《中国农村经济》2015年第2期。

农业部农村合作经济研究课题组：《中国农村土地承包经营制度及合作组织运行考察》，《农业经济问题》1991年第8期。

农业部农村合作经济研究课题组：《中国农村土地承包经营制度及合作组织运行考察》，《农业经济问题》1993年第11期。

农业部农村经济体制与经营管理司：《2014年农村家庭承包耕地流转情况——

2014 年农村经营管理情况统计分析报告之一》，2015 年，参见农业部网站：http://www.moa.gov.cn/sjzz/jgs/jggz/index_1.htm。

钱忠好：《农地承包经营权市场流转的困境与乡村干部行为——对乡村干部行为的分析》，《中国农村观察》2003 年第 2 期。

史清华、徐翠萍：《农户家庭农地流转行为的变迁和形成根源——1986—2005 年长三角 15 村调查》，《华南农业大学学报》（社会科学版）2007 年第 3 期。

田先红、陈玲：《"阶层地权"：农村地权配置的一个分析框架》，《管理世界》2013 年第 9 期。

王德福：《农地流转模式对农村社会稳定的影响——一个阶层分析的视角》，《学习与实践》2012 年第 6 期。

王德福、桂华：《大规模农地流转的经济与社会后果分析——基于皖南林村的考察》，《华南农业大学学报》（社会科学版）2011 年第 2 期。

王杰、句芳：《内蒙古农村牧区农牧户土地流转影响因素研究——基于 11 个地区 1332 个农牧户的调查》，《干旱区资源与环境》2015 年第 6 期。

王晓毅：《警惕土地流转成为农村的招商引资》，《社会观察》2015 年第 11 期。

吴晓燕、李赐平：《农地流转与基层社会治理机制：成都例证》，《改革》2009 年第 12 期。

谢琳、罗必良：《土地所有权认知与流转纠纷——基于村干部的问卷调查》，《中国农村观察》2013 年第 1 期。

谢小芹、简小鹰：《阶层重塑：土地流转对社会阶层的影响》，《华南农业大学学报》（社会科学版）2014 年第 1 期。

许恒周、郭玉燕、石淑芹：《农民分化对农户农地流转意愿的影响分析》，《中国土地科学》2012 年第 8 期。

杨华：《农村土地流转与社会阶层的重构》，《重庆社会科学》2011 年第 5 期。

杨华：《"中农"阶层：当前农村社会的中间阶层——"中国隐性农业革命"的社会学命题》，《开放时代》2012 年第 3 期。

杨华：《阶层分化背景下不同类型的土地流转及其影响》，《中共杭州市委党校学报》2013 年第 3 期。

叶剑平、丰雷、蒋妍、［美］普罗斯特曼、朱可亮：《2008 年中国农村土地使用权调查研究——17 省份调查结果及政策建议》，《管理世界》2010 年第 1 期。

叶剑平、田晨光：《中国农村土地权利状况：合约结构、制度变迁与政策优化——基于中国 17 省 1956 位农民的调查数据分析》，《华中师范大学学报》（人文社科版）2013 年第 1 期。

张浩：《从一个村庄看工商资本下乡与农村土地利用》，《改革内参》2015 年综合第 23 期。

张红宇：《中国农地调整与使用权流转：几点评论》，《管理世界》2002 年第 5 期。

张红宇：《从"两权分离"到"三权分离"：我国农业生产关系变化的新趋势》，《人民日报》2014 年 1 月 14 日。

张兰、冯淑怡、曲福田：《农地流转区域差异及其成因分析——以江苏省为例》，《中国土地科学》2014 年第 5 期。

张淑萍：《河南省农地流转的现状、困境与对策》，《天津农业科学》2013 年第 12 期。

张晓山：《辩证地看待工商资本进入农业问题》，《江苏农村经济》2015 年第 1 期。

赵阳：《共有与私用——中国农地产权制度的经济学分析》，生活·读书·新知三联书店 2007 年版。

钟涨宝、汪萍：《农地流转过程中的农户行为分析——湖北、浙江等地的农户问卷调查》，《中国农村观察》2003 年第 6 期。

第八章 农地流转政策的贫困影响评价——湖南案例[①]

第一节 土地流转与乡村贫困问题

土地作为乡村社区最主要的生产要素在农村贫困的生成机制中是一个关键要素。在家庭承包制下的土地分散经营已经愈益暴露出其低效率和高脆弱性的特点。土地流转是乡村社会经济发展中无法绕开的话题。根据地形地貌的特点，我国不同区域的土地经营和土地流转表现出各自不同的地域性特征。本文主要关注丘陵山区的土地利用情况。

湖南湘西地区属丘陵山地，当地人通常将土地分为山、田、土三种类型，分别代表山地、水田和旱地。这些可利用耕地细碎分散，家庭承包制对土地的划分使其更加零碎化。近年来当地的土地抛荒日益严重，劳动力外出务工，村庄空心化，60岁的劳动力在当地已经是"好劳力"。当地贫困户的致贫原因多与家庭劳动力的不足有关，家里劳动力充足的家庭则普遍通过外出务工摆脱了贫困。我们在调研中发现，一方面，在湘西地区，家庭水稻种植是无法赚钱的。水稻种植的成本来自两个部分，一为技术投入成本，即种子、农药、化肥等；二为劳动力投入成本，即插秧、收谷子、晒谷子、打农药等人工成本。1亩水田的技术投入为700元左右，插秧100元/亩，收谷子100元/亩，晒谷子30元/亩，打农药30元/亩。依照现在的水稻的收购价格，每亩的种植收入为1300—1500元。我们可以发现，在劳力不足的情况下，家庭的分散经营几乎是不赚钱的。当地的很多在家种粮的农民会选择减少种植面积，只种可以维持家庭消费的口粮

[①] 作者：荀丽丽，中国社会科学院社会学研究所副研究员。

田,"家里有五亩,种一亩够吃就只种一亩"。

另一方面,当地水田的规模化利用依然存在着很多困难,首先农业基础设施很差,当地的机耕道普遍没有修好,所以无法实现机械化种植;水利实施差,排灌无法统一。农民各家的田埂将土地分成小丘块,即使在土地出租后也不愿意承租者将田埂推倒,担心以后找不到自家的土地。所以在此种基础设施条件下,即使是规模化的种植也非常依赖人工的投入,种植成本太高。此外,规模种植承担的风险也更多,比如自然灾害的影响成为种植大户担忧的主要问题之一。当地的水稻收获季节正值雨季,一场大雨可能使一年的劳作付诸东流,而无法实现机械化收割也加剧了这一风险。此外,在土地细碎的地区,连片的土地流转往往伴随着较高的交易成本,如有的户不愿意流转则需要多方的沟通协调。

农村土地流转形式较多,主要包括转让、互换、出租、转包、入股、代耕、拍卖、抵押、信托等。综合来看,与全国性的普遍现状一致,湘西丘陵山区的土地流转大致可以分为两种形式,一种为乡村社区内部村民之间的流转,包括大户经营和乡村社区内发的农业产业化进程;另一种为政府推动的,由龙头企业或工商资本下乡所主导的土地流转和农业产业化进程。本文将结合具体的案例从贫困影响评价的视角来解读土地流转的机制与效果。

第二节 乡村社区内发的土地流转及其贫困影响评价

吉首市马颈坳镇隘口村是一个土家族、苗族、汉族杂居的行政村,辖5个村民小组13个自然寨,共有333户,1424人。全村稻田900余亩,旱地800余亩,山地14000余亩。茶村素有种茶的历史,在明清时期即是茶马古道上的重要驿站。2009年,茶村建立了第一家茶叶合作社。短短七年时间,茶村的茶园由最初的不足200亩发展到现在的8300亩。黄金茶市场的繁荣使古老的茶村重获生机。2016年,茶村尚有建档立卡贫困户87户,286人。

一 土地流转的灵活性与贫困户的自主性

茶叶合作社的发起人是从小生长于茶村的老向。爱好茶文化的老向看准了黄金茶市场的前景,他辞去了乡镇政府的公职返回村庄谋划发展茶产业。老向不仅熟知地方人文风土,更是一个与政府关系紧密且善于钻研和利用国家优惠政策的能人。2009年,老向通过政府针对贫困户的小额贷款政策在茶村开启了种植黄金茶的序幕。当时的茶村还是一个贫困村。茶村人大多外出务工,留在村里的则种植水稻和椪柑。在山区,种植水稻是"负数",椪柑的市场价格也不稳定,村民经营农业的收入十分有限。

老向认为乡村的发展必须以土地为基础来选准一个产业。茶产业在当地有着深厚的历史传统,制茶工艺依旧在乡间传承。经历了"文化大革命"时期"以粮为纲"政策对茶叶种植的破坏性打击,隘口村的茶园只剩下零星分布的100多亩。要发展茶产业必须要形成规模化的连片种植。

"开始是这里一块那里一块,我就动员老乡种茶,如果不种就流转。当时是500元一亩。反正就是要连片种茶。动员的过程很艰难,我的老父亲就不同意种茶,连他的工作我也很难做通,因为茶这个东西是不能当饭吃的。"(老向,访谈XTS)

在土地流转形式上,老向采取了两种形式,一是土地入股;二是土地出租。但是这两种形式老向都开展得非常灵活。土地入股的形式是面向那些外出工作后收入较高已经不在意农地收入的人,这样的人在村庄依然有他的地位和影响力,如果他们不答应种茶则难以实现成片的土地利用。老向承诺每年都会给他们一些分红,这些分红比租金要高,远远比土地出租合算。而按土地亩数付租金的是最不合算的方式。在老向看来农民自己种茶,合作社负责收鲜叶是最经济的方式。他跟村民出租土地的合约是很灵活的,当农民在外务工无暇顾及家里时就将土地流转给老向,想回来种时随时可以拿回去种。

农业的规模经营是适度的规模经营。在老向看来,如果茶园超过了300亩则难以维持良好的经营秩序。

"比如你有1000亩茶园,采春茶的时候,一亩茶要一个人,你上哪里去找这1000人呢,即使你找来了这1000人,还要找中巴车把他们拉到山上,哪里又去找这些中巴车呢,吃饭问题又怎么解决呢?那是绝对搞不好的。无论哪个企业都是难以生存的。"(老向,访谈XTS)

2009年,老向通过政府针对贫困户的小额贷款政策在茶村开启了种植黄金茶的序幕。"我当时自己没有什么钱,只有四万块,就拉了七个低保户一起贷款一起种茶,当时贷了35万元,那七户是最听话的,我说怎么干就怎么干"①。用老向的话说,茶叶合作社是一个"种苗繁育、基地开发、茶叶加工、品牌营销、市场开拓"同步发展的过程,其中第一步就是通过组织贫困户小额信贷来获得启动资金。老向将这种办法称为"众筹"。在这次"众筹"中,老向是贷款的实际使用者、经营者和偿还者。而这七户自愿"借名字"给老向的贫困户则成为合作社最初的社员和茶苗繁育户,第二年他们将茶苗卖给老向,每亩茶苗的收益超过万元。老向再将茶苗发给合作社的新入成员种植,新社员在茶园收益后给老向返还苗木成本。

二 茶叶合作社的转型与益贫性的降低

茶村的茶叶基地除了初期是通过土地入股和土地流转建立的之外,大部分茶园是农户看到黄金茶的经济效益后在自家承包地上开辟的。合作社向茶农收购鲜叶,从事加工、包装和销售,即所谓的"订单农业"。老向的合作社则主要转向茶叶加工和销售,通过闯市场争取更高的价格来使农民受益。合作社既不用在生产环节投入资金,也不用担心采茶时劳动力不足的情况。但是茶农在茶产业链条底端的边缘地位也凸显出来。随着茶园面积的扩大,茶叶合作社也会出现不收茶或压低价格的情况。

在内发的农业产业化过程中,土地的流转涉及劳力和资金的再分配,而这些再分配的过程都是嵌入在乡村社区既有的权力结构当中的。老向作为本地的能人在合作社发展初期通过流转土地,带动贫困户育苗等形式确实有利于减贫。但是在合作社逐渐向工商资本转型后,土地的利用又恢复了原来的形式,真正的合作经济远远没有形成。贫困户在产业发展的地位依然是脆弱的。

第三节 自上而下农业产业化中的土地流转及其贫困影响评价

在非粮食主产区的丘陵山区,农业的产业化及土地流转与商品化种植和更广义的都市消费联系在一起。下面将结合湖南省湘西 H 县的土地流

---

① 访谈 XTS,2016 年 5 月 12 日。

转实践,分析政府主导的农业产业化进程以及对乡村社区贫困问题的影响机制。

一 "老人场":土地流转的"益贫"逻辑

湖南 H 县的玫瑰产业园建立于 2013 年,位于当地风景优美的紫霞湖畔,距离新建机场 5 公里,高速路口 1.5 公里,交通十分便利。玫瑰产业园发起于当地一个从事矿业和电解锰工业的私人企业进行产业转型、投资农业开发。2013 年,该企业发起成立玫瑰专业合作社,注册资本 1800 万元。此外,该企业还成立了玫瑰科技发展公司来从事玫瑰的深加工。合作社在当地的六个村庄进行土地流转,从最初的 500 亩发展到 2016 年的 2000 亩,累计投资 2000 余万元,管理人员 16 人,其中专业技术人员 5 人。玫瑰产业园采取"公司+合作社+基地+农户"的形式,共流转农户 628 户,精准扶贫户 44 户 202 人。合作社直接与农户签署土地流转合同,土地流转价格为每亩 300 斤稻谷,依据市场价格的波动来计算,流转周期为十五年。玫瑰种植用工较多,价格为 60 元/天。2015 年,玫瑰产业园年产鲜花 6 万余斤,当年的土地流转资金 70 余万元,用工 32000 个共用 192 万元,返聘当地劳务人员 540 余人。这些劳务人员基本上全部是留守乡村的中老年妇女,所以工价较低,每人每天 60 元。极少数的男工主要从事基础建设,每人每天 100 元。在产业园务工的农民将产业园称为"老人场"。

产业园所在的六个村庄也普遍是空心化的村庄,当地农民的收入普遍以外出务工收入为主。贫困户多数是劳动力缺乏或者是劳动力综合素质低的家庭。在产业园务工的都是当地参与土地流转的农户,每年有八个月的务工期,月工资为 1800 元。当地的脱贫标准是年收入 2800 元。贫困户通过土地流转和务工收入实现了"收入"脱贫。在调查中笔者发现,在玫瑰园打工的老年妇女,基本上都是留守老人。她们平时家帮助子女带孙辈,零星地在玫瑰园打工。"土地收走了,这个花种不好我们就都没饭吃了。"这是玫瑰园产业雇工的普遍担忧。这些季节性雇工的生活是脆弱的,土地收益无法为生活提供基本的保障,家庭经济主要依赖青壮年劳力的外出务工。

农业产业化进一步提高了农业生产地附加值,特别是与都市乡村旅游结合在一起的观光农业在非粮食主产区成为当地农民脱贫致富途径。许多地方也在探索以农户土地、房屋入股的形式参与乡村整体的产业化发展，保障农民合理地分享乡村农业发展的收益。玫瑰产业园已经列入了 H 县国家农业示范园。玫瑰产业园将建成集种植、加工、观光、休闲、旅游、影视拍摄为一体的特色示范园和玫瑰庄园。国家农业示范园的建设投入将极大地改善产业园地基础设施条件，特别是道路建设。企业也进行了基础设施改造，以发展乡村旅游。乡村社区的主体性，特别是贫困户的主体性在这一过程中如何发挥还是悬而未决的问题。

二 扶贫产业项目中的土地流转

（一）贫困户参与土地流转的创新机制

依照全省统一的政策，H 县贫困人口的人均财政扶贫资金为 3000 元，且资金的使用必须要"跟着产业项目走"。在县政府的统一规划下，贫困示范村竹村的贫困人口的财政扶贫资金被"打包"入股，与当地农业企业苗峰公司合作组建果业公司，到其他乡镇流转土地 1000 亩发展猕猴桃产业。果业公司注册资金 600 万元，苗峰公司出资 306 万元占股 51%，合作社以国家扶贫资金 234 万元占股 39%，村集体以国家财政帮扶资金支持村集体经济的名义出资 60 万元占股 10%，产业收益后贫困户按股分红。

这一创新模式在村庄上下都引起了巨大的争议。大部分竹村人难以相信这种经营方式是可靠的。"不光是贫困户，包括村干部在内，大家都想为什么要把国家给我们的钱放到别的地方去发展？失败了怎么办？猕猴桃种在自己村里，要是失败了至少能落下果树，砍了也能当柴烧，放到别的村完全看不见摸不着。"（访谈 SJT，2016 年 5 月 10 日）"异地发展"的产业模式如何在村庄"落地"是竹村需要面对的第一个问题。为了实现国家的项目资金与农业企业的"对接"，竹村猕猴桃合作社应运而生。合作社的组建肇始于自上而下的产业规划，对于竹村村民而言也是一个"动员型参与"的过程。首先，为了维系乡村社区内部的整合与平衡，合作社中不仅包含了贫困户的股份，也包含了非贫困户的股份。贫困户由国家专项扶贫资金每人入股 3000 元，非贫困户由国家支农项目资金每人入股 1500 元。其次，为了建立社员的股权意识，每个入社的会员都会发放一个"社员股金证"，并且入社村民需自筹资金缴纳入股保证金——贫困户每人 100 元，非贫困户每人 50 元。正是这 100 元成为整个产业扶贫动员的核心。在笔者调查中，贫困户普遍认为 3000 元是"国家的钱"，有收益当然好，没有收益也没有损失什么。这额外缴纳的"入股保证金"则需要村民作出明确的选择。村干部通过带领村里的"意见领袖"去外地参观，逐户登门拜访等方式才说服大部分村民参与入社。但最终依然有 17 户贫困户拒绝缴纳 100 元，他们的逻辑很简单，"我什么都没看到呢，你们就收 100 块钱，那国家的钱不管有没有好处我都不要了，你也别收我这 100 元了"。(访谈 SJL，2016 年 5 月 11 日)

在政府的大力支持下，苗峰公司购买了中科院植物研究所某猕猴桃新品种的技术专利，按照专家评估，建设一亩猕猴桃基地的成本为 1.6 万元。苗峰公司在道平乡以 200—600 元的价格流转土地 1000 亩，并以土地经营权为抵押向某商业银行贷款 1000 万元，加上与竹村"股份合作"的 600 万元，最终完成了 1600 万元的资金拼图。在劳力使用上，苗峰公司选择了将承租的土地再分包给当地农民代管，并从占地村庄里招募季节性雇工。2014 年，猕猴桃种植园的建设初期需要大量的用工，尽管苗峰公司承诺如果竹村人愿意来务工则优先录用，但因交通与食宿的成本较高，竹村人并没有到基地来打工。这一自上而下的扶贫产业几乎完全脱嵌于竹村人的生活世界。

贫困户看似是毫无压力、坐享其成的"纯分红"，但这样的获益方式在竹村人那里却无法获得实质性的认同。这份抽象的"资产收益"并未被当地贫困户纳入自身可持续的生计实践来加以考量——"亏了是一句话，赚了也是一句话，这是忽悠。老百姓更希望脚踏实地，一步一个脚印，没有什么风险，可以见到收入的发展"。(访谈 SLJ，2016 年 5 月 10 日)

(二) 政府推动下的土地流转

DE 乡位于 H 县中部，距县城 10 公里。全乡总面积 42 平方公里，辖 11 个行政村，70 个村民小组，有农户 2227 户 10421 人，是一个纯苗族乡。全乡耕地面积 2 万亩，其中水田 5000 亩，旱地 1 万亩，退耕还林 5000 亩。这里地势平坦，非常适合土地的规模化经营，从 2011 年起，H 县就着力于推动 DE 乡的土地流转，发展现代农业。

由于距县城较近，DE 乡农户的开放意识较强。但若真正要触及农民的命根子——土地，让农户吃下定心丸，政策宣传十分重要。该乡在宣传土地流转政策上，突出抓好中央、省、州、县相关文件精神的宣传，通过层层召开会议，举办培训班，印制《土地流转政策宣传手册》2600余册分发到每家每户、每个乡镇干部，逐村逐户征求村民意见等措施，让广大农户知晓了土地流转有利于提高农业产业化、规模化经营水平，是现代农业发展的必然要求，是农村发展的必然选择；明白了土地流转的三个原则，即"稳定放活"原则（稳定承包权、放活经营权），依法、有偿、自愿原则，政策引导、规模经营原则；掌握了农村土地承包关系保持长久不变，农村土地确权可以确权确地，也可以确权确股不确地等政策，营造出了参与土地流转、放心土地流转的浓厚氛围。

在州、县经管部门的帮助下，DE乡建立健全了乡土地流转中心，通过托管的模式将全乡流转土地集中起来，统一发布信息、统一流转合同、统一向外承租、统一规范管理。该乡通过宣传土地入股的好处，与农户签订土地入股意向书，实地测量农户土地面积，张榜公布实际入股份额，签订正式土地入股合同等程序组建合作社。土地合作社通过确权确股不确地，打破土地界线，实行土地整理，将流转范围内土地按30亩、50亩不等进行方块适度整理，配套路、渠，改善生产条件；通过实行按股保底分红、赢利按股分配的方式，红利一次性打卡到户，确保农民利益旱涝无忧；通过规模出租、连片开发、土地流转中心托管的方法，吸引公司、企业、大户承租经营，确保土地增质增效，极大调动了农户入股合作社的积极性。现该乡已成立A、B、C三个土地合作社，入社成员633户，入股的2300.73亩土地全部被烟草部门承租十年。2013年，该乡种烟50亩以上农户达20户，流转土地1700亩，其中超过100亩的种烟大户6户，流转土地650亩。农德牧业公司通过"公司+农户"模式，承租土地2200亩种植牧草；惠德黄金烟叶合作社今年承租土地2130亩。苗峰野生蔬菜合作社已建1000吨蔬菜加工生产线，租地规模增加到2800亩。已建成年处理4万吨蔬菜生产线的兴盛供销公司也与该乡达成土地流转意向。该乡目前已经形成了兄弟河沿岸、花民公路和吉茶高速公路"一河两路"产业带，湘西黄牛、野生蔬菜、烤烟三大产业初具规模。

（三）资本下乡与反贫困干预

2015年，苗峰公司参照竹村模式再次与三个乡镇的扶贫资金合股组建了新的果业公司，苗峰公司占股32%，三个乡镇各自打包扶贫资金分别占股23%、24%和21%。乡镇政府负责协调村组织建立合作社以实现企业、扶贫资金和农户的对接。该项目共覆盖贫困户2353户9444人，合计整合资金3200万元，流转土地2000亩。由苗峰公司主导的猕猴桃产业基地的规模达到3000亩。

苗峰公司成立于2011年，创立人曾是H县一家矿业企业的老板。在矿业衰落后转型投资特色农业，主要从事野生蔬菜的种植和开发。猕猴桃产业是西峰县的"政治产业"，也是县政府农业产业化规划的重要版图，苗峰公司则是地方政府甄选和认可的"代理人"。猕猴桃产业扶贫项目的"背景故事"是地方政府对当地现代农业转型和农业产业化进程的规划与推动。事实上，猕猴桃基地所在的DE乡从2013年起即被规划为农业科技园的核心区。2014年，借着产业扶贫的东风，农业科技园加速建设，2015年正式获批国家级农业科技示范园。农业科技园是国家支持现代农业转型的重要融资平台。农业科技园中，现代农业生产阶段的公共品投入如土地整理、机耕道建设、水利基础设施建设、新技术推广等都由中央财政扶持的专项投入和地方配套资金来完成。而入驻园区的企业则主要投资农产品加工、仓储环节。农业初级产品的生产环节是高风险的，苗峰公司无疑在扶贫产业项目的运作中最大化地利用了国家的扶持资金以及政策性支持下的金融资本，以最低的成本和风险在短时间内实现了产业扩张。

在某种意义上，猕猴桃产业中的"股份合作"是"国有资本"与"社会资本"的联合下乡。扶贫资金的"股权化"在县域内最大范围地整合了针对贫困户的政策资金；但当扶贫产业项目完全脱嵌于贫困社区，贫困户的参与只是作为"名额"的参与，"资本的逻辑"便超越了"扶贫的逻辑"，即使产业项目成功且增加贫困人口的收入，但因其丧失了"赋能"的意义，其作为扶贫机制的社会效益也大打折扣。

三 农业产业化、土地流转与穷人主体性

长期以来，以"收入"为标准的贫困识别框架一直主宰着世界反贫困战略的制定与实施。"贫困线"在贫困人口规模测定以及减贫资源的投入中都是重要的操作性工具。可以说，作为"社会分类"的穷人群体通常是由抽象的统计数据来呈现的。从国内来看，1986年以来，我国的扶

贫瞄准机制经历了从贫困县，到贫困村，再到贫困户三个阶段的逐级深入。特别是2013年以来，"精准扶贫"机制通过对贫困人口建档立卡将扶贫瞄准对象落实到户到人。建档立卡的识别标准是2013年人均纯收入低于2736元的贫困家庭和人口。国家统计局根据全国农村住户抽样调查数据估算出全国有8249万贫困人口，然后再按照各省和县的贫困发生率估算出建档立卡的名额。名额分解到县以后，县内的扶贫和统计部门根据县内贫困分布情况将名额分配到乡和村。村级通过民主评议的办法最终确立建档立卡的名单。名额控制的办法是为了防止地方政府为了获取更多扶贫资源而过分夸大贫困人口规模，却还是无法避免"精而不准"的难题。

当我们进入具体的扶贫干预过程，面对具体的穷人，对贫困的理解便无法只停留在收入的不足上。对贫困的理解经历了从单一的经济维度到综合性的多维贫困观的转变。如阿马蒂亚·森所言，贫困不仅是收入的不足，更是多重形式的被剥夺或边缘化造成的能力匮乏。这种能力表现为社会中的权利关系，而权利关系又决定于法律、经济、政治等的社会特性。"穷人"绝不能简单地被看作庞大的穷人队伍中的一员，而要把他们看作特殊阶层的成员，属于特定的职业，有着不同的资源禀赋，并受到不同权利关系的支配。① 收入水平是重要的，但是简单地提高收入并不是有效的减贫措施。

20世纪90年代以来，响应国际反贫困干预思潮的转变，"参与式发展"理念的引入及其引发的关于发展主体和穷人主体性的讨论可以说在反贫困干预中实现了对以收入为中心的"抽象穷人"的超越，去关注"具体穷人"对自身的社会境遇的理解、决策与行动。值得注意的是，这一时期关于贫困干预的社会学分析几乎不约而同地达成了共识，即强调反贫困与再建构社区、社区自组织和社区自我发展能力的必然联系。穷人的主体性也并不是单一经济理性人意义上主客二分的"自我"，而是强调穷人主体性的社区嵌入性。从"互为主体性"的理念出发，穷人的理性只能在一定的社区和一定的场域中被解读，也只能在一定的社区和一定的场域中得以整合和发展。扶贫的过程应该是一个引导穷人社区参与和社区建

---

① [印]阿马蒂亚·森：《贫困与饥荒》，王宇、王文玉译，商务印书馆2014年版，第191页。

设的过程,并且穷人的参与本身应该成为扶贫的一个制度化目标。

综合看来,丘陵山区的土地流转对于减贫起到了一定的积极作用。农业产业化经营使一些留守乡村的贫困户和剩余劳力找到了就业途径。但是农业生产的生态风险和市场风险都较高,农业经营的脆弱性没有得到根本的转变。社区内发的土地流转灵活性强,只要能人大户或者合作社能够带动产业化进程,贫困户在其中可以收益。但是,这一模式在合作社蜕变后往往减少了益贫性。资本下乡的土地流转通常与商品化种植和旅游观光相结合,农民如何在村庄产业化的过程中保持稳定的可持续的收益分配依然需要探索政府、企业和乡村共同协商的有效机制。政府在农业产业化的土地流转和规模经营中以各种形式进行了基础设施的投入,这有利于农业的长期发展。但是,在土地流转中政府和市场的角色依然需要厘清,以避免政府推动下的盲目规模化和产业选择上的失误。

第九章　生态移民政策的贫困影响评价——宁夏案例[①]

贫困影响评价是一种政策分析的途径而不是一个模型，主要考察政策项目的分布性的影响，特别是对贫困群体和高脆弱性群体的影响。在政策实施前和实施后开展有效的贫困影响评价可以给决策者和利益相关者提供相关信息以提高政策过程的开放性、灵活性，提高发展项目的益贫性。

贫困影响评价的方法既包括了以定性方法为主的案例分析，也包括了有统计数据支持的定量分析。在案例研究中，研究者更倾向于支持贫困影响评价不是一个政策评估模型，而是一种政策分析途径的观点。定性分析的具体方法主要包括：社区分层、权力关系分析、半结构式访谈和焦点组分析。贫困影响评价方法的选择是根据不同的政策目标来选择的，在一些敏感问题的政策决策阶段，定量评价可以为决策者提供快速而有力的数据支持以便于迅速准确地决策。而在过程导向的政策实践中，定性分析的贫困影响评价更有价值，评价过程本身就是一个提高政策社会参与度，激发公众讨论、提高公开性的过程。

长期以来收入标准主导了贫困干预的识别与评估标准。2000年以来，贫困的多维性日益受到世界银行、亚洲发展银行等国际发展机构的重视。在益贫性增长和包容性增长的反贫困战略中，贫困群体的公共服务可获得性，自我发展能力，应对风险能力、社区发展能力等维度都成为重要的关注指标。在贫困影响评价中，这些指标也具有重要的指征意义。

本文采取案例研究的方式对生态移民项目中的县内移民项目和县外移民项目分别进行贫困影响评价。贫困影响评价包括了三个维度：1）公共

[①] 作者：荀丽丽，中国社会科学院社会学研究所副研究员。

服务可获得性；2）自我发展能力与应对风险能力；3）社区发展与社区治理。本文的资料来源于2012年与2015年两次田野调查，包括四个案例村，具体调查技术包括焦点组访谈、半结构式访谈等。

第一节 宁夏"十二五"生态移民项目背景及其贫困群体瞄准

西部地区是我国的"后发展"地区，同时也是我国生态脆弱的干旱区和半干旱区，亦是少数民族聚居区。西部地区的生态多样性、文化多样性以及其"后发展模式"的困境为其全面实现科学发展、良性的社会治理提出了挑战。西部地区面临的问题主要包括：1）在自然资源（如水资源）高度稀缺和不确定的条件下，如何破解城市化与工业化发展和环境承载力之间的矛盾；2）西部后发展地区，在我国区域发展不平衡的背景下，如何破解"自然资源输出与让渡"与"当地社会发展滞后"的困境。

2000年以来，在我国西部的内蒙古、宁夏、青海、新疆等地区广泛展开的"生态移民"项目是中央政府和地方政府试图依托财政资金的投入，加快生态脆弱地区的人口搬迁和城市化进程，从而实现生态保护和社会经济发展"双重目标"的一项重要的举措。

宁夏中南部地区包括原州区、西吉县、隆德县、泾源县、彭阳县、海原县、同心县、盐池县、红寺堡区9个扶贫开发重点县，以及沙坡头区、中宁县的山区。国土面积4.3万平方公里，占全区的65%；人口256.3万人，占全区总人口的41%，其中回族人口133万人，占全区回族人口的59.1%，是全国最大的回族聚居区。这一地区处于我国半干旱黄土高原向干旱风沙区过渡的农牧交错地带，生态脆弱，干旱少雨，土地瘠薄，资源贫乏，自然灾害频繁，水土流失严重。南部阴湿低温，北部干旱少雨，年平均气温5℃—8℃，昼夜温差大，年平均降水量200—650毫米，大气降水、地表水和地下水量少且质差，区域水资源总量2.43亿立方米，人均水资源占有量仅为136.5立方米，可利用水资源总量只有0.758亿立方米，为全国最干旱少雨缺水的地区之一。区域内人口、资源、环境与社会经济发展极不协调。截至2009年年底，该地区GDP为150.3亿元，占全区的 11.3%；地方财政收入 6.37 亿元，仅占全区的 5.9%；财政自给率仅为 6.5%。目前，该地区还有贫困人口近 150 万人，特别是有 35 万人居住在交通偏远、信息闭塞、外出务工不便、生态失衡、干旱缺水、自然条件极为严酷、一方水土养活不了一方人的干旱山区、土石山区。

2008 年宁夏回族自治区在强力推进宁东能源化工基地建设、加快沿黄经济区发展的同时，把中南部地区的扶贫开发纳入全区经济社会发展全局统筹考虑，实施了以劳务创收和特色种养业为主要收入来源，以改善生产生活条件为主要目标的中部干旱带生态移民工程，社会效益、经济效益和生态效益十分明显。实践证明，采取传统的扶贫方式，投入巨大，难以从根本上改善贫困群众的生产生活条件，只有坚定不移地实施生态移民，才能彻底解决这一地区的贫困问题，逐步扭转山川差距扩大的趋势。同时，实施生态移民，有利于优化产业布局和劳动力资源配置，促进山区农村人口的有序转移，推进灌区农业开发和沿黄经济区建设，从而实现山川共建共享。

"十二五"时期是宁夏加快转变发展方式，全面建设小康社会的关键时期。也是统筹山川城乡发展、改善民生的攻坚阶段。随着宁夏工业化、城市化、农业现代化的深入推进，沿黄经济区劳动力短缺将进一步加剧，大量农村劳动力向城市转移已成为必然趋势，为生态移民提供了千载难逢的历史机遇。移民的必要性体现在，一是贫困程度深；二是生存条件差；三是发展难度大；重要性体现在，一是扶贫开发工程，实施生态移民，将有 35 亿元以上的资金投入山区，通过大幅改善当地基础设施条件，重点突破，全面开发。二是山川互济工程，宁夏的山区和川区发展不协调，发展差距还在拉大，山川农民人均纯收入的差距由 2000 年的 1713 元扩大到 2009 年的 2344 元。实施生态移民，有利于借助城镇化、工业化和农业产业化以及沿黄地区经济开发的优势，把宁夏建设成为一个城市规划建设，进一步优化产业布局和劳动力资源配置，推动中南部地区劳动力的稳定转移，拓宽群众增收途径，同时解决沿黄经济区劳动力短缺的问题，从而实现区域协调发展，山川互利共赢。三是民生工程。实施生态移民，将生态条件极差地区的人口搬迁安置到打工近、上学近、就医近、吃水近的地方，适度集中居住，集中布局建设基础设施和公益事业，既可以提高公共服务水平，彻底改变 35 万最困难人口的生活条件，切实增强自我发展能力，使这些群众享受到发展改革带来的实惠，又可降低建设成本，减轻财政负担，通过集中居住，也可为加强农民教育管理，开展文化活动、增强信息交流提供方便。四是最大的生态保护工程。中南部地区是泾河、葫芦河、清水河的发源地，水源涵养、水土保持、生物多样性保护等生态功能独特，生态区位非常重要。实施生态移民，既可以促进川区农田保护林、新村绿化、经果林等生态建设规模的扩大，实现开发保护并举，又减轻山区的人口压力，巩固退耕还林、退牧还草的成果，将迁出区300万亩土地用于恢复生态，有效遏制生态环境恶化。五是惠及全区的拉动内需工程。实施生态移民，在全区将有100亿元以上投资用于移民住房、农田水利、产业开发、公共服务、生态恢复等工程建设，既能产生巨大的建材、生活资料、劳动力资源等消费需求，又可带动固定资产投资的稳定增长。

"十二五"期间，对中南部地区7.88万户34.6万人实施移民搬迁，涉及原州、西吉、隆德、泾源、彭阳、同心、盐池、海原、沙坡头9个县区91个乡镇684个行政村1655个自然村、规划县内安置2.84万户12.11万人，占移民总规模的35%；县外安置5.04万户22.49万人，占65%。规划建设安置区274个，其中生态移民安置区234个，安置移民5.87万户，25.59万人，占移民总规模的75%；劳务移民安置区40个，安置移民2.01万户8.65万人，占25%。

"十二五"期间移民迁出区的选择标准为：①贫困程度深，人均纯收入低于贫困线的特困人口，相对集中的区域；②千村扶贫和整村推进范围内的扶贫重点村，低保对象比重高的区域；③居住分散，交通不便，基础设施和公共服务建设、运行成本高的区域；④生态失衡，干旱缺水，资源匮乏，一方水土养活不了一方人的区域。移民迁入区条件：①选择有水，土资源，适宜集中规模开发的区域；②选择打工近、上学近、就医近、吃水近，具备小村合并、大村扩容的区域；③选择产业相对发达、就业容量较大的县城以上的城市、工业园区、产业基地。

宁夏"十二五"移民的安置方式有以下几种类型。第一，以生态移民和劳务移民为主要形式，坚持县内县外安置相结合，以县外安置为主，在全区范围内对移民进行妥善安置。充分挖掘县内安置潜力，对县内安置有困难的，在所在地级市协调在市域范围内调剂安置；市域内安置仍然有困难的，在自治区统一协调在全区范围内调剂安置。第二，开发土地集中安置。川区结合黄河金岸建设、现代农业示范、中北部土地整理、引黄灌区节水改造等重大项目,充分挖潜利用现有国有、集体、企业及个人经营的各类耕地资源安置移民。山区通过库井灌区、扬黄灌区节水改造、新建水源工程,对宜农荒地进行规模开发,建设移民新村安置部分移民。第三,适度集中就近安置。移民迁出县(区)在乡镇范围内,选择靠镇、近水、沿路的区域建设大村庄,采取集雨补灌措施对原有耕地进行改造,就近适度集中安置移民。第四,因地制宜插花安置。各市县根据实际情况采取灵活多样的办法,在有条件的地方插花安置部分移民。第五,劳务移民无地安置。依托沿黄城市、重点城镇、工业园区、产业基地、建设移民周转房,集中安置部分移民。迁入县政府负责签订就业合同、住房合同、社会保障合同,采取多种扶持措施,为务工人员实现稳定就业和增收创造条件,逐步建立起促进贫困人口向沿黄城市带、城镇转移的长效机制。劳务移民要在拟搬迁的34.6万人中选择。第六,特殊人群敬老院安置。对鳏寡孤独及丧失劳动能力的人口,按照社会保障政策在敬老院安置。

第二节 县内生态移民贫困影响评价

县内生态移民是与就地城镇化的进程联系在一起的。在土地利用方式上,县内生态移民并没有收回农民在迁出的土地。移民新村的建设实现了山区移民的近城近路,提高了医疗教育等公共服务的可获得性。也为农民自我拓展多元生计提高了可能。

一 公共服务可获得性

对于山区的西村人来说,移民搬迁的吸引力主要体现在以下两个方面。第一,生态安全效应。居住在西沟,当地的村民最怕的是打雷下雨。这里处于山体滑坡地段,在启动县内生态移民工程以前,邻村的14户村民就被迫搬离了原住地。移民新村建于山下的平地,村民居住的生态环境安全可以得到充分的保障。第二,城镇聚集效应。移民迁入地小城镇G镇优势教育资源是吸引移民的一个重要因素。首批搬迁的西沟人主要集中在30—50岁年龄段,其中30—35岁的人占12%,35—50岁的人占88%。几乎家家都有处于学龄期的孩子。搬迁之前,孩子们上学路途较远,且山路崎岖,需过桥过河。搬迁之后,上学的路程缩短到了0.5公里,交通极为便利。除了教育资源便利之外,新村引附近任山河的水实现了自来水供给。西村民搬迁之前的用水主要靠驴车拉水和水窖储水,移民村的用水便利被移民广为称道。

二 自我发展能力与应对风险能力:"离村不离土"的兼业化生计

彭阳县的县内生态移民迁出区的土地并没有强制收回国有,搬到了山下的移民还可以继续利用山上的土地进行农业经营。我们在移民村中看到的是一种"离村不离土"生计模式。移民居住在新村的新房子里,但在农业耕作和收获的季节,每天都有上山种地。最典型的生活方式是,夫妻二人早晨送完孩子上学,即上山"上班",傍晚再回新村的家。新村户均20—30亩旱地,主要种植玉米、荞麦、小麦、糜子、洋芋、胡麻等粮食作物。这里"靠天吃饭"的旱作农业受气候变异的影响较大。雨水好的年份和干旱的年份相比,粮食产量的波动很大。在旱年里,甚至有颗粒无收的现象。在这样的生产条件下,农民的粮食种植主要用于满足自家的温饱,除了出售部分玉米之外,其他粮食都用于自食。在种粮之外,每家都会养两头牛,既满足耕地时的役使之用,每年生两头小牛也可以卖1万元。用当地人的话说,在山上生活,十几天不出门也没有什么花费。但是在移民村的生活则大为不同。移民普遍反映在移民村的生活开支增大,一方面,在生活上,以前在山上生火做饭,到处都是秸秆和柴草,在移民村则主要依靠电和煤。水、电、煤的开支使移民感到生活成本的提高;另一方面,居住在镇上,受周围消费环境的影响,孩子们的吃穿方面的消费也增多了。在这样的情况下,农闲时节,移民都开始寻找其他的打工收入途径。附近的工地和企业是吸纳这些剩余劳动力的主要部门。可见,在城镇化消费的拉动下,农民在逐渐地向兼业化转型。

在新村,每户移民都有70平方米的暖棚可以发展养殖业。移民村虽然为养殖业的发展提供了产业聚集的优势,但是并没有实现养殖业的规模化效益,这里的肉牛养殖主要还是家户的分散经营。牛是各个家户按照自己的家庭情况到附近集市上购买的,价格一般在5000元/头,育肥2—3个月,利润在1000元/头。事实上,在最初的移民规划中,与新村的建设同步,周边一些配套产业也开始建设。如陕西某城市景观苗木中心、银川某养殖公司、山西某设施温棚农业公司、江苏某集团的养殖基地等。城市景观苗木中心就建在新村的旁边，占地400多亩，主要种植城市景观建设所需要的树木和花卉，已经进入经营正轨。苗木中心的员工常年在20人左右，移民村的临时性用工成为其主要的劳动力来源。很多移民村家庭的妇女都在苗木中心打工，按天计酬，每天工资70—80元。在某种意义上，移民村和周边产业成为一种"相互辅助，同步发展"的关系。移民村的劳动力聚集效应满足了产业发展的劳动力需求，产业发展也带动了移民劳务收入的增加。

在这个城镇化的过渡阶段，西沟也涌现出一些"致富精英"。他们充分利用移民带来一切有利条件，积极地拓宽家庭收入来源。

典型户一：

马JM，29岁，高中毕业，丈夫马XN 31岁，大女儿10岁，小女儿4岁。马JM一家四口，2011年10月28日搬入新村。两个女儿都在GZ镇上小学和幼儿园。学校和幼儿园距离新村0.5公里，中午小孩可以在幼儿园和学校就餐。现在公婆在住马JM在西沟的家。两位老年人70多岁了，不想搬到山下住；他们在家里养了2头牛，并负责照看山上的土地。马家有20亩地，其中退耕还林10亩。退耕还林地每年每亩地可获得补偿90元。剩余的10亩地种植小麦和玉米，年产粮食2000多斤。小麦的亩产不到100斤，玉米亩产不到800斤。粮食保障自食外，少量出售。马家还另外租种了10亩地，发展苗木产业，即种植培育松树、柳树、杏树等树种的树苗，树苗种植一年后即可出售。租种的地是依靠井灌的水地，每亩租金600元。每棵树苗的成本去年是2元，今年是1.3元。共种植10000多棵，其中8000棵松树。雇人种植的成本是每天80元，这样苗木种植的成本投入为4万多元。M县的水资源条件较好，深井多，水好。农户自己打井需要20万元投资，打成后国家给配套井房和机泵。井深一般在200米，80—100米即可见水。浇水井灌1小时需20元。马XN 2008年花5万元买了一辆车，自己挂牌跑出租。现在每月收入在3000—4000元。马JM在移民新村旁边的城市景观苗木中心做一些零工，每月收入700—800元。

马JM和马XN夫妇是年轻人中的致富能人。马XN是个头脑灵活的人，2004年他便参加了当地政府组织的劳务输出，到宁夏某镁业集团公司务工，从最苦最累的装卸工干起。马XN在工作中锻炼了胆识，积累了经验，2007年自己组织20多名村民到的集团公司在陕西神木的分公司上班。在外务工的经历也使马XN积累了一定的财富，2008年，马XN便花5万元买了一辆出租车，自己跑起了出租。跑出租的过程中，马XN常常会拉一些贩卖树苗的乘客，在与这些树贩子的闲聊中马XN感到苗木种植是一项收入可观、前景良好的经营项目。苗木种植的经济收益要远远比种植粮食高，且有利于当地山地的环境保护，也容易得到政府的支持。就这样，马XN大胆地租种了10亩水浇地来种植树苗，2013年春天就可见到可观的收益。

典型户二：

剡WL，1962年生，50岁。夫妻二人育有两个儿子和两个女儿。大女儿已经出嫁了，在红寺堡一中教书；小女儿在吴忠上幼儿师范学院；大儿子结婚后分户独立生活，留在西沟没有搬；小儿子在天津上完大学现在在银川工作。

剡家在西沟有30亩地，种植玉米、洋芋、小麦等。剡WL在搬入移民村后每天骑摩托车回家种地，上午和下午往返两次。搬迁之前，剡WL一直在西村种粮，但并不是一种商品化的农业生计。在其所种的所有粮食作物中，只有玉米用于出售，其他的全部用于自食。剡家共种玉米11亩，雨水好的情况下最高亩产可达800斤，改良品种后亩产1400斤。每年卖玉米收入5000—6000元。在粮食种植之外，剡家还养了两头母牛用于耕田。每年产下的两头小牛犊可以卖1万元。

在移民村，剡WL的兼业收入增加。首先，剡WL利用移民村配套的暖棚养了4头西门塔尔牛，每头5000元，育肥2—3个月后卖掉，利润在1000元/头。养牛的纯收入在2500元左右。肉牛育肥的全年总收入在2万元左右。另外，剡WL的沟通交流能力较强，"西气东送"的工程部聘请其做管道铺设GPS定位的临时工，每月收入800元，年收入9600元。此外，他还兼任了移民村的动物防疫员，每年的收入4300元。这样总计下来，剡文林的年收入在5万—6万元，在皇甫新村是佼佼者。

剡WL在移民村生活的感受是："这里交通便利，自来水也方便，以前都是驴车拉水，打水窖，这里还有太阳能。另外这里住着也比较安全，以前就是怕下雨打雷，怕窑洞塌了。孩子们上学要过桥、过河,现在上学近了。俗话说'大庄的娃娃、独庄的狗',这里的环境对下一代比较好。女人在这里生活可以出去找人聊天,不孤单,语言也文明了。"

综上所述,对于人地关系矛盾突出的宁南山区来说,"走出去"一直是当地农民的重要生计策略。县内生态移民推动的新农村建设和小城镇发展,为当地农民的非农化转型提供了平台。在移民搬迁中涌现出的致富能人通常能够利用在城镇居住的便利条件积极拓展农业种植外的收入来源。养殖收入和务工收入成为移民家庭收入的重要来源。在移民搬迁的初期,"离村不离土"的生计模式使原居住地的土地成为农民家庭收入的重要保障,在农民适应城镇化新生活的过渡期,原居住地的土地经营收益是一个重要的稳定器。生态移民推动了农民的兼业化和收入的多元化,切实解决了山区农民上学难、出行难、务工难的问题。

第三节 县外生态移民贫困影响评价

县外生态移民是宁夏"十二五"移民规划中最主要的移民安置模式。县外生态移民区的稳定与可持续发展是关系到移民工程整体性成败的关键。银川市作为宁夏回族自治区的首府,在"十二五"移民规划中是一个重要的移民安置区。仅银川三区——兴庆区、金凤区和西夏区就安置移民5444户,22800人,其中生态移民1387户,5800人,占移民总数的25.4%;劳务移民4057户,17000人,占移民总数的74.6%。银川三区的移民全部来自宁南山区的彭阳县。

县外生态移民的跨县集中安置是与黄河沿岸、中北部的土地整治区和引黄灌区的集中式土地开发联系在一起的。土地集中开发模式追求的不再是简单地满足移民的温饱,而是一次自然资源利用方式的变革和农业产业化的结构式转型。与早期的吊庄移民和生态移民不同,"十二五"期间的县外生态移民安置更注重移民迁入区的现代农业的产业升级和土地的规模化利用。"有土安置"不再以家户的分散经营为基础,而是着眼于土地资源的高经济附加值的开发和利用。土地开发模式的转变推动了移民生计的市场化转型,并为移民社区的长期发展提出了新的挑战。

一 移民家户自主经营的设施农业

和村位于银川市南郊的 L 镇。在彭阳县的"十二五"规划中，X 乡有 507 户，2065 人迁往银川市金凤区良田镇的和村。截至 2012 年 9 月，和村已经入驻了生态移民 700 多人。10 月 13 日，银川市金凤区和村迎来第二批 244 户 1021 名移民，至此，和村生态移民安置工程全部完成。

2011 年以来，金凤区大力实施生态移民"121"计划，为每户建设 1 栋住房，建成 1 栋 2 亩设施温棚，提供 1 个就业岗位。截至 2012 年 10 月，和村已经种植设施温棚 260 栋。对于从宁南山区彭阳县 X 乡搬迁来的移民来说，设施温棚还是一个新鲜事物。他们在原居地从事的是一种种养结合的旱作农业的经营。相比之下，设施温棚的种植在技术、资金投入和生产经验上都给移民提出了挑战。从"旱作农业"到"设施农业"，不仅意味着农民生计的转型，更意味着农民将由一种主要应对生态风险、相对自给自足的生产方式转变为一种主要应对市场风险的商品化的生产方式。

笔者在彭阳县迁出地的 X 乡考察时看到，移民搬迁后，院落已经推平，迁出的村组已经断水断电，没有被推平的窑洞已经人去屋空。这种"断根"的方式使移民意识到他们很难再回到原住地，而只有全力投入新生活的开拓。

和村设施温棚的种植包括以下两种茬口模式：第一，冬春西瓜—秋后番茄；第二，冬春番茄—秋后番茄。

一栋温棚（长 70 米）年产值在 20000—21500 元，生产成本投入在 6610 元左右，年纯收入在 13340—14940 元。因此，投入产出为 1∶3.0—1∶3.3。折合亩产值 2.2 万—2.3 万元，亩投入 7300 元，亩纯收入 1.47 万—1.57 万元。

在移民村的调查中，笔者发现，尽管移民家庭在生产条件和技术条件上都是相同的，但是家户之间的经营收入却参差不齐。

2011 年来的人在 2012 年的冬春季节都种了西瓜。100 多户移民的西瓜都卖出去了，但收入的差距却很大，卖得好的人卖了 1.5 万元，卖得不好的人连本带利才 2000 元。大多数种西瓜的人收入在 8000—9000 元。西瓜的种植是政府统一安排的，并联系银川一个大商贩直接来收购。收购价格随行就市，波动较大，刚开始能卖到3.4—3.7元，过几天之后就2.2元了。移民村旁边有一个育苗中心，移民统一从那里买的西瓜苗。尽管育苗中心的人说是一个品种的种子，但各家种出来的西瓜却不一样。

在2—5月份西瓜的种植茬口过去之后，移民在2012年7月就开始种植西红柿。2012年上半年才迁入的移民没有赶上种西瓜，则从种西红柿开始。这些种植项目都是在政府的指导下进行的。全村现在共有240个大棚的西红柿，每个大棚内部的净面积在8分左右，产量在1万斤上下。当地人告诉笔者，这里的西红柿是有商贩上门来收购的，一共有四个商贩设立了四个收购点。收购价格也是随行就市，价格波动很大。比如，三天前是每斤1.4—1.7元，昨天最高只能卖到每斤1元钱，今天早晨的价格则只有0.4—0.5元。每一个大棚的投资都在3000元以上，但稍有不慎卖得不好，就只卖5000元。这样的收入是难以支撑家计的。这里的移民正在筹备建立合作社，以提高自身在应对市场风险时的谈判能力，但是目前还没有形成规模，商贩拒绝协议保底价，市场价格的波动让很多移民"心里不踏实"。一方面，西红柿的种植是个新事物。对X乡的移民来说，以前的山地是种植小麦为主，现在很多人不适应这里的温棚种植环境，很多人感到不会种地了。比如，同样的种子，有的家户种出的西红柿裂缝严重，这样就极为影响市场销售价格。甚至商贩拒绝收购有裂缝的西红柿。移民反映，技术人员也无法说明出现裂缝的具体原因，有的说是因为浇水多，有的说是因为浇水少。有一些移民户因为不熟悉种植技术而不敢种植西红柿，选择种植以前有种植经验的辣椒。个别户也有种植小番茄的，但是90%的移民户都种植了西红柿；另一方面，西红柿的种植是一个生产投入较高的农产品。生产投入主要是化肥、农药和良种，一个温棚的8分地需要3000多元的生产投入。很多移民反映"在老家不怕没吃的，可以保障丰衣足食，老家的山林里杏子、毛桃，什么都有。心里特别安稳。在这里就不踏实，不安稳了，如果西红柿卖不上价，一家人的生活都成问题了"。

在温棚蔬菜收入不稳定的情况下，很多人都选择出去打工。"以前出去打工的人少，平均每家不到一个人。现在家家都在打工，一家一个人、两个人、三个人的都有。大部分的女劳力都在周边的葡萄园打工，和村旁边有一个广厦葡萄基地，每天的女工价格是70—80元。以前的贫富差距小，现在的贫富差距大了。"

和村的移民，面对目前的新生活，难免要与未搬到银川的老家人相比较。在移民看来，他们的迁出缓解了迁出地人口与资源的紧张关系，当地人的生活更好了。

"剩下的人生活可好了，今年雨水不错，光是拾剩下的山毛桃核，户均的收入都能上万。就拿崾岘来说吧，搬了21户，剩下11户，他们放弃了协议，家里的基础设施好，实在是不想搬。在老家吃水不要钱，吃菜不要钱，在移民村10天不动就不行了。剩的人生活得可美了。我们走的时候，1万多元盖的房子走的时候2000—3000元，2010年有盖房子的人，2011年就搬家了。花了2万—3万元装修的窑洞，走的时候2000—3000元就卖掉了。柳湾有几户人家，东西没有拉完，还想回去再拉，可是政府没有通知就把庄子给推平了。其实，一移民，在老家勤劳的人反倒是没有什么收益了，种的果树啊什么的都扔了。"（访谈HD，2012）

第一，对于在原居地的农业经营能手而言，移民搬迁往往意味着可利用自然资源的减少以及生产经验优势的削弱，他们在移民初期的生活往往较之以前有所下降。

陈WQ曾是X乡卷槽村的民办教师，1963年生人，有两个儿子一个女儿。大儿子在当兵，小儿子上大专。女儿大学刚毕业在银川工作。用陈自己的话说，他是"为了娃娃往出搬"。陈WQ以前在卷槽村时是有名的养殖专家，家里养了140多头猪，还种了90亩地，种植小麦、洋芋和玉米，再养牛和羊，年收入在8万—10万元，是当地的富裕户。搬到和村，陈WQ也开始了蔬菜温棚的种植。他的西红柿大棚已经卖了5000元钱，成本投入2200元，纯收入在3000元左右。他说温棚的年收入应该会在12000—13000元。陈文卿还积极在附近寻找打工机会，建筑工地每天100元，葡萄园是每天70—80元，已经挣了2000—3000元。在这样的条件下，陈的收入较之搬迁前是下降了。

第二，对于处于35—45岁年龄段的移民家庭，移民搬迁为家庭中正在上学的未成年子女带来了迁出地无法比拟的优良教育资源。他们有着更为坚定的扎根移民村发展生产的愿望，能否适应设施农业的生产方式是影响他们在移民村生活和发展的关键因素。

王DW，今年40岁，家里四口人，夫妻两人加上两个儿子。大儿子

10岁，小儿子6岁。

对王DW来说，移民后最大的好处是两个儿子都在和村的光彩小学就读了，以前孩子在老家念书，要走20里的山路。但是他还不太适应西红柿温棚的种植，前几天价格在1.5—1.6元的时候，他卖了1000元，现在的价格是0.8—0.9元，他在几个商贩之间徘徊，看哪家的价格高就卖给谁。一共才卖了2000元，成本还没有收回来。但是尽管收入少，支出也比较少，现在支出很大。家里的土地证已经被政府收走了，王DW觉得"土地是国家的，拿走了也是没有办法的事"。但是他原来承包土地的退耕还林款还可以享受，一年大约有3000元。王从来没有打过工，他还不知道在工地搬砖和在葡萄园摘葡萄的活儿自己能不能干得来。

第三，与35—55岁的人不同，对于20—35岁的年轻人来说，移民村的生活意味着更多新生活的可能与想象。在最初搬迁的时候，很多年轻人都想搬，老年人不想搬，但是在移民村的生活也使很多年轻人觉得这里并不如老家好。但是，他们年富力强，通常有着较丰富的外出务工的经验。对移民村生活适应能力要远远比年龄较大的人高。

郭YN，今年28岁，卷槽村人，和父母一起搬到移民村。他的一弟一妹都因上大学而变为非农户口了。9月29日，郭YN将在移民村举行婚礼，媳妇是吴忠人。郭YN的父亲50岁，母亲48岁，他们在经营移民村分给的温棚。郭家在2012年2月份种了西瓜，5月份成熟，卖14000元；7月份种了西红柿，8—10月为收获期，收入在4000—5000元。郭YN比较了搬迁前后的生活："以前家里地多，40—50亩地，每年种地的收入也就是几千元，现在纯收入差不多能到2万元。我现在银川的宁夏威骏车辆装备设备有限公司当组装工，每月1500—1800元。生活开支主要是上下班骑摩托车的燃油费每月150元，还有生活费要200元。我妻子也打算在银川的同心街做生意。在山里的时候，环境好、很绿色，脚底下踩的是中药材，对父母的身体好。他们现在到这里种温棚，还不太适应。我们那里的年轻人，上完初中没上高中的都出来打工了，多数去了南方或是内蒙古的煤矿。我觉得没有土地对年轻人也没什么影响。我19岁就去福建打工了。2002年，福建的电子厂来招工，每月1000—2000元，劳动就业局给签的一年的合同。我在福建干了一年，又到广州的电子厂干了一年。后来到江苏的数控机床厂干了一年，每月1500—2400元，后来又到内蒙古鄂尔多斯市修车，每月能有2400—4000元。在福建和广州打工的时候觉得很新奇，那时候年轻，每天至少工作12个小时，那边的天气又热又潮。电子厂招工不要28岁以下的。在广州的电子厂最小的15—16岁，最大的27岁。我现在一边在银川打工，一边也想着将来干点啥，计划开个餐馆。"（访谈GY，2012）

宁夏中南部地区农业人口向北部川区大城市及周边聚集，大城市的市场辐射效应成为移民社区致富发展的助推器。以城市农产品消费市场需求为导向的现代设施农业的发展成为大城市周边移民区采取的主导产业模式。中南部地区的移民从搬迁伊始即面临着从旱作农业到设施农业转变、从家庭自给经营向商品化经营转变的生计转型。市场风险成为移民区农民生计面临的主要风险。移民社区组织和产业合作组织发展的滞后不能满足当下农民应对大市场的需求。政府应组织相应的技术培训、培育社区精英、推动产业合作社的建立和发展。

二 土地集中经营的移民安置

位于银川市兴庆区Y乡的滨河家园是宁夏"十二五"生态移民中移民安置规模最大，居住最集中的区域。"十二五"期间，滨河家园共接纳移民近4000户，16800人。

滨河家园生态移民的产业模式是每户移民一头奶牛，每人一亩地。但是移民户并不直接参与奶牛养殖和土地经营，这些生产资料将以奶牛托管和土地流转的方式集中到大型的奶牛养殖企业和农业公司统一经营。每户移民每年可获得固定的奶牛收益2800元，六年后养殖公司一次性返还与被托管初始时同月龄、同体重、同胎次的优质健康奶牛。每户移民还依据人口数的不同领取固定的土地收益，每亩土地的固定收益为当年300斤小麦的折价。比如，一家有六口人，则该家庭就拥有6亩地，一年可获得1800元的固定收入。

从2010年起，与月牙湖新生态移民村相配套的万亩奶牛养殖园区即开工建设。兴庆区万亩奶牛养殖基地划分为15个单元，已经有宁夏骏华月牙湖养殖公司、蒙牛牧场、宁夏友牧乳业公司等10家奶牛养殖企业入驻，目前存栏奶牛5000多头，长远规划存栏3.6万头。兴庆区万亩奶牛养殖场占地面积 1.28 万亩，建设标准化规模奶牛养殖场 15 个，1 个大型饲料配送中心，1 个奶牛技术服务中心，预计奶牛存栏 2.2 万头，解决移民就业 1500 余人，并形成万亩饲料种植基地。2012 年，养殖场建设完成投资 3 亿元，存栏奶牛 5600 头，日产鲜奶 48.6 吨，提供就业岗位 260 个。为提高奶源质量，养殖场在建设基础上不断完善奶牛良种繁育、动物疾病预防控制、沼气服务、三农保险、生鲜乳质量检测、技术指导等服务体系，严格执行养殖场管理公约，实行封闭式管理。

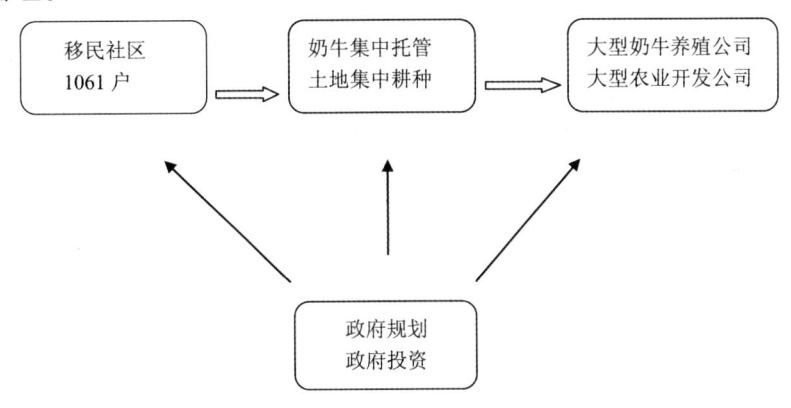

图 9-1　滨河家园生态移民产业模式结构图

如图 9-1 所示，在滨河家园生态移民的产业链条中，政府处于一个中心性的枢纽地位。

首先，从移民迁入区自然资源开发的角度，月牙湖乡的土地条件和气候条件都较为恶劣，土地改良和种植的成本较高，一家一户的农业经营难以获得良好的效益。当地的生态条件适合发展养殖业，形成种养结合的产业互补格局。但是，奶牛养殖并不是一个劳动密集型的产业，规模化养殖是获得经济效益的前提。所以，月牙湖的可持续产业开发需要有相关大型龙头企业的支撑。再者，从移民稳定生活的角度，新移民在生计转型的初期往往会面临较大资金和技术的困境，政府的补助和扶持是移民社区稳定发展的保障。在这一产业模式的设计中，移民并不必自己参与农牧业经营，也不必面对经营中的市场风险，而只需依据其移民身份获得固定的收益。当然，每头奶牛每年 2800 元，每亩地 300 元的收入对于一个移民家庭来说并不算多。尽管这种生产方式降低了移民农业经营的市场风险，但也弱化了移民自主组织和自我发展的主导权。用移民的话讲，他们现在是"有牛不见牛，有地不见地"。我们发现生态移民最初的"有土安置"转变成了一种"无土生计"，移民只能通过打工来满足家庭生计的需要。在某种程度，滨河家园的生态移民村成为一个"打工者"的聚集区。最后，对于大型的奶牛养殖公司和农业开发公司来说，政府的项目规划与投资也使其便利地获得了规模化的土地、规模化的生产资料（奶牛）以及廉价的劳动力资源。可以说，政府的组织化力量成为这些企业迅速发展的主要的推动力。

搬迁以前，居住在彭阳县大山深处的农民分散居住，并从事一种种养结合的农牧业经营。每家除了在旱地上种植玉米、小麦、洋芋等粮食作物外，还种植一些饲草料，用于牛羊的养殖。用一位移民的话来说，"这是一种环保的生活，地保牛，牛保地，牛保人"。但是搬到月牙湖之后，种地、养牛和养羊的生活结束了。"不打工没办法生活"成为移民的普遍共识。

马WH，57岁，彭阳县谢村人，有一儿一女。女儿17岁，现在在月牙湖回民第二中学就读。儿子并没有随他们搬来移民村住，在月牙湖很难找到工作。儿子和儿媳一起在家乡古城镇的建筑工地打工，并在镇上租房子住。"以前在谢村，有30多亩旱地，种小麦、胡麻、玉米，再养两三头牛和几只羊。肚子是饿不下，肚子够吃，收入没算，自己种的玉米再喂牛羊，就这么过，在移民村的政策是，每人一亩地，但不是自己种，都流转给公司了。每亩地一年给300元。家里六口人，一年可以有1800元。每户一头奶牛，给了一个奶牛证，写着牛有多重，一头牛一年给2800元，一年分两次给，今年5月已经给了1400元。这个地方可不比老家，不打工是没办法生活的。60岁的人会给每月70元的养老金，但我给人家70元想买一袋面粉，人家还说不够。在老家至少是能够吃啊。我年纪大了，给人家农业公司掰玉米，第一天去，第二天人家就不要了。当时政府说得挺好，可是上来是之后发现是个空空儿。"

生态移民村的建立形成了一种劳动力聚集效应，劳动力数量的增加则带来了工资的下跌。每天早晨5—6点钟，在天刚刚蒙蒙亮的时候，滨河家园的村口会来一辆车。当地的一些劳务经纪人拉上一车人出去干活。年轻的劳力都在村口等候，很多人都挤不上车。打工者普遍反映："今年人都上来了，工价低得很。大伙都是这儿干一阵儿，那儿干一阵儿。有一个人出去找活儿，早晨在村里拉上一车人去干活儿。不认识不熟悉的还挤不上去呢。有的人一天70—80元，有的人一天100元。都是按天算。"

打工经济的不稳定影响最大的是45岁以上的人群。这些人虽然都有可以务工的成年子女，但是成年子女的收入往往只能满足自己的生活需要，无法再有更多接济父母。这些年纪较大的人群，在移民迁出区长期从事农牧业生产，技术和体力都难以适应移民区周边企业的劳务要求。在无法从事农业经营之后，他们可以说是被迫"下岗了"。这种状况在60岁以上的老年人中更为突出，在农村务农可以保障老年人温饱，但在移民村老年人感到自己成了儿女沉重的家庭负担。

在调查中，笔者发现，事实上很多移民家庭中的年轻劳动力都是不在地的打工者。他们在搬迁之前就已经在外地打工，搬迁到移民村是为了幼年子女的教育。他们虽然在移民村分得了独立的住房，却只有老人和小孩居住，他们则常年在外地打工。

马DF和老伴都72岁了，他们共有三个儿子，因为分户较早，他们都在移民村分到了房子。大儿子40岁，在内蒙古打工，有一个孩子；二儿子37岁，在内蒙古打工，有两个孩子；三儿子35岁，在银川打工，有三个孩子。老马家的儿子们出去打工已经有7—8年的历史了，最长的已经有10年。目前，二儿子和三儿子的孩子都在移民村上学。

秦ZX今年67岁，他们以前在挂马沟生活时有20多亩山地，养了4头牛和10只羊。大儿子40多岁留在当地没有搬迁，二儿子和三儿子都在移民村分了房子。二儿子目前在银川贴保暖层，三儿子在吴忠铺地暖。老秦家的六个孙子都在移民村上学。

当然，对于搬迁之前农村的致富精英来说，他们来到移民村之后并不甘于只是打零工，而是积极开拓其他的致富门路。

马SL，45岁，他的两个儿子，一个20岁，一个16岁。大儿子要娶媳妇了，但还没有在移民村找到工作。小儿子还在上学。马SL感到生活压力很大。在彭阳的挂马沟生活时，马SL从事柠条编制的副业经营，多年积累了一些财富。他在移民村定了一处临街的门面房，打算开个榨油机做生意。可是，因为一些原因他一直没有拿到门面房的钥匙，这使他很不满。"我45岁了，出去打工没人要。大儿子也是这儿几天，那儿几天，胡跑着呢。在下面可以喂牛喂羊，在这儿我一分钱还没挣上呢。年轻人打工自己都不够活。我打算10月份就回去从事我的老本行柠条编制，租房子雇人收入也不错。不过，话说回来，要是不搬的话，整村都搬了，一个人剩下也没法儿活。下面的教育也确实不行，六年了我从来没有见过我儿子做作业，一天步行8公里上去，老师净打麻将，不管孩子。现在他终于做作业了。搬到这儿，人没得干的了，技术活不会做，也不能喂牛羊，要是奶牛自己养能好一些，我家能有4亩地1头牛，应该也很好。以前我养了7—8头牛，搬家之前都便宜卖了，少卖了好几万元。我也想着移民村发展，先交了9万元订了门面房，可一直都没交房，房子的质量也很差，想做生意也一直耽误着没能做起来。"

综合来看，滨河家园生态移民村的产业模式使移民村在事实上成为一个"打工者聚居"区。劳动力年龄和劳动力人口数成为影响移民家庭收入的主要因素。大量劳动力的聚集，使劳动力市场的供求关系改变，当地面临着人多工少价低的困境。

土地的高效规模化开发往往在一定程度上限制了土地的劳动力吸纳功能。以月牙湖的滨河家园的万亩养殖园和万亩种植园为例，养殖业和种植业的集中化和规模化尽管提高了土地利用效率，但降低了其对大量移民人口的接收能力。移民事实上在搬迁后必须迅速面对"无土生计"的挑战。劳动力的聚集效应反而给移民打工者就近解决就业问题带来了一定的困难。政府在重视经济发展的同时重视"人"的发展，加强移民的职业技能教育，有序组织劳务输出，推动建设以社区为基础的打工者劳动权益保障组织。

和村毗邻银川市区，大城市的辐射效应为其商品型设施农业发展提供了良好的区位优势。可持续的产业发展是生态移民村良性社区发展的基础和前提，组织化程度高、自主行动能力强的社区组织也是生态移民村产业可持续发展的重要保障。

首先，在和村设施农业的建设和发展中，政府的组织化力量起到了核心的主导作用。一方面，移民村集中居住区和设施农业基础设施的建设是政府项目资金投入完成的。这为设施农业的产业聚集创造了条件。在宁南山区的原住地，农户分散居住，分散经营，很难形成农业产业化的发展。政府还组织了农牧局的科技人员在移民村设立育苗中心，为农民提供良种和技术服务；另一方面，尽管移民村在产业经营上实现了区位上的聚集和农产品品种上的统一,但是在农产品市场销售方面的社区组织化能力还较低。分户销售的农民缺少价格谈判上的优势,往往成为剧烈市场价格波动的受害者。建立农业合作社是保护农民利益的重要方式,但是移民新村的基层组织化能力还没有跟上产业发展的步伐。

其次,生态移民村是由不同的村组集合而成的新社区,建立一个整合高效的基层自主治理组织是社区良性治理和产业可持续发展的必需。目前和村的书记是迁出村庄的副书记。其他村组有的有原村干部搬迁到移民村,有的则没有。为了移民初期移民村的稳定和有序发展,彭阳县移民局还派了一名干部到和顺新村挂职一年。新的村委会组织了农业合作社的建立,但合作社运作还没有步入正轨。合作社作用的有效发挥还需要移民村的村民在长期的生产和生活实践中建立起互信互赖的关系,形成有凝聚力的社区认同,新村干部应该起到组织化核心的作用。

滨河家园移民村的社区治理面临着以下突出问题。(1)家庭代际矛盾凸显。在滨河家园二村,来自彭阳挂马沟的移民有150户,其中50户都是祖孙三辈人住在一起。在农村老年人户口通常是与一个儿子的户口在一起,很多没有来得及在政府规定的固定日期之前办理分户手续的家庭,老年人没有独立的住房,只能与子女合住。因在农村时都是分开居住,合住给家庭成员的生活带来了很多不便。加之老年人不再经营土地,生活上还要依靠子女,这给他们带来巨大的精神压力。代际的矛盾凸显化。(2)幼儿教育问题。在政府规划的移民村建设中,学校和幼儿园都由政府来承建和管理。但是,2012年9月笔者调查时这里的幼儿园还没有开园。家长只能将孩子送到私人开办的临时幼儿园照管。滨河家园的临时幼儿园是由一个22岁的马XM开办的,她于湖北三峡学院的幼儿教育专业毕业,以前在红寺堡的私人幼儿园有三年的工作经验。村干部为了解决村民的幼儿教育问题,将村委会的办公用房借给幼儿园上课。

综上,我们发现,移民新村建成入住之后,一系列的社区治理问题就摆到前台。地方政府应重视移民群众的实际生活需要,充分尊重民族生活传统和宗教信仰,以人为本、因地制宜地提供好各项公共服务。积极鼓励社会力量参与社区治理形成群众自组织与政府社会管理相辅相成的良性治理机制。

附录

Development of Poverty Impact Assessment and Case Studies in China

Poverty reduction in rural areas of China has entered a transitional phase. First, the objective of poverty reduction is not only to meet basic living requirements of the poor, but also to concern their desire for development, such as health care and education. Second, with the problem of absolute poverty getting solved, relative poverty has attracted more and more attention, which means poor population is in a comparative shortage of materials and living in a low – level social economic condition compared with other people. Relative poverty is not only expressed by expanding income gap, but also by expanding regional gap. Third, it needs taking measures to protect vulnerable population from falling into poverty in the process of poverty reduction. Confronted with all kinds of increasing risks, including climate risk, social and economic risk, it is vital to recognize vulnerable population and taking measures to reduce their vulnerability for poverty reduction and sustainable development, which means that it become increasingly important to adopt effective policies and measures before poverty happens. Finally, economic growth has made less and less contribution to poverty reduction. On the contrary, unsuitable public policy, natural resource exploitation and ecological environment degradation in the process of economic growth have been causing new poverty.

With economic development in China, more and more engineering projects and public policies are implemented in the poor areas, among which there are some projects and policies have promoted local economic development and poverty reduction. However, there are some policies and projects even deteriorating poverty problem. To improve these important public policies and large engineering projects to contribute to poverty reduction, and avoid causing new poverty problem, Poverty Impact Assessment (PIA), which is applied by international organizations first, could be an effective tool. The objective of PIA is to strengthen poverty reduction at the beginning of policy/project design based on assessment, and achieve inclusive development and benefit the poor people by implementing the policy/project.

1. International development of PIA

In 2000, with United States proposed the Millennium Development Goals (MDG), all development assistance agencies prioritized poverty reduction in recipient countries as their objective. PIA was implemented by these agencies to understand poverty conditions and its reasons in recipient countries, improve project or policy design, and promote effects brought by the project or policy. In this way, the application of PIA expanded from project assessment to evaluation of development policies, and attracted attentions from different agencies.

The first agency proposed PIA was the Asian Development Bank (ADB). In its publication titled *Guidelines for the Economic Analysis of Projects* in 1997, Annex 26 introduced definition of PIA. In July of 2001, ADB published a special handbook to introduce PIA in detail, and made PIA listed in their basic requirements for early economic analysis of all ADB projects. The World Bank also paid much attention on PIA and made it as one standard in the guidance of policy – making and reformation for developing countries, and an important measure to achieve its World Poverty Reduction Plan and MDG. In 2009, the World Bank organized experts to review the development of PIA and Social Impact Assessment (SIA), and found that PIA could play an important role in improving policy of recipient countries. Organization for Economic Cooperation and Development (OECD) published a guideline for PIA, which introduced objective, process and tools of PIA. It required international organizations and member countries to implement assessment so that economic growth could benefit the poor and vulnerable groups to a larger degree. Moreover, some large international institutions, such as UNDP, UNFAO, EU, USAID, DFID and SIDA, all committed to apply PIA before their policy or project implementation.

Many countries adopted policies of PIA. For example, in 2005, Ireland government required that some important policies should be conducted PIA before they were implemented. In 2008, it issued detailed regulations on policy scope which must include PIA. Under the initiative of Europe Anti – Poverty Network, other EU member countries also began concerning and implementing PIA. In the US, the federal government and many state governments required or suggested that some policies and projects should be conducted Poverty Impact Projections. Canadian government also put PIA on their project agenda. Moreover, PIA had been implemented in many countries in Asia, Africa and Latin America, and was brought into their government poverty reduction and development plan.

Therefore, it can be concluded that PIA has become an international trend conducted before the implementation of policies/projects. PIA can play the following roles. First, it can reduce poverty more effectively. Currently, the international society has achieved a common sense that poverty does not only mean shortage in food and clothing, but also embodies low level in education, health care, power and influence, social position and dignity. This multi – dimension poverty is not only related to poverty reduction policy directly, but also related to other policies and projects whose objective is not poverty reduction. Based on this understanding, some international organizations, such as the World Bank, United Nations and OECD have put PIA in their implementation agenda to realize the whole poverty reduction goal and MDGs. Only in this way can poverty be reduced effectively. Second, it makes development policy and project benefit the poor and vulnerable groups more. Without PIA, some benefit brought by development policy and project could be grabbed by elite groups. However, the poor and vulnerable groups cannot get benefit from the policy and project, or even fall into the situation with more poverty and vulnerability. Third, it can achieve inclusive growth, which is one of the main objectives of PIA. Both ADB and OECD emphasized that economic growth needed to benefit the poor and other vulnerable groups rather than exclude them. For most of development policies and projects, their objective is economic growth and the criteria is GDP increase, and there is no analysis to recognize if economic development brings benefit to the poor population. Finally, PIA is an important tool to avoid or alleviate social conflicts. Many international organizations, such as the World Bank, had the experience that their development projects were encountered objection from the local people or even caused conflicts with local people because these projects might destroy their livelihood and make them poorer. These social conflicts can be avoided and eliminated effectively if PIA is conducted before the policy and project implementation.

Different organizations have their own PIA frameworks, but they have many things in common due to their mutual influence. Generally, there are three common factors. (a) Even though they have different names in different organizations, such as social impact assessment, poverty impact assessment or poverty and social impact assessment, they all focus on poverty and social impacts and are only different in methods. (b) PIA includes pre – evaluation, mid – term monitoring and final evaluation. Pre – evaluation is to provide information for choices and design to make policy choice have better results. Mid – term monitoring is to monitor the impacts brought by policies/projects in the process of their implementation to make necessary adjustment. Final evaluation is to evaluate the real effects brought by the polices/projects after their implementation to expand understanding the effects of similar reformation. It worth to emphasize that pre – evaluation is very important for policy maker because it helps the polices/projects more reasonable and suitable to the local conditions. Good poverty and social pre – evaluation is a basic requirement. (c) Different assistant organizations have made some PIA manuals and developed some evaluation tools based on their specific needs. For example, OECD classified PIA into five modules: evaluating poverty status and policy/project intervention and correlation analysis with national strategic planning, analyzing stakeholders' groups and institutions, recognizing mechanism and its effects, evaluating ability of stakeholders' groups and target groups, and evaluating intervention results and its relationship with MDGs. An article of DFID also listed seven characters of high – quality PIA: (a) playing important role in policy making and implementation; (b) providing multi – dimensional and wide – ranging explanation; (c) leading by recipient country; (d) promoting more stakeholders' participation; (e) being more transparent; (f) becoming organic composition of development process of the recipient country and supporting its ability building; (g) having clear objectives and being operable. Moreover, all development assistance agencies use stakeholder analysis and participatory methods as their basic tools.

2. PIA development in China

In China, there are some projects making poverty as their important evaluation content, especially in the index system of social impact assessment of the World Bank, ADB and other international organizations, PIA is often the core content. For example, in the book edited by the former State Development Planning Commission of China in 1997, *Guideline for Social Impact Assessment of Investment Project*, it gave special attention on poverty and made it an important content in the book. In the book titled Guide to Social Evaluation of Investment Projects in China, edited by China International Consulting Corporation in 2004, there was one chapter discussing poverty in China, related policies, and project impacts on special social groups' livelihood and poverty situation. In their research on social impacts of reservoir resettlement in 2002, Chen ShaoJun and Shi GuoQing recognized poverty, social justice, public participation, sustainable development as the four important factors for evaluation. However, among the huge number of projects implemented in China, there are few projects having PIA, which means that PIA application is at the very beginning in China.

As an important part of SIA, PIA has several factors that limited its development in China. First, the awareness of the value and importance of PIA is insufficient. People put more emphasis on economic benefit than social impacts. Second, there is no institutional protection which regulates the role of SIA in policies and projects assessment. Third, there is no special management and assessment organization, and related personnel and training are in shortage. The organization system is undeveloped in China, and there are no policies, criteria, regulation or qualification review and management organization, which have limited the development of practical experience and ability of SIA in China, especially the participation and influence of sociologist in SIA are comparatively backward. Fourth, the related regulation and operation guideline are very limited, and there is a challenge to connect regulations of international development organizations with Chinese context. Finally, the application of SIA and its practical effects is very limited and the monitoring on the whole process of projects is still backward. Comparatively speaking, the focus of international SIA has transferred to strategic assessment gradually, which emphasized on preventing and solving social problems from the beginning of decision chain (strategy, policy, planning, project), while most theoretical exploration and practical application of SIA and PIA in China are still focus on project evaluation, which is often regarded as the "appendant" of economic evaluation or environmental impact assessment (Li & Shi, 2011).

The lagging development of PIA in China has brought many challenges for rural poverty in current new stage. First, due to the shortage of PIA, some policies and projects added the burden of the poor and vulnerable groups, which made some groups fall back into poverty. One example is the policy of "centralizing schools" in 2001. This policy aimed to improve education quality by centralizing village schools in township or even county town. However, parents paid high cost for transportation to go to school, and some family members even need to move to town to accompany their children for school, which was a heavy burden for farmers' households, especially for the poor farmers. Second, without PIA, some policies and projects that appeared to be beneficial to the people's livelihood were not accepted by ordinary people, and some even lead to the opposite result, hurted but not improved the interests of the poor. Currently, there are many projects in the poor areas in China, for example, government had input over 600 billion RMB in western areas in 2010. Some projects spent huge amounts of fund and increased local GDP, but could not benefit local people, especially the poor. Finally, without PIA, some development projects caused local social conflicts in some areas, hurt relationship of cadres and the masses, destroyed social stability. The most prominent example is the development projects focusing on natural resource exploration in the poor areas in central and western China leading to environmental pollution and social conflicts.

Currently, the main kinds of evaluation on policies and projects are EIA and SIA in China. Even though these two kinds of evaluation are related to poverty and vulnerable groups to some degree, poverty is not their core content. Considering the transitional phase of rural poverty mentioned at the beginning of this article, integrated requirement of poverty reduction and the importance of relative poverty need special PIA to protect and assist the poor and vulnerable groups directly, and have clear objectives for policy or project design and direct process. Central government had made the strategic goal to eliminate absolute poverty until 2020. It is impossible to achieve this goal only depending on the department of poverty reduction. On the contrary, it needs mobilizing the forces of the whole society, especially forces of different government departments, to make all policies and projects implemented in the poor areas to facilitate poverty reduction. Only by this way can we guarantee to benefit the poor in economic growth, achieve inclusive development and realize the strategic conception of building a well – off society in an all – round way.

3. Case studies of PIA

According to the requirement of *Outline of China's Rural Poverty Alleviation and Development (2011 – 2020)*, to conduct PIA in the important policies and projects which will bring great effects to poverty alleviation, it will promote policy – makers' awareness of poverty alleviation, expand the role of policies and projects in poverty alleviation, and facilitate to take targeted measures in poverty alleviation. With this background, this study selected two most important polices implemented in rural areas of China since 2010, Grassland Ecological Subsidy Policy and Land Transfer Policy, to conduct PIA with the expectation of providing some experience for PIA application and promotion.

Case Ⅰ. Poverty Reduction Effect of Grassland Ecological Subsidy Policy

Grassland ecosystem is the largest ecosystem in China, but its economic development is comparatively backward. There are 268 pastoral and semi – pastoral counties, among which there are many national – level poor counties. For example, there are 53 pastoral and semi – pastoral counties in Inner Mongolia, among which 19 counties are poor counties. The poverty proportion of pastoral areas is higher than the average of the whole Inner Mongolia region. Grassland degradation started from 1990s has become a serious environmental problem and influenced pastoralists' livelihood. Since 2000, central government has initiated a series of projects, such as Project of Controlling Sand source for Beijing and Tianjin and the project of Returning Grazing Land to Grassland, which were trying to recover grassland ecosystem by decreasing livestock number, grazing ban and pastoralist immigration. However, many research showed that these projects had exacerbated the poverty of pastoralists. It was very difficult for pastoralists to transfer their labor force because of low – level ecological subsidy standard, increased productive cost and lack of professional skills, which made their income decreased after the project implementation.

(1) Subsidy method and policy implementation

Central government distributed the subsidy to all provinces and regions according to their grassland area. However, it was found that it would produce extreme unbalance among different regions and households if the fund was distributed barely depending on grassland area in practice. First, there are sharp differences in household average grassland area of different areas. For example, one household can have over tens of thousands mu in Alxa Prefecture, where grassland type is desert grassland. While one household only has hundreds of mu in Taipusi Banner. Second, the carrying capacity in different places are also different to a large degree. Though there are many disputes on livestock number counting, carrying capacity in steppe grassland in eastern Inner Mongolia is much higher than that in desert grassland in western part.

Table 1 – 1   The impacts and mechanism of GESP on the poor groups

Case	Grassland type	Subsidy criteria	Standards		Impacts on the poor	
			Grazing ban	Balance of livestock and forage	Short – term	Long – term
Alxa Right Banner	Desert grassland	Based on population	13000 RMB per person	4000 RMB per person	Increase income of the poor	Uncertainty of policy – making
Taibusi Banner	Typical grassland	Based on population	3000 RMB per person	1.71 RMB per mu	Increase income of the poor but decreased job availability	Harmful to grassland protection
Xin Barag Right Banner	Steppe grassland	Based on grassland area	9.54 RMB per mu	2.38 RMB per mu	Increase income of the poor but employment not resettled	Harmful to grassland protection

To avoid the problem of big gap of subsidy distribution caused by big differences in grassland area in different areas, the conception of "standard mu" was created in Inner Mongolia, which was a conversion coefficient and calculated based on carrying capacity of grassland. In Alxa, two mu equals to one standard mu. But the standard mu still could not eliminate subsidy gap because the household with over 100000 mu grassland have much more subsidy than the household with only hundreds of mu. To solve the problem of imbalance, Inner Mongolian government implemented the policy of maximum and minimum subsidy, the former was 3000 RMB per person, and the latter was twice of income per capita of last year.

Based on the policy of the whole Inner Mongolia Autonomous Region, all prefectures and cities made their specific implementation policy. In Alxa Prefecture, the subsidy was distributed by population rather than grassland area of each household. In the area of grazing ban, the standard of subsidy distribution in 2013 was 13000 RMB per adult per year. The subsidy of the under 18s was lower than the adult, and the old people could receive pension at the rate of 900 RMB/month. In the areas of balancing livestock and forage, the standard of subsidy distribution was 4000 RMB per person. In fact, it is very difficult to implement grazing ban in pastoral areas. Therefore, at the beginning of the policy making, it was approved in Alxa Left Banner that every household in grazing ban area could graze 30 sheep as self-supply of meat. In 2003, the subsidy was adjusted to 13000 RMB per person for the pastoralists who totally abandoned grazing, and 10000 RMB per person for the pastoralists who grazed livestock based on the criteria of 120 mu per sheep unit. In Taipusi Banner, the subsidy was distributed based on both population and grassland area. In grazing ban area, the subsidy was 3000 RMB per person. In the area implemented balancing livestock and forage, the subsidy was 1.71 RMB per mu. In Xin Barag Right Banner, the subsidy was totally based on grassland area. Because the carrying capacity per mu was higher than that of standard mu, the subsidy standard was higher, 9.54 RMB per mu for grazing ban and 2.38 RMB per mu for balancing livestock and forage.

In the process of GESP implementation, the local policy maker had comparatively greater power of policy adjustment. They could adjust policy based on their local specific conditions. Generally, these adjustments avoided the one-size-fits-all problem and made GESP more suitable to local conditions. For example, recognizing the result of grazing ban implementation, Alxa Left Banner made policy adaptation and proposed two kinds of policy choices. On the one hand, it is very difficult to achieve strict grazing ban and pastoralists need livestock. On the other hand, long-term grazing ban is harmful to recovery and protection of grassland. Therefore, the local policy maker adjusted policy, which made policy implemented easier.

In the investigation, we found that the ecological subsidy had been distributed to household, but grazing ban or balancing livestock and forage were not implemented and livestock increase was widespread. After GESP implemented, the livestock number increased rather than decreased in some villages. Among the three villages investigated in Xin Barag Right Banner, two villages had obvious rising livestock and only one village had decreased livestock. According to 64 household interviews, over 50 percent households have their highest livestock number of their family history in 2016. Taipusi Banner had similar situation. Its livestock number increased from 69402 sheep unit in 2010 to 72215 in 2013. According to the investigation in 2015, among the 21 interviewed households in balancing livestock and forage area, there were 10 households having their highest livestock number in 2015 during their family history. Among the 40 interviewed households in grazing ban area, there were 17 households having their highest livestock number in 2015 during their family history.

Because the subsidy distribution could not guarantee livestock decrease required by grazing ban and balancing livestock and forage, we emphasized on analyzing mechanism of GESP and its impacts in PIA.

(2) GESP mechanism and its impacts on the poor

It is expected that through distributing subsidy for pastoralists' economic loss caused by livestock decrease, GESP could promote grassland recovery. However, there was no correspondence between subsidy distribution and livestock decrease in practice. We found that GESP had three mechanisms impacting on the poor.

First, direct compensation for livestock decrease. According to the investigation, the implementation of GESP did cause economic loss if pastoralists decreased their livestock according the GESP requirement, and the subsidy was far from making up for the loss. For Taipusi Banner where grassland area is very small, subsidy for grazing ban could only compensate 20 percent of pastoralists' potential loss, and subsidy for balancing livestock and forage could only compensate 2.5 percent of pastoralists' potential loss. For Alxa Left Banner where grassland area is very large, according to assessment of local people, grazing ban could decrease over one third of pastoralists' income. For Xin Barag Right Banner, subsidy for grazing ban could compensate 35% of the potential loss and subsidy for balancing livestock and forage could compensate 18 percent of pastoralists' potential loss.

In pastoral area, the poor pastoralists have less livestock or even no livestock. They did not need to decrease livestock to comply to GESP implementation. Therefore, GESP did not bring them economic loss but increase their income by subsidy distribution. In fact, GESP had provided them a steady income and help them maintain their livelihood. In Alxa Left Banner, the GESP standard was far more than local minimum living standard. Based on this, local cadre of GESP Office of Alxa Prefecture positively believed that GESP had decreased the number of poor households. Due to the lack of monitoring on livestock decrease, some households with few livestock or no livestock also rented out their grassland where grazing ban was implemented and earned more money. Pastoralists in Taipusi Banner complained that households without livestock rented out their grassland to non-pastoralists, which strengthened grassland use pressure within the village. They also complained that it was unfair that the households earned more money for renting out grassland after they were distributed ecological subsidy.

From the perspective of direct compensation, GESP implementation did provide direct and steady fund support for the poor pastoralists. However, they could only maintain their livelihood on a low level due to the limited subsidy. Whether 13000 RMB per person in Alxa Left Banner or 3000 RMB per person in Taipusi Banner, they were comparatively low income level for maintaining a pastoral livelihood.

Second, extra fund to support livestock breeding. For pastoralists, the subsidy could be used to compensate their economic loss, and to invest in livestock breeding. There was serious snow disaster in 2009 in Xin Barag Right Banner, which caused many livestock death. If there was no extra fund, it would need at least five years to recover livestock. However, with the support of GESP from 2011, pastoralists recovered their livestock quickly. For example, a pastoralist in Dalai Village, YinLong, told us his family could have 115000 RMB per year, and this was enough for him to buy abundant fodder and forage. His livestock had increased from less than 100 sheep in 2016 to 200 sheep, 300 lambs, nine cattle and two horses in 2016. Investigation in Taipusi Banner also proved this trend. The livestock number increased quickly during the period of 2010 to 2015 of GESP implementation, which was the result renting out grassland, using subsidy to buy more livestock or fodder and forage to protect livestock from natural disasters.

Because violation cost of GESP was very low, most pastoralists have much more livestock than the required number of grazing ban or balancing forage and livestock. In Alxa Left Banner, there were some pastoralists being accused by other pastoralists because they kept grazing livestock after they got subsidy of grazing ban. Therefore, the subsidy provided by GESP was not the compensation for livestock decrease, but the fund to help pastoralists to response disasters and expand livestock breeding. From the perspective of livestock breeding development, GESP had strengthened the degree of differentiation between rich and poor in pastoral areas to a certain extent. Most poor pastoralists had few livestock and the help of subsidy on livestock breeding was weak, while rich pastoralists could benefit more on their livestock breeding, especially who have large herds of livestock and grassland area and whose subsidy was distributed mainly based on grassland area.

The case study in Alxa Left Banner showed that most households with few livestock and no livestock would abandon livestock breeding and move to the city after they received ecological subsidy. However, they could not find stable employment chances due to lack of basic assets and skills. Some people moved frequently between pastoral areas and cities wherever they found job opportunities. Some people rented a humble house and depended on temporary work such as selling stones to subsidize the income shortage for their livelihood.

In conclusion, for the rich pastoralists, GESP subsidy provided them fund to expand their livestock breeding through using subsidy to buy fodder and forage in disasters, which decreased their livestock loss and accelerated their recovery rate after disasters. For the poor pastoralists, especially the ones who abandoned livestock breeding, GESP subsidy provided them stable income to maintain their livelihood. But most of them could not find other employment chances to increase their income in a long term.

Third, the sustainable livelihood of pastoralists was still a problem in the long term. To maintain a sustainable livelihood, it is important to recover degraded grassland. GESP did provide possibility for grassland protection through three levels. On a national level, it provided protection discourse, and the government could intervene pastoralists' livestock breeding based on distributing subsidy. On a middle level, the subsidy provided some support for the implementation of other management policies. On a local level, the subsidy and the adjustment of GESP made pastoralists easier to accept all kinds of management measures. However, according to the investigation in three cases, the goals of grazing ban and balancing forage and livestock were not achieved, and livestock number was not decreased. With the support of subsidy, some rich pastoralists increased their livestock, and some poor pastoralists abandoned livestock breeding but rented out their grassland, which both increased using pressure of grassland.

Case II. Poverty Reduction Effect of Land Transfer

Land is the most basic productive asset of farmers. Land transfer has begun just after land was distributed to farmer households in 1980s. In the Document No. 1 of Central Government in 2013, it was proposed to guide the orderly transfer of rural land contract management right, encourage and support land transfer to professional large households, family farms and farmers' cooperatives to develop different kinds of moderate scale management. Land transfer has been regarded as a necessary condition to solve the problem of fragmentation of farm land and increase land productivity. According to the Ministry of Agriculture, the area of household contracted farmland transfer throughout the country was

403 million mu, accounting for 30.4 percent of the total household contracted farmland, and the number of farmer households transferring out their land was 58.33 million, accounting for 25.3 percent of the total farmer households. Some case studies proved that land transfer had expanded management scale, improved land use efficiency and increased farmers' income. And the farmers who transferred out their land also had increased employment income. However, farmers' willingness to transfer out their land was not strong, especially in the poor areas, where land is too fragmented to development scale management. The price for land transferring was very low and made the transfer more difficult.

Different places had different economic structure, and different degrees of dependence on land. Different modes of land transfer also brought different impacts. To investigate impacts of land transferring on the poor, we selected three cases in three different provinces: Hunan, Henan and Hebei, as show in Table 1-2. There were three modes of land transfer in these cases: spontaneous land transfer, land concentration to large grain farmers, and land concentration to companies.

Table 1-2   Land transfer in three cases

Case studies	Landscape	Land transfer mode	Land use	Impacts
Huayuan County, Hunan Province	Hilly and mountainous areas	land concentration to large grain farmers and companies	Planting grain, cash crops and sightseeing agriculture	Limited role of planting grain in poverty alleviation
Xiangcheng County, Henan Province	Huanghuai Plain	spontaneous land transfer, and land concentration to large grain farmers	Planting grain	High productive cost leading business failure
Zunhua County, Hebei	Mountainous areas	spontaneous land transfer, and land concentration to companies	Planting cash crops	Decrease in farmers' cultivated land and more payment risks

(1) Current situation of land transfer

Spontaneous land transfer is defined as the land transfer between farmers, which do not have formal contract, and the term for transfer is comparatively flexible[①]. This kind of land transfer is very common in three cases. For example, the case in Zunhua County of Hebei Province is a typical mountainous village, where land was widely scattered and land productivity was very low. Since 1990s, spontaneous farmland transfer among different farmers' households was started to concentrate scattered land and reduce labor intensity. With more and more farmers has become migrant workers, some farmers transferred their land to their relatives or neighbors. Since 2000s, most of the village land had been planted fruit trees and grapes. The farmers having no migrant workers began to expand their cultivated areas and became medium or small scale planting households. In Xiangcheng County of Henan Province, according to a household – by – household statistic, there were about 30 percent land being transferred spontaneously. The rent of spontaneous land transfer was low because the farmer household who rented out their land did not depend on land to make their living anymore and the farmer household who rented in the land had very limited income. For the case in Xunhua City of Hebei Province, even the land transferred was planted with grapes, there was almost no rent being collected. In the case of Xiangcheng County, the rent for spontaneous land transfer had increased to over 500 RMB per mu, but it was still lower than the rent level for land concentrated by large plaiting household or agricultural company. Among the land transferred spontaneously, the farmers' household normally had small scale business, even on Huanghuai Plain in Xiangcheng County, the common business scale was 70 – 80 mu, which was much smaller than that of large grain planting house-

---

① Han Jun, deputy director of the Central Agricultural Office, disclosed at the first Tsinghua Forum on Agriculture, Rural Areas and Peasantry on Jan. 5 of 2013 that according to the investigation in 205 villages, 5165 farmer households throughout China conducted by China Institute for Rural Studies of Tsinghua University, the main form of land transfer was spontaneous land transfer among farmers' households, which accounted for 55.5 percent. The reasons for land transfer were migrant work and shortage of labor force.

holds.

Land was concentrated to large grain planting households to support scale merit of agriculture. This is the goal of land transfer and different regions had issued related policies. For example, large grain planting households in Xiangcheng County, whose rent term was over five years, could have a subsidy of 100 RMB per mu for planting area exceeding 200 mu and 150 RMB per mu for planting area exceeding 1000 mu. With the encouragement of local government, some large planting households appeared. The number of family farms registered in industrial and commercial administration had achieved 89, and the areas was over 32000 mu and the average area of each family farm was over 350 mu. In Huayuan County, we interviewed a farmer of large planting household who cultivated over 200 mu. He reflected the problem that land transfer was required to be a continuous piece of land, among which some households might be unwilling to rent out their land. The common resolutions to persuade these households was rent increase, government intervene and land exchange, such as the methods introduced in Huayuan County, where the renter found a similar piece of land in other place to exchange the land he wanted. Generally, making a continuous piece of land could reduce productive cost, but the transaction cost in land transfer might increase.

As a company invested capitals to the countryside, it would change grain planting to high - profit cash crops planting and sightseeing agriculture. According to the investigation of Department of Operations of Ministry of Agriculture, over 40 percent of transferred land stopped grain planting. In the case of Zunhua County of Hebei Province, there were 500 mu land transferred to some company to plant grapes. In the case of Huayuan County of Hunan Province, Rose Technology Development Company rented 2000 mu land from six villages to plant rose and process rose products, and conduct sightseeing agriculture as well, which had led the trend of whole industrialization of the villages. With the expectation that cash crop planting and processing could bring higher economic income, the rent of land transfer was higher. In the case of Zunhua, the rent was 500 RMB per mu per year, and increased 10 percent every five years. In addition to land rent, farmers could be compensated for the fruit trees and crops on the land. In the case of Huayuan County, land rent paid by the rose planting company was 150 kg rice per mu per year, and the company also provided protection price of 320 RMB per mu, which would rise with crop price increase. These rents were higher than the local land rent of spontaneous transfer.

(2) Impacts of different transfer modes

Spontaneous land transfer supported farmers with low income to maintain their livelihood. The reasons for most farmers who rented out their land at a low rent or even no rent was migrant work or shortage of labor force to conduct agricultural work. Their income proportion from land was very low. The land would become wasteland if they did not rent it out. Meanwhile, the farmers who kept on small - scale grain planting were low - income groups. They could not find non - agricultural work and had to stay at rural area to plant crops. In the case of Zunhua County, we found that most farmers who plant crops were over 50 years old. They were too old to find jobs in the city. The low - rent land transfer provided them the chance to expand their productive scale so that they could increase their income and maintain their livelihood. However, the spontaneous land transfer is squeezed by two factors. The first is the rent increase caused by large - scale land transfer, which means farmers need to pay more rent for the spontaneous land transfer which was low - rent or even no rent in the past. The second factor is limited government support. The government preferred to support large - scale land transfer than spontaneous land transfer, especially in the non - grain producing areas. The backward farmland water conservancy infrastructure is the main limiting factor for the profit from spontaneous land transfer, especially in the hilly and mountainous areas where land is scattered, machine - tillage road is underdeveloped, and water conservancy facilities is disrepair. For these areas, it is difficult to increase profit through mechanization. Under the condition of highly depending on labor, the productive cost is high, which is also a limiting factor for land use.

Large - scale agricultural production has increased productive cost to a large degree. First, it increased the cost of land transfer, especially to achieve a large continuous piece of land. In Henan Province, the rent to concentrate a large piece of land was higher than the rent for spontaneous land transfer by 300 RMB per mu. Second, it needs employee cost. Different from medium and small – scale farming, which depends more on family labor force, large – scale agriculture needs to hire labor, which increased the cost of production and monitoring. The investigation in both Hunan and Henan showed that large – scale agriculture could not increase grain yield effectively. On the contrary, it decreased the profit due to increasing cost. According to the calculation of big grain farmers in Huayuan County of Hunan Province, there was no profit from rice planting. In the hilly areas, the total income of rice per mu was 1300 to 1500 RMB, subtracted by 700 RMB for seed and fertilizer cost, 300 RMB for labor use, and 300 RMB for land rent, there was nearly no profit from rice planting if there was no government subsidy. The case of Henan Province was much worse because of higher land rent, two – year continuous drought and decreased grain price. All large – scale grain planting farmers we interviewed lost money. And there were two farmers who expanded their land area by using loan, and they ran away from their creditor after they lost money and fell into bankruptcy. At the beginning of land concentration to big grain planting farmers, some farmers could make profit because they could rent out their land to these big grain planting farmers at higher price and find jobs in their farms at the same time. However, after the big grain planting farmers lost money, they could not pay land rent, which made the farmers who rented out their land lost the benefit and even lost the job.

Land transfer for high – profit cash crops and sightseeing agriculture changed agricultural production mode and made both farmers and companies get benefit. According to the case study in Zunhua County and Huayuan County, land transfer made farmers get higher profit than the traditional grain planting. The income of farmers was coming from land rent and employment. In Huayuan County, land rent was 300 RMB per mu per year. Meanwhile, rose planting was labor intensive industry, the company employed over 540 workers, who were middle – aged and elderly women left behind in the countryside. They could earn 60 RMB per day, and worked for eight months every year. For grape planting in Zunhua County, it needed a lot of labor in digging grapevine, irrigation, deinsectization, picking and burying grapevine. It was good to increase the income of the poor farmers by employing them in their own village. However, there were two kinds of risk for large - scale land transfer. First, risk conversion caused by poor management of company. The case in Hebei Province showed that the company was not invest fund to build grape processing company based on the original plan, which led to poor management of harvested wine grape. They could not pay for rent from the sixth year. During the time of our investigation, the different stakeholders were trying to solve this problem. It would bring farmers two problems if the company had poor management. One was loss of rent, and the other was difficulty to return to food production after the land using had been changed. In the case of Hebei Province, to develop grape planting, all fruit trees were cut and it is impossible to recover in a short time. The second risk was farmers lost their chance to participate in cash crops planting. In the land concentration transfer, though some farmer households did not agree to transfer their land, they had no other choice but rent out their land because the surrounding environment changed. Therefore, it was not farmers to decide whether their land would be transferred or not and how many mu they could transfer, but the location of their land. If the land was in industrial planning area, it had to be transferred. For the case of Hebei Province, grape industry had been developed quickly in recent years, and the profit for grape planting was higher than the rent of land transfer. However, because most land located in the grape planting areas planned by the company, the farmers transferred their land and lost their chance to make profit from grape planting.

To be concluded, land transfer to maintain grain planting, no matter if it was spontaneous or land concentration, could achieve scale merit of agricultural production. However, it could not increase unit area output. Meanwhile, the scale of land management should not be expanded blindly. In the plain area of Henan Province, a farmer household could plant 70 to 80 mu, and the profit would reduce if the scale was too large. Because the comparative benefit of agriculture was low, it was difficult to pay high rent. The spontaneous land transfer between relatives and neighbors helped to reduce land transfer cost and supported medium and small scale food producers. For grain planting, the spontaneous land transfer could bring more benefit than land concentration promoted by the government. For cash crops planting and processing, and sightseeing agriculture needed large amounts of investment. Therefore, land transfer promoted by the government facilitated capitals invested to the countryside. Successful capitals invested to the countryside increased land productivity, increased farmers' employment chances, and played an important role to increase income of medium and low-income groups. However, there were still lots of failed investment in countryside, and farmers still have no institutional protection from the risk conversion of poor investment management.

4. Conclusions

To achieve poverty reduction and inclusive development, PIA is one of the effective tools, which is urgently needed in the process of decision making in China. It is helpful to conduct PIA before decision making for thinking about the requirement of the poor groups. And it is helpful to conduct PIA after policy implementation for understanding the policy impacts, especially the mechanism of policy effect, to improve the policy and project design continuously.

In the process of PIA, it is important to pay attention on different impacts on the poor produced by different implementation mechanisms. One policy could produce different impacts on the poor due to different implementation methods. To understand the complexity of policy impacts on the poor, it needs to combine quantitative and qualitative methods to analyze different mechanism of policy implementation. As a part of SIA, PIA does not only focus on the income indictors of the poor, but pay more attention on the complex social impacts on the poor, especially impacts on their abilities. Meanwhile, PIA does not only concern the direct influences of policy, but also think about indirect influences of policy. Because the impacts on the poor is complex, there is no unified method to conduct PIA. On the contrary, it needs selecting targeted assessment method based on the conditions of specific assessment objects.

According to the case studies on GESP and land transfer policy, PIA of one policy or project needs to be conducted in the specific social background. Taking GESP as an example, the poor pastoralists could benefit more from the subsidy and their income exceeded poverty line. However, seeing from the perspective of long – term development, the rich pastoralists benefit more and have better basic conditions for future development. Similarly, different modes of land transfer have different impacts. Land transfer for cash crop planting and sightseeing agriculture had provided both higher land rent and more employment chance for the farmers. However, because there is no effective institution to protect farmers from failed investment transferring risk to farmers, it increased potential risk for the farmers who rented out their land. On the contrary, the spontaneous land transfer could support medium and small – scale grain planting farmers to maintain grain planting through low rent and relationship of relatives or neighbors even though there are no formal contracts.

Based on the above analysis, we can see an integrated PIA does not only help to improve the policy being assessed, but also help to understand the surrounding environment of policy implementation.